职业礼仪与形象设计

主 编 杜 巍

副主编 吕艳春 王 艳 曲雪苓

北京理工大学出版社
BEIJING INSTITUTE OF TECHNOLOGY PRESS

内 容 提 要

本书内容由五个篇章组成。即行为举止礼仪、社会交往礼仪、仪容仪表礼仪、社交情感礼仪、中外风俗礼仪。本书蕴含着深邃的教育思想、审美的修养理念和通俗的训练方法，从校园到职场、从职场到社会、从社会到家庭，使学生迈进美丽的校园就能得到礼仪的熏陶、审美的陶冶、心灵的荡涤，在学礼仪、知礼仪、用礼仪的良好氛围中成长成才。

本书不仅是一本教科书，也是一本枕边书，是大学生文明修身的良师益友，是行为规范的指南，是形象设计的导师，更是训练修养的教练。本书既适合应用型、技能型、学术型的高等本科院校教学，也适合企事业单位培训，各类有志于提升自我修养的人使用，也可作为各类人的礼仪修养用书。

版权专有　侵权必究

图书在版编目（CIP）数据

职业礼仪与形象设计 / 杜巍主编. —北京：北京理工大学出版社，2019.8（2023.1重印）
　ISBN 978-7-5682-7336-7

Ⅰ. ①职⋯　Ⅱ. ①杜⋯　Ⅲ. ①礼仪-高等学校-教材②个人-形象-设计-高等学校-教材　Ⅳ. ①K891.26②B834.3

中国版本图书馆CIP数据核字（2019）第158796号

出版发行 / 北京理工大学出版社有限责任公司
社　　址 / 北京市海淀区中关村南大街5号
邮　　编 / 100081
电　　话 /（010）68914775（总编室）　82562903（教材售后服务热线）
　　　　　68948351（其他图书服务热线）
网　　址 / http：//www.bitpress.com.cn
经　　销 / 全国各地新华书店
印　　刷 / 唐山富达印务有限公司
开　　本 / 787毫米 × 1092毫米　1/16
印　　张 / 18.25　　　　　　　　　　　　　　　责任编辑 / 江　立
字　　数 / 435千字　　　　　　　　　　　　　　文案编辑 / 江　立
版　　次 / 2019年8月第1版　2023年1月第7次印刷　责任校对 / 周瑞红
定　　价 / 43.50元　　　　　　　　　　　　　　责任印制 / 施胜娟

图书出现印装质量问题，请拨打售后服务热线，本社负责调换

前　言

随着高等职业教育的发展和人才培养工作的改革，全面推进素质教育已显得越来越重要，礼仪修养与职业形象已经成为素质教育中不可或缺的一环，而且此门课程也在改革与发展，承担着举足轻重的任务。在课程建设中，它不但与专业结合，发挥学生素质教育的独特功效，为高端技术人才的培养做出突出贡献。同时也得到了广大学生和读者的肯定，为学生的可持续发展奠定了基石。

在校本教材的基础上，我们于2013年开始编写《职业形象训练教程》，2016年出版了《礼仪修养与形象设计》，经过十几年的教学实践，以及对机关团体、企事业用人单位、学生的调研反馈，我们发现有些内容需要调整与改进、补充与完善，在理论上再认识，在实践上提升，以便更好地适应社会的发展、时代的进步，满足人们思想意识的需求，中华民族是礼仪之邦，礼仪的传承应该从我们每一个人做起，所以，我们本着普及与提高的原则，针对大众群体，特别是针对在校大学生、职场人士的要求，突出教育引导、素质训练、形象设计和礼仪修养为特色，又编写了《职业礼仪与形象设计》，力争使本书成为人们进行礼仪修养与形象设计的工具书与枕边书。

从目前学生的就业和社会对人才素质的需求情况看，就业越来越难，用人单位选人用人，越来越挑剔，加之人们的成长环境、教育背景的不同，以及社会的影响不同，导致人们的行为习惯也不同，对礼仪知识掌握的程度，原有基础参差不齐。因此，我们适时了解社会用人标准，把握就业动向，紧跟时代步伐，面向大众，普及礼仪常识与修养，传承礼仪文化，面对特殊需求，根据社会用人标准，把握岗位动向，本着为学生负责、为企业负责，为民族未来负责的责任感，在高度重视学生的职业道德教育和法制教育，重视培养学生的诚信品质、敬业精神、责任意识、遵纪守法意识的同时，在学生中普及礼貌礼仪常识，对学生进行养成教育和文明教育，培养内在素质和良好的外在形象，提高文明素养和文化底蕴，这是提高高等职业教育人才培养质量的迫切需要，更是学生就业和可持续发展的需要。

本书由长春职业技术学院杜巍主编，编写第一章、第二章；长春职业技术学院吕艳春任副主编，编写第三章；长春职业技术学院王艳任副主编，编写第四章；长春职业技术学院曲雪苓任副主编，编写第五章；参与本书第五章编写工作的还有长春职业技术学院郁艳梅。

在本书的编写过程中，参考了许多专家、学者的相关专著、教材和论文，也得到许多同行的支持，在此深表谢意。

由于编者水平有限,书中难免存在缺点和不足,恳请广大师生和读者批评指正,以便进一步改进和完善。

编 者

2019 年 7 月

目　　录

绪论…………………………………………………………………… 1

　　一、礼的概念与内涵………………………………………… 3
　　二、礼仪的起源与发展……………………………………… 5
　　三、东西方礼仪的差异……………………………………… 7
　　四、为什么要学习礼仪……………………………………… 9
　　五、礼仪的本质与原则……………………………………… 11
　　六、提高礼仪修养的途径…………………………………… 13

第一章　行为举止礼仪………………………………………………… 15
　　一、站姿礼仪………………………………………………… 17
　　二、坐姿礼仪………………………………………………… 25
　　三、走姿礼仪………………………………………………… 33
　　四、蹲姿礼仪………………………………………………… 39
　　五、手势礼仪………………………………………………… 43
　　六、眼神礼仪………………………………………………… 49
　　七、表情礼仪………………………………………………… 53
　　八、握手礼仪………………………………………………… 60
　　九、会面礼…………………………………………………… 66

第二章　社会交往礼仪………………………………………………… 71
　　一、介绍礼仪………………………………………………… 73
　　二、见面礼仪………………………………………………… 83
　　三、名片礼仪………………………………………………… 90
　　四、接待与拜访礼仪………………………………………… 97
　　五、赠礼与受礼礼仪………………………………………… 101
　　六、电话礼仪………………………………………………… 108

第三章　仪容仪表礼仪 ... 113
一、仪容修饰礼仪 ... 115
二、仪表礼仪 ... 130

第四章　社交情感礼仪 ... 151
一、校园礼仪 ... 153
二、公共场所礼仪 ... 194
三、同事交往礼仪 ... 232
四、朋友交往礼仪 ... 238
五、求职礼仪 ... 242

第五章　中外风俗礼仪 ... 247
一、中国内地传统与现代重要节日礼仪 ... 249
二、香港、澳门、台湾地区风俗礼仪 ... 259
三、国外的重要节日与礼仪 ... 262
四、一些国家的风俗礼仪 ... 268
五、世界三大宗教礼仪 ... 278

参考文献 ... 283

绪论

 小资料

1. 中国古代的"礼"和"仪",实际是两项不同的概念。"礼"是制度、规则和一种社会意识观念;"仪"是"礼"的具体表现形式,它是依据"礼"的规定和内容,形成的一套系统而完整的程序。

2. 礼是一个国家、一个民族、一个单位的文明程度、社会风尚、道德水准等软实力的重要标志,也是一个人的思想觉悟、文化修养、精神风貌的主要标志。著名的史学家钱穆先生说:"中国传统文化的核心思想就是'礼'。"

3. 礼是发于人性之自然、合于人生之需的行为规范。它是人们对对方发自内心的尊重、感恩和仁爱的外在表现。

4. 礼仪,更多地应该是讲致敬、行礼的仪式:从站、坐、走、蹲、招手、握手、鞠躬、请等,到待人接物、会议宴会、升旗、奏乐、鸣枪、红地毯等。

随 笔

　　古老的中华民族源远流长，在五千年的历史长河中，创造了灿烂的文化，形成了高尚的道德准则、完整的礼仪规范和优秀的传统美德，被世人称为"文明古国，礼仪之邦"。中国具有五千年文明史，素有"礼仪之邦"之称，中国人也以其彬彬有礼的风貌而著称于世。礼仪文明作为中国传统文化的一个重要组成部分，对中国社会历史发展起了广泛深远的影响，其内容十分丰富，所涉及的范围非常广泛，几乎渗透于古代社会的各个方面。

一、礼的概念与内涵

（一）礼、礼貌、礼节与礼仪

1. 礼

礼的本意为敬神，后引申为表示敬意的通称。礼的含义比较丰富，它既可以指表示敬意和隆重而举行的仪式，也可泛指社会交往中的礼貌礼节，是人们在长期的生活实践中约定俗成、共同认可的行为规范。还特指奴隶社会、封建社会等级森严的社会规范和道德规范。在《中国礼仪大辞典》中，礼定义为特定的民族、人群或国家基于客观历史传统而形成的价值观念、道德规范以及与之相适应的典章制度和行为方式。礼的本质是"诚"，有敬重、友好、谦恭、关心、体贴之意。"礼"是人际间乃至国际交往中，相互表示尊重、亲善和友好的行为。

2. 礼貌

礼貌：人们在交往过程中相互表示敬意和友好的行为准则和精神风貌，是一个人在待人接物时的外在表现。它通过仪表及言谈举止来表示对交往对象的尊重。它反映了时代的风尚与道德水准，体现了人们的文化层次和文明程度。

3. 礼节

礼节是指人们在日常生活中，特别是在交际场合中，相互表示问候、致意、祝愿、慰问以及给予必要的协助与照料的惯用形式。礼节是礼貌的具体表现，具有形式化的特点，主要指日常生活中的个体礼貌行为。

4. 礼仪

礼仪包括"礼"和"仪"两部分。"礼"，即礼貌、礼节；"仪"即"仪表""仪态""仪式""仪容"，是对礼节、仪式的统称。

礼仪：人们在各种社会的具体交往中，为了相互尊重，在仪表、仪态、仪式、仪容、言谈举止等方面约定俗成的、共同认可的行为规范和程序。

从广义的角度看，它泛指人们在社会交往中的行为规范和交际艺术。

从狭义的角度看，它通常是指在较大或隆重的正式场合，为表示敬意、尊重、重视等所举行的合乎社交规范和道德规范的仪式。

（二）礼、礼貌、礼节、礼仪之间的关系

礼是一种社会道德规范，是人们社会交际中的行为准则。礼、礼貌、礼节、礼仪都属于礼的范畴，礼貌是表示尊重的言行规范，礼节是表示尊重的惯用形式和具体要求，礼仪是由一系列具体表示礼貌的礼节所构成的完整过程。"礼貌""礼节""礼仪"三者尽管名称不同，但都是人们在相互交往中表示尊敬、友好的行为，其本质都是尊

重人、关心人。三者相辅相成，密不可分。有礼貌而不懂礼节，往往容易失礼；谙熟礼节却流于形式，充其量只是客套。礼貌是礼仪的基础，礼节是礼仪的基本组成部分。礼是仪的本质，而仪则是礼的外在表现。礼仪在层次上要高于礼貌礼节，其内涵更深、更广，它是由一系列具体的礼貌礼节所构成；礼节只是一种具体的做法，而礼仪则是一个表示礼貌的系统、完整的过程。

二、礼仪的起源与发展

我国是历史悠久的文明古国，几千年来创造了灿烂的文化，形成了高尚的道德准则、完整的礼仪规范，被世人称为"文明古国""礼仪之邦"。这从《礼记》中就可以得出这样的结论。整个东亚及东南亚的文化的精华均是传承华夏文明就是确证。中国具有五千年文明史，素有"礼仪之邦"之称，中国人也以其彬彬有礼的风貌而著称于世。礼仪文明作为中国传统文化的一个重要组成部分，对中国社会历史发展起了广泛深远的影响，其内容十分丰富。礼仪所涉及的范围十分广泛，几乎渗透于古代社会的各个方面。

（一）礼仪的起源

礼仪在其传承沿袭的过程中不断发生着变革。从历史发展的角度来看，其演变过程可以分四个阶段。

1. 礼仪的起源时期：夏朝以前（公元前 21 世纪前）

礼仪起源于原始社会，在原始社会中晚期（约旧石器时代）出现了早期礼仪的萌芽。整个原始社会是礼仪的萌芽时期，礼仪较为简单和虔诚，还不具有阶级性。内容包括：制定了明确血缘关系的婚嫁礼仪；区别部族内部尊卑等级的礼制；为祭天敬神而确定的一些祭典仪式；制定一些在人们的相互交往中表示礼节和表示恭敬的动作。

2. 礼仪的形成时期：夏、商、西周三代（公元前 21 世纪~前 771 年）

人类进入奴隶社会，统治阶级为了巩固自己的统治地位把原始的宗教礼仪发展成符合奴隶社会政治需要的礼制，礼被打上了阶级的烙印。在这个阶段，中国第一次形成了比较完整的国家礼仪与制度。如"五礼"就是一整套涉及社会生活各方面的礼仪规范和行为标准。古代的礼制典籍亦多撰修于这一时期，如周代的《周礼》《仪礼》《礼记》就是我国最早的礼仪学专著。在汉以后 2 000 多年的历史中，它们一直是国家制定礼仪制度的经典著作，被称为礼经。

3. 礼仪的变革时期：春秋战国时期（公元前 771 ~ 前 221 年）

这一时期，学术界形成了百家争鸣的局面，以孔子、孟子、荀子为代表的诸子百家对礼教给予了研究和发展，对礼仪的起源、本质和功能进行了系统阐述，第一次在理论上全面而深刻地论述了社会等级秩序划分及其意义。

孔子对礼仪非常重视，把"礼"看成是治国、安邦、平定天下的基础。他认为"不学礼，无以立""质胜文则野，文胜质则史。文质彬彬，然后君子"。他要求人们用礼的规范来约束自己的行为，要做到"非礼勿视，非礼勿听，非礼勿言，非礼勿动"。倡导"仁者爱人"，强调人与人之间要有同情心，要相互关心，彼此尊重。

孟子把礼解释为对尊长和宾客严肃而有礼貌，即"恭敬之心，礼也"，并把"礼"

看做是人的善性的发端之一。

荀子把"礼"作为人生哲学思想的核心,把"礼"看做是做人的根本目的和最高理想,"礼者,人道之极也。"他认为"礼"既是目标、理想,又是行为过程。"人无礼则不生,事无礼则不成,国无礼则不宁。"

管仲把"礼"看做是人生的指导思想和维持国家的第一支柱,认为礼关系到国家的生死存亡。

4. 礼仪的强化时期:秦汉到清末(公元前221～公元1911年)

在我国长达2 000多年的封建社会里,尽管在不同的朝代礼仪文化具有不同的社会政治、经济、文化特征,但却有一个共同点,就是一直为统治阶级所利用,礼仪是维护封建社会的等级秩序的工具。这一时期的礼仪的重要特点是尊君抑臣、尊夫抑妇、尊父抑子、尊神抑人。在漫长的历史演变过程中,它逐渐变成妨碍人类个性自由发展、阻挠人类平等交往、窒息思想自由的精神枷锁。

纵观封建社会的礼仪,内容大致有涉及国家政治的礼制和家庭伦理两类。这一时期的礼仪构成中华传统礼仪的主体。

中国自古就是礼仪之邦,礼仪对于我们炎黄子孙来说,更多的时候能体现出一个人的教养和品位。真正懂礼仪讲礼仪的人,绝不会只在某一个或者几个特定的场合才注重礼仪规范,这是因为那些感性的又有些程式化的细节,早已在他们的心灵的历练中深入骨髓,浸入血液了。

(二)现代礼仪的发展

辛亥革命以后,受西方资产阶级"自由、平等、民主、博爱"等思想的影响,中国的传统礼仪规范、制度,受到强烈冲击。五四新文化运动对腐朽、落后的礼教进行了清算,符合时代要求的礼仪被继承、完善、流传,那些繁文缛节逐渐被抛弃,同时接受了一些国际上通用的礼仪形式。新的礼仪标准、价值观念得到推广和传播。新中国成立后,逐渐确立以平等相处、友好往来、相互帮助、团结友爱为主要原则的具有中国特色的新型社会关系和人际关系。改革开放以来,随着中国与世界的交往日趋频繁,西方一些先进的礼仪、礼节陆续传入我国,同我国的传统礼仪一道融入社会生活的各个方面,构成了具有中国特色的社会主义礼仪的基本框架。许多礼仪从内容到形式都在不断变革,现代礼仪的发展进入了全新的发展时期。大量的礼仪书籍相继出版,各行各业的礼仪规范纷纷出台,礼仪讲座、礼仪培训日趋增多。人们学习礼仪知识的热情空前高涨。讲文明、讲礼貌蔚然成风。今后,随着社会的进步、科技的发展和国际交往的增多,礼仪必将得到新的完善和发展。

所以无论何时何地,我们都要以最恰当的方式去待人接物。这个时候"礼"就成了我们生命中最重要的一部分。礼仪是人际关系中的一种艺术,是人与人之间沟通的桥梁,礼仪是人际关系中必须遵守的一种惯例,是一种习惯形式,即在人与人的交往中约定俗成的一种习惯做法。

三、东西方礼仪的差异

东方礼仪主要指中国、日本、朝鲜、泰国、新加坡等亚洲国家所代表的具有东方民族特点的礼仪文化。西方礼仪主要指流传于欧洲、北美各国的礼仪文化。

（一）在对待血缘亲情方面

东方人非常重视家族和血缘关系，"血浓于水"的传统观念根深蒂固，人际关系中最稳定的是血缘关系。

西方人独立意识强，相比较而言，不很重视家庭血缘关系，而更看重利益关系。他们将责任、义务分得很清楚，责任必须尽到，义务则完全取决于实际能力，绝不勉为其难。处处强调个人拥有的自由，追求个人利益。

（二）在表达形式方面

西方礼仪强调实用，表达率直、坦诚。东方人以"让"为礼，凡事都要礼让三分，与西方人相比，常显得谦逊和含蓄。

在面对他人夸奖所采取的态度方面，东西方人不相同。面对他人的夸奖，中国人常常会说"过奖了""惭愧""我还差得很远"等字眼，表示自己的谦虚；而西方人面对别人真诚的赞美或赞扬，往往会用"谢谢"来表示接受对方的美意。

（三）在礼品馈赠方面

在中国，人际交往特别讲究礼数，重视礼尚往来，往往将礼作为人际交往的媒介和桥梁。东方人送礼的名目繁多，除了重要节日互相拜访需要送礼外，平时的婚、丧、嫁、娶、生日、提职、加薪都可以作为送礼的理由。

西方礼仪强调交际务实，在讲究礼貌的基础上力求简洁便利，反对繁文缛节、过分客套造作。西方人一般不轻易送礼给别人，除非相互之间建立了较为稳固的人际关系。在送礼形式上也比东方人简单得多。一般情况下，他们既不送过于贵重的礼品，也不送廉价的物品，但却非常重视礼品的包装，特别讲究礼品的文化格调与艺术品位。

同时在送礼和接受礼品时，东西方也存在着差异。西方人送礼时，总是向受礼人直截了当地说明"这是我精心为你挑选的礼物，希望你喜欢"，或者说"这是最好的礼物"之类的话；西方人一般不推辞别人的礼物，接受礼物时先对送礼者表示感谢，接过礼物后总是当面拆看礼物，并对礼物赞扬一番。而东方人则不同，中国人及日本人在送礼时也费尽心机、精心挑选，但在受礼人面前却总是谦虚而恭敬地说"微薄之礼不成敬意，请笑纳"之类的话。东方人在受礼时，通常会客气地推辞一番。接过礼品后，一般不当面拆看礼物，唯恐对方因礼物过轻或不尽如人意而难堪，或显得自己重利轻义，有失礼貌。

（四）在对待"老"的态度方面

东西方礼仪在对待人的身份地位和年龄上也有许多观念和表达上的差异。东方礼仪一般是老者、尊者优先，凡事讲究论资排辈。西方礼仪崇尚自由平等，在礼仪中，等级的强调没有东方礼仪那么突出，而且西方人独立意识强，不愿老，不服老，特别忌讳"老"。

（五）在时间观念方面

西方人时间观念强，做事讲究效率。出门常带记事本，记录日程和安排，有约必须提前到达，至少要准时，且不应随意改动。西方人不仅惜时如金，而且常将交往方是否遵守时间当作判断其工作是否负责、是否值得与其合作的重要依据，在他们看来这直接反映了一个人的形象和素质。

遵守时间秩序，养成了西方人严谨的工作作风，办起事来井井有条。西方人工作时间和业余时间区别分明，休假时间不打电话谈论工作，甚至在休假期间断绝非生活范畴的交往。相对来讲，中国人使用时间比较随意，时间观念比较淡漠，包括改变原定的时间和先后顺序。中国人开会迟到、老师上课拖堂、开会作报告任意延长时间是经常的事。这在西方人看来是不可思议的，他们认为不尊重别人拥有的时间是最大的不敬。

（六）在对待隐私权方面

西方礼仪处处强调个人拥有的自由（在不违反法律的前提下），将个人的尊严看得神圣不可侵犯。在西方，冒犯对方"私人的"所有权利，是非常失礼的行为。因为西方人尊重别人的隐私权，同样也要求别人尊重他们的隐私权。

东方人非常注重共性拥有，强调群体，强调人际关系的和谐，邻里间的相互关心，问寒问暖，是一种富于人情味的表现。

四、为什么要学习礼仪

"做人先学礼",礼仪教育是人生的第一课。礼仪必须通过学习、培养和训练,才能成为人们的行为习惯。每一位社会成员都有义务和责任,通过学习礼仪、传承礼仪,自然而然地成为这个民族和团体的一员。个人文明礼仪一旦养成,必然会在社会生活中发挥重要的作用。

(一)礼仪是安身立命之资本

礼仪更是心理安宁、心灵净化、身心愉悦、增强修养的保障。当每个人都抱着与人为善的动机为人处事,以文明公民的准则约束自己时,那么,所有的人都会体验到心底坦荡、身心愉悦的心情。

(二)礼仪是家庭美满和睦的根基

家庭是以婚姻和血缘为纽带的一种社会关系。家庭礼仪可以使夫妻和睦、父慈子孝、家庭幸福。

(三)礼仪是人际关系和谐的基础

社会是不同群体的集合,群体是由众多个体汇合而成的,而个体的差异性是绝对的。

(四)礼仪是各项事业发展的关键

职业是人们在社会上谋生、立足的一种手段。讲究礼仪可以帮助人们实现理想、走向成功,可以促进全体员工团结互助、敬业爱岗、诚实守信,可以增强人们的交往和竞争实力,从而推动各项事业的发展。

(五)礼仪是社会文明进步的载体

要继承弘扬祖国优秀的文化传统,加强社会主义精神文明建设,文明礼仪宣传教育是其中重要的一项内容,有助于提升个人素质。

(六)方便交往应酬

一个举止大方、着装得体的人肯定会比举止粗俗、衣着不整的人更受欢迎,也就更方便交往与应酬。

(七)有助于维护企业形象

个人形象代表企业形象,是企业的活体广告。企业形象的好与坏实际就是企业员工素质的高与低。

（八）礼仪是社会交往的润滑剂和黏合剂

礼仪是熟人之间的奢侈品，会使不同群体之间相互敬重、相互理解、求同存异、和谐相处。

（九）礼仪是个人美好形象的标志

礼仪是一个人内在素质和外在形象的具体体现；内强素质，外塑形象，如果我们时时处处都能以礼待人，那么就会使我们显得很有修养。古人有这样的话：穷则独善其身，达则兼济天下。

五、礼仪的本质与原则

（一）礼仪的本质

古人云：礼兴人和、谦恭礼让、谅解宽容、与人为善。

"礼"的含义是"尊重"，礼者敬人，既要尊重别人，更要尊重自己。"仪"的含义是表达尊重的形式。

（二）礼仪的原则

1．尊重原则

也是礼仪的核心原则。在社交活动中双方互相谦让、互相尊敬、友好相待、和睦相处。在社交活动中双方要做到敬人之心长存，不可伤害他人尊严，更不能侮辱他人人格。只有相互尊重才能相处融洽。

尊重上级是一种天职，尊重同事是一种本分，尊重下级是一种美德，尊重客人是一种风度，尊重所有人是一种教养。

2．遵守原则

礼仪作为社会生活的原则，反映了人们的共同益，社会中各个民族、各个党派、各阶层人都应自觉遵守礼仪。

在社交活动中每一位参与者都应自觉遵守并运用礼仪规范来指导自己的一言一行，一举一动。无论任何人，无论身价高低，无论财富多寡，都应学习、了解礼仪方面的知识，付诸行动。

3．适度原则

应用礼仪要把握分寸，适可而止。

社交中注意把握分寸，掌握技巧，合乎规范，适度得体。在人群中，既要彬彬有礼，也不低三下四。既要热情大方，也不轻浮敷衍。要自尊不自负，要坦诚不粗鲁，要信任不轻信，要活泼不轻浮，要谦虚不拘谨，要老练持重，不圆滑世故。

4．自律原则

礼仪宛如一面镜子，对照这面镜子，你可以发现自己的形象是英俊美丽，还是丑陋俗气。因此要知礼，守礼，自我约束。

礼仪宛如一面镜子，对照着这面镜子，你可以发现自己的品质是真诚高尚，还是丑陋粗俗。真正领悟礼仪、运用礼仪，关键还要看你的自律能力。

还是看看下面的例子：

当1997年亚运会在日本广岛结束的时候，6万人的会场上竟没有一张废纸。全世界的报纸都登文惊叹："可敬可怕的日本民族！"就因为没有一张废纸，令全世界惊讶。

学习社交礼仪首先要做到自我约束、自我控制、自我反省、自我检点,这就是自律原则。

5．宽容原则

宽容就是心胸宽广。"海纳百川,有容乃大",能设身处地为别人着想,能原谅别人的过失,也是一种美德,被作为现代人的一种礼仪素养。

宽容是宽宏大量,容忍别人,体谅别人,设身处地为他人着想,不斤斤计较,也不过分苛刻要求。在社交活动中每个人的思想、品格及认识问题的水平总是有差别的。宽以待人,才能化解生活中的各种矛盾。

6．从俗原则

国情、地域、民族、文化背景不同,社交生活中存在"十里不同风,百里不同俗"的情况,要求我们正确认识客观现实,尊重交往对象习俗,做到入乡随俗。不自高自大,唯我独尊,自以为是,否则会产生误会,甚至关系紧张。

7．平等原则

以礼待人,有来有往,既不盛气凌人,也不卑躬屈膝。对任何人都以礼相待,一视同仁,不因交往对象的性别、年龄、种族、文化、职业、身份差别而分三六九等,区别对待。平等原则是社交礼仪的核心,也是现代礼仪与古代礼仪最本质的区别。

8．诚信原则

真诚、信义。真诚指对人和事是一种实事求是的态度,是一个外在行为与内在道德的统一,社交活动时言行一致,表里如一。信义指人们遵时守信。"言必行,行必果。"因此,社交活动中务必真诚相待,童叟无欺。

六、提高礼仪修养的途径

（一）加强道德修养

道德品质：也称品德或德行，它是社会道德现象在个人身上的具体体现，是指一定的社会的道德原则和规范在个人思想行动中所表现出的某种比较稳定的特征和倾向。道德品质的修养和礼仪行为的养成有着密切的联系，二者是相辅相成的统一的过程。礼仪行为从广义上说就是一种道德行为，处处渗透和体现着一种道德精神。一个人想要在礼仪方面达到较高的造诣，离开了道德品质方面的修养是不可能的；一个人要形成一种高尚的道德品质，就应该从日常礼仪规范这一基础的层次做起。

（二）提高文化素质

礼仪学是一门综合性的专门学科，它和公共关系学、传播学、美学、民俗学、社会学等许多学科都有密切关系，一个人只有具备广博的文化知识，才能深刻理解礼仪的原则和规范。只有具备较高的文化层次，才能更加自如地在不同场合具体运用礼仪。因此要提高自己的礼仪修养，必须有意识地广泛涉猎多种科学文化知识，使自己具备见多识广的综合知识素养，提高文学、艺术欣赏能力，提高审美能力。这样，就会有意无意地按照美的规律来认识生活和改造周围的环境，同时，在人际交往中，自己的言行也更具美感。

（三）自觉学习礼仪知识，接受礼貌教育

世界各国的礼仪风俗千种万类，我国的各个民族礼节习俗也是各不相同。在涉外工作和旅游服务工作中，如对其他国家或某一具体活动的礼仪知识不了解，只凭以往的经验办事，轻则闹笑话，重则影响工作效果，甚至造成误解。我国几千年的文明，各个历史阶段都有浩繁的礼仪知识，我们应该注意收集、学习和领会各种礼仪知识，以便在实践中运用，久而久之，不但自己在礼仪方面博闻多识，而且在礼仪修养的实践上也能提高到新的高度。

（四）积极参加礼仪实践

实践是动机和效果由此及彼的桥梁。对礼仪知识的学习，仅仅停留在从理论上弄清礼仪的含义和内容，而不去实践中运用是远远不够的。在提高礼仪修养时，要以积极的态度，坚持理论联系实际，将自己学到的礼仪知识积极运用于社会实践的各个方面。积极投身到实践之中，在文明气氛较浓的环境里去接受熏陶，对增强自己的文明意识、培养礼貌的行为、涤荡各种粗俗不雅的不良习惯、提高礼仪修养水平，是大有好处的。要在旅游职业岗位上，时时处处自觉从大处着眼、小处着手，以礼仪的规范

职业礼仪与形象设计

来要求自己的言谈举止，在社交场所多听、多看、多学，通过各种人际交往的接触强化，不断提高自己的礼仪修养。

（五）养成良好的行为习惯

礼仪是人们交际活动中的一种行为模式。这种行为模式只有通过长期的自觉练习，变成自身一种自动的动作，形成习惯，才能在交际活动中更好地发挥作用。礼仪修养实际上就是人自觉用正确的思想战胜不正确的思想，用良好的行为习惯纠正不良行为习惯的过程。检验一个人的礼仪修养如何，很重要的一条标准就是看他是否已把交际礼仪规范变成自身个性中的稳定成分，是否能在各种交际场合自然而然地遵循交际礼仪要求。

总之，礼仪对规范人们的社会行为、协调人际关系、促进人类社会发展具有积极的作用。

问 题 讨 论

1．何谓礼仪？礼仪的原则有哪些？
2．结合现实生活，怎样理解中华民族素有"礼仪之邦"之美誉。

第一章　行为举止礼仪

　　随着人类的文明进步，人们对自身行为的认识也日益加深，温文尔雅、从容大方、彬彬有礼已成为现代人的一种文明标志。我们对一个人的评价，往往来源于对他的一言一行、一举一动的观察和概括。一些不雅的言行举止，就是有失礼仪的表现，它会影响到一个人的自身形象。所以在一定的场合中，文明规范的行为举止是十分重要的。

　　行为举止是人际交往过程中的礼仪表现形式，除了口语的礼仪外，它讲究的是人体动作与表情的礼仪。它通过人的肢体、器官的动作和面部表情的变化，来表达思想感情，也叫人体语言或肢体语言。

　　行为举止，也是一种非文字语言，包括人的体态姿势、动作和表情。行为举止语言是用人体的动作、表情作为词汇来象征人的心灵、表达人的思想感情的一种非语言的语言。人们在交谈中，一个眼神、一个表情、一个微小的手势和体态，都可以准确地表现出人真实、诚恳的心态。此外，行为举止所发出的语言信息比起口头语言具有含蓄、模糊的作用，给人们以朦胧美的感官享受。

　　优美的行为举止不是天生就有的，所以我们应当积极主动地参与形体训练，掌握正确的行为举止姿态，矫正不良习惯，达到自然美与修饰美的最高境界。

随 笔

站姿是人的一种本能。常言说:"站如松。"良好的站姿能衬托出美好的气质和风度。

第一章　行为举止礼仪

一、站 姿 礼 仪

（一）生活中的几种不雅站姿

生活中有些站姿使人看起来很不优雅，如垂头、垂下巴、含胸、腹部松弛、肚脐凸出、臀部凸出、耸肩、驼背、歪脖、曲腿、斜腰、依靠物体、双手抱在胸前等。

（二）生活中的正确站姿

1．抬头，头顶平，双目向前平视，嘴唇微闭，面带微笑，微收下颌，动作平和且自然。

2．双肩放松，稍向下压，人体有向上的感觉。

3．躯干挺直，直立站好，身体重心应在两腿中间，防止重心偏左偏右，做到挺胸、收腹、立腰。

4．双臂自然下垂于身体两侧，或放在身体前后。

5．双腿立直，保持身体正直，膝和脚后跟要靠紧。

6．职业站姿：立腰、并腿、右手握左手、大臂小臂呈斜平面、男士跨立、女士双脚呈"V"或丁字步。

站姿是人的一种本能。常言说："站如松。"就是说，站立应像松树那样端正挺拔。站姿是静力造型动作，显现的是静态美。站姿又是训练其他优美体态的基础，是表现不同姿态美的起点。

（一）标准站姿

1．站姿

就是人们站立时的姿势与体态，它是仪态美的基础。良好的站姿能衬托出美好的气质和风度。

2．标准站姿要求

头正、颈直、挺胸收腹，两肩平齐，双臂自然下垂；双腿靠拢，脚尖张开40°～60°，或双脚分开，与肩同宽。站立时，身体重心在两腿正中，或其中一只脚后撤半步，但上体仍须保持垂直，精神饱满，表情自然。站立时姿态要自然、轻松、优美，不论采取哪种站姿，只有脚的姿势及角度在变，而身体一定要保持绝对挺直。

标准的礼仪站姿，同部队战士的立正是有区别的。礼仪站姿较战士立正多了些自然、亲切和柔美。

（二）男士四种优美站姿

男士的基本站法分为自然站法和跨立站法。

自然站法为抬头、挺胸、双目平视；双臂自然下垂或右手搭在左手上，虎口相握（或右手握于左手腕部），放于体前；双腿并拢，两脚脚跟相靠，脚尖自然分开成"V"字形。

跨立站法为抬头、挺胸、双目平视；双臂自然下垂或右手搭在左手上，放于体前；双腿并拢，两脚分开，与肩等宽或略窄。

站立时，要端正、庄重，具有稳定感。当站立于人前时，从正面看去，以鼻为点向地面作垂直线，两侧的人体均衡对称。古人所说的"站如松"，就是指站姿的挺拔与稳定。端正稳定的站姿，是男士特有的坚定沉着的性格与信心的表现。

1．一位站姿

一位站姿也称标准站姿。两脚并拢，两膝并严，或两脚略分开，距离不超过肩宽，两腿平行站立，提髋立腰，吸腹收臀，挺胸抬头，下颌微收，双目平视，两手自然下垂。（见图1-1）

2．二位站姿

二位站姿也称叉手站姿。左脚向左横跨迈一小步，两脚之间距离不超过肩宽，以20厘米为宜，两脚平行站立，两手在腹前交叉，身体重心在两脚上，身体直立，注意不要挺腹或后仰。这种站姿端正中略有自由，郑重中略有放松。在站立中身体重心还可以在两脚间转换，以减轻疲劳，这是一种常用的接待站姿。也被称为职业站姿（见图1-2、图1-3）

图1-1　一位站姿

图1-2　二位站姿（1）

3．三位站姿

三位站姿也称背手站姿。两脚跟并拢（或左脚向左横跨迈一小步，两脚之间距离不超过肩宽），脚尖展开60°～70°，两手在身后交叉，挺胸立腰，下颌微收，双目平视。这种站姿优美中略带威严，易产生距离感，所以常用于门童和保卫人员。（见图1-4）如果两脚改为并立，则突出了尊重的意味。

图1-3　二位站姿（2）

图1-4　三位站姿

4．四位站姿

四位站姿也称背垂手站姿。即一手背在后面，贴在臀部，另一手自然下垂，手自然弯曲，中指对准裤缝，两脚可以并拢，也可以分开，也可以成小丁字步。这种站姿，男士多用，显得大方、自然、洒脱。（见图1-5、图1-6）

图1-5　四位站姿（1）

图1-6　四位站姿（2）

以上几种站姿与岗位工作密切联系，在日常生活中适当地运用，会给人们挺拔俊美、庄重大方、舒展优雅、精力充沛的感觉。

（三）女士四种优美站姿

女士的基本站法分为自然站法、左侧位脚丁字步和右侧位脚丁字步站法等。自然站法为抬头，挺胸，双目平视；双臂自然下垂或右手搭在左手上，放于体前；两脚脚跟相靠，脚尖自然分开成"V"字形。左侧位脚丁字步和右侧位脚丁字步站法为抬头，挺胸，双目平视；双臂自然下垂或右手搭在左手上，放于体前；左（或右）脚脚跟靠于右（或左）脚内侧中间位置，成丁字型。

站立时，讲究挺直、舒展，古人常常用"亭亭玉立"来形容女性身材的美好。站姿表现为：自然直立，双腿并拢，挺胸拔背收小腹，腰直肩平，下巴微收，使头、颈、腰、腿保持在一条直线上，重心放在双脚中间脚弓前端位置。若检验女子站态是否正确，可靠墙站立，从侧面看去，除足跟、小腿肚及臀部触墙外，其他部位均不能及，肩胛距离墙7厘米，可插入一只前臂。

1．一位站姿

两脚并拢，两膝并严，双腿后压，挺胸拔背收小腹，下颌微收，双肩后展，双目平视，眼神内敛，两手自然下垂。（见图1-7）

2．二位站姿

两脚并拢，脚跟内侧相靠，呈"V"型（或丁字步）两膝并严，双腿后压，挺胸拔背收小腹，下颌微收，双肩后展，双目平视，眼神内敛，两手叠放于体前，握四指。此种站姿也被称为职业站姿（见图1-8）

图1-7　一位站姿　　　　　　　图1-8　二位站姿

3．三位站姿

两脚并拢，两膝并严，双腿后压，挺胸拔背收小腹，下颌微收，双肩后展，双目平视，眼神内敛，两手相叠，手体前交叉，握四指，呈丁字步。

4．四位站姿

两脚尖展开90°，左（或右）脚向前将脚跟靠在右（或左）脚内侧中间位置，成左（或右）丁字步。双手搭放于体后，握四指。身体重心于两脚之间或右（或左）脚上。或一手体前一手体侧。

总之，头要摆正，目视前方，颈部挺直，双肩向后打开，立腰，提臀，大腿、小腿自然绷紧，挺胸抬头，面带微笑。无论男士还是女士保持正确优雅的站姿，还应该注意两点：一是身体轻松自如，全身肌肉特别是上身肌肉微微放松，手臂自然下垂，足跟自然相靠，足间夹角成30°～45°，轻松自然地展示人体各部位之间的和谐。二是站立时要微微收腹，使胸部挺起，臀部上提，大腿肌肉出现一定程度的紧张。这样的立姿使人很精神，有力度，与当代生活节奏十分协调。如果侧视这种直立状，男士为两个三角形对顶连接，显示了稳定与平衡；女士的乳峰与臀部则构成以脊柱为中心线的两条反向曲线，显示了安静与优美。

（四）生活中常用的礼仪站姿

女士在生活中站立时，通常是一只脚略前，一只脚略后，两腿贴近，双手叠放在下腹部。上体姿态基本保持不变，只是两脚的摆放可以略加调整，如小丁字步、大丁字步等。（见图1-9～图1-12）男士在生活中站立时，两手可以搭放背后，两脚可以略微分开，与肩同宽。

图1-9　基本站姿（1）

图1-10　基本站姿（2）

图1-11　基本站姿（3）

图1-12　基本站姿（4）

无论男士或女士，与人交谈时，要面向对方，保持一定距离，太远或过近都是不礼貌的；站立姿势要正，可以稍弯腰，切忌身体歪斜，两腿分开距离过大、倚墙靠柱、手扶椅背等都是不雅与失礼姿态。站着与人交谈时,双手下垂或叠放小腹部,右手放在左手上。不可双臂交叉,更不能两手叉腰、将手插在裤袋里或下意识地作小动作,如摆弄打火机、香烟盒、玩弄衣带、发辫、咬手指甲等,但可随谈话内容适当作些手势。如果穿礼服或旗袍,不应双脚并列,而应让两脚之间前后距离5厘米,以一只脚为重心。如果向长辈、朋友、同事问候或作介绍时,不论握手或鞠躬,双足应当并立,相距10厘米左右,膝盖要挺直。如果等车或等人,两足的位置可一前一后,保持45°角。

(五)站姿训练

站立是人们生活交往中的一种最基本的举止,要注意站姿训练,养成习惯。

1. 顶书训练

把书本放在头顶中心,为使书不掉下来,头、躯体自然保持平稳,否则书本将滑落下来。这种训练方法可以纠正低头、仰脸、晃头及左顾右盼的毛病。

2. 背靠背训练(或靠墙训练)

两人一组,背靠背站立,要求二人脚跟、小腿、臀部、双肩、后脑勺都贴紧。每次训练应坚持15～20分钟。

靠墙站立,要求后脚跟、小腿、臀、双肩、后脑勺都贴墙,每次训练应坚持15～20分钟。

训练时最好配上轻松愉快的音乐,调整心境,既防止训练的单调性,也可以减轻疲劳。(见图1-13)

图1-13　女士站姿训练

3. 纠正不良姿势

站立时不要过于随便,不要探脖、塌腰、耸肩,双腿弯曲或不停地颤抖,双手不要放在衣兜里或插在腰间,这些站姿会给人留下不良的印象。

问 题 讨 论

图 1-14 中的站姿是否正确，礼仪站姿与生活站姿有哪些不同？

图 1-14　站姿

随 笔

坐姿是端庄优美的一种举止，会给人一种文雅、稳重、大方的美感。对男性而言，更有"坐如钟"一说。

第一章 行为举止礼仪

二、坐 姿 礼 仪

（一）生活中的几种不雅坐姿

1. 脊背弯曲。
2. 头部过于向上伸。
3. 耸肩。
4. 瘫坐在椅子上。
5. 跷二郎腿时频繁摇腿。
6. 双脚大分叉或呈八字形；双脚交叉；足尖翘起，半脱鞋，两脚在地上蹭来蹭去。
7. 坐时手中不停地摆弄东西，如头发、饰品、手机、戒指之类。
8. 在公共场所趴在桌子上，躺在沙发上，半坐在桌子或椅背上。

（二）生活中的正确坐姿

1. 从左入座。
2. 入座要稳。走到座位前，转身后，轻稳地坐下。手扶衣裙。女子入座时，若是着裙装，应用手将裙稍稍拢一下，不要坐下后再站起来整理衣服。
3. 面带笑容，双目平视，嘴唇微闭，微收下颌。
4. 双肩平正放松，两臂自然弯曲，两手放在膝上，亦可放在椅子或是沙发扶手上，掌心向下。
5. 坐在椅子上，要立腰、挺胸，上体自然挺直。
6. 双膝自然收拢，双腿正放或侧放，双脚并拢或交叠（男士坐时可略分开）。
7. 坐在椅子上，应至少坐满椅子的2/3，脊背轻靠椅背。
8. 离座要轻，起立要轻。起立时，右脚向后收半步，而后站起。
9. 谈话时可以有所侧重，此时上体与腿同时转向一侧。

坐是一种静态造型，是非常重要的仪态。在日常工作、生活和学习中，离不开这种举止。对男性而言，更有"坐如钟"一说。端庄优美的坐姿，会给人一种文雅、稳重、大方的美感。

（一）坐姿标准

坐姿是指人在就座以后身体所保持的一种姿势。正确的坐姿是一种文明行为，既体现一个人的形态美，又体现行为美。

坐姿总的要求是舒适自然，大方端庄。在日常国际交往中，对入座和落座都有一定要求。入座时，动作要轻盈和缓，自然从容，面带笑容，双目平视，嘴唇微闭，微收下颌；双肩平正放松，两臂自然弯曲，两手放在膝上，也可放在椅子或沙发扶手上，掌心向下。双膝自然收拢，双腿正放或侧放，双脚并拢或交叠。坐在椅子上，应至少坐满2/3，落座要轻，不能猛地坐下，发出响声，起座要端庄稳重，右脚向后收半步，而后站起。身体微向前倾，在起立的同时，双手自然整理臀部衣服。如谈话时，可以侧坐，侧坐时上体与腿同时朝向一侧，要把双膝靠拢，脚跟靠紧。（见图1-15、图1-16）

图1-15　基本坐姿（1）　　　　　　图1-16　基本坐姿（2）

坐姿要依据不同场合，与环境相适应。如一般沙发椅较宽大，不要坐得太靠里面，可以将左腿跷在右腿上，显得高贵大方，但不宜跷得过高。女士尤其应注意，不能露出衬裙，否则有损美观与风度。

（二）男士的几种优美坐姿

男士坐姿，要躯干正直，肩平头正，腰背贴椅，两腿自然弯曲，双脚并列地面，四肢摆放不宜开得太大，以形成一种端正规矩、平稳、舒适的坐姿，即所谓的"坐如钟"。

1. 一并式（标准坐姿）

坐正立腰，双脚并拢，小腿与地面垂直，两手臂扶于椅子两侧的扶手上，或放于膝盖上，或两手相叠平放在桌子上。

2. 交叉式

两小腿略向前伸，双脚大踝关节处交叉，两手扶于椅子扶手上或放于膝盖上。

3. 开关式

两小腿左右分开，两膝分开一拳距离，双手放于膝盖上。（见图1-17）

4．重叠式

重叠式也叫"二郎腿"或"标准式架腿"等。在标准式坐姿的基础上，腿向前，一条腿提起，腿窝落在另一腿的膝关节上边。（见图1-18）。

图1-17　开关式坐姿

图1-18　重叠式坐姿

5．曲直式

左小腿曲回脚掌着地，右脚前伸，呈稍息状，两手扶于椅子扶手上或放于膝盖上。（见图1-19）

6．转体式

双腿前伸，右脚在前，左脚在后，上身向左转体，右手扶于椅子右侧扶手上，左手放在右手上，或双手放于膝盖上，目视左侧。

（三）女士的几种优美坐姿

女士的坐姿则更能显示一个人的风度和修养。女士落座时动作要轻缓，从容大方，坐座位的2/3，抬头、挺胸、立腰，目视前上方，面带微笑，神采飞扬。落座以后，即使很疲劳，也应颈直目平，两手重叠放在大腿上。双腿自然弯曲

图1-19　曲直式坐姿

并拢，如果穿裙子，要注意把裙角收好。从椅子上起身时，收腹提气，靠腿部支撑站立起来，全身站稳后再迈步。

1．垂直式（标准坐姿）

坐下之前，要站在椅子前面合适的位置上，双脚呈"V"型，或将左脚跟靠于右脚内侧中间部位，两脚尖展开45°，两膝并拢；向下坐时，上身略向前倾，两手（或用一只手）将后面的衣裙拉好；坐下后，腰挺直，膝紧靠，两小腿垂直于地面，两手在腹前交叉。（见图1-20）

2．前伸式

按照垂直式的坐姿，两小腿向前伸出45°，脚尖不要翘起。

3．前交叉式

按照前伸式坐姿，右脚置于左脚之上，在两踝关节处交叉，两脚前端外侧着地，膝部可略分开，不要过大。

4．曲直式

左腿前伸，右小腿曲回，用脚掌着地，大腿靠紧，两脚前后要在一条线上。（见图1-21）

图1-20 垂直式坐姿

图1-21 曲直式坐姿

5．后点式

双小腿向后曲回，用脚掌着地，膝盖略打开。（见图1-22）

6．右侧点式

两膝并拢，两小腿向右斜伸出，右脚跟靠于左脚内侧中间部位，右脚掌内侧着地，左脚脚跟提起，脚掌着地。或头向左转45°，肩、胸略向左侧转。（见图1-23）

图1-22 后点式坐姿

图1-23 右侧点坐姿

7．右侧挂式

在右侧点式的基础上，左小腿后屈，脚绷直，脚掌内侧着地，右脚提起，用脚面贴住左踝，膝和小腿并拢，上身右转。（见图1-24）

8．左侧点式

姿态与右侧点式相反。无论是左侧点式，还是右侧点式，都要注意大腿与小腿要成90°角，小腿不要往回曲，要充分显示小腿的长度。

9．左侧挂式

在左侧点式的基础上，左小腿稍向回曲，左脚脚掌内侧着地。右脚提起，挂在左脚踝关节处。两脚并严，胸部挺起，下颌稍向上翘起。（见图1-25）

图1-24 右侧挂式坐姿

图1-25 左侧挂式坐姿

10．侧身重叠式

髋部左转45°，头、胸向右转，左小腿垂直于地面，右腿重叠于左腿上，右小腿向里收，脚尖向下。

11．正身重叠式

正身坐下，腿向正前方，左小腿垂直于地面，全脚支撑，右腿重叠于左腿上，小腿向里收，脚尖向里收。上身稍前倾，可将两手臂交叉支撑于腿上，也可以用一只手臂支撑，一只手臂向上托腮。

注意：两腿交叉重叠式（二郎腿）坐姿，在正规的社交场合被视为不雅的姿势，实际上，只要注意将小腿往回收，并将脚尖向下压，双腿尽可能并在一起，还是很美的姿态。但面对尊者、长者时，不宜采用这种坐姿。

（四）不同坐姿的心态

坐的动作和姿势多种多样。不同的坐姿反映着不同的心理状态，但我们不应把某种坐姿反映某种心理状态作为固定的模式。应当从人的生理因素、心理因素、社交因素等多方面出发，对坐姿作出大致的判断。

1．猛坐与轻坐

人在落座时，不同的心境、不同的个性，其动作的大小、快慢、轻重各不相同。一般地说，有以下几种情况：

同自己熟悉要好的亲友会面时，性格开朗的人，落座时动作幅度大，速度快；同初次交往的人相会，会见尊长时，个性文静的人，落座时动作小而轻缓。

大喜大怒时、性格强悍的人、不拘小节的人，落座时动作大而猛；悲怨沉思时，性格谨慎的人，落座时动作小而迟缓。

以上落座形式，只是指一般情况而言。对于一个文化修养程度高、自控能力强的人，以上判断就不一定是准确的。所以观察对方落座的动作，分析对方的心境、性格时，要考虑多种因素。我们自己在落座时，不论当时心境如何，个性如何，都应当从礼仪出发，善于自我控制，做到轻重适度，为自己塑造良好的礼仪形象。

2．深坐与浅坐

与人交谈时，坐得靠后——深坐，或坐得靠前——浅坐，可以反映不同的心理状态和待人态度。深坐，表现出一定的心理优势或充满自信；浅坐，表现出尊重和谦虚；过分的浅座，则有自卑和献媚之嫌。

3．张腿坐与并腿坐

男子张开双腿而坐，表示个性奔放坦率，胸怀开阔，且有较强的自信和支配欲。女性张腿而坐是不雅观的，不论何时、何地、任何情况，都不可采取这种坐姿。

男子并腿坐，表示出严肃、郑重和认真。女子常常采用这种坐姿，表现出端庄和郑重。

4．其他坐姿

有的人，在同要好的亲友交谈时，倒坐椅子，两臂扒在椅子背上，显得亲切、真挚、坦诚。当然仅限于这种场合。

有的人喜欢把脚架放在桌子上，这种姿势是一种放荡不羁、傲慢无礼的表现，令人望而生厌。

有的人半躺半坐，形象颓废，甚至显得放肆，应当避免。

在人体语言中，人的躯干、四肢、手势、面部、五官各具特点，都可以作为表情的工具，显示出不同的心态。不过，在社交礼仪中，坐姿所起的作用更多些，所占位置更重要些，更应当引起重视。

（五）坐姿训练

坐是举止的主要内容之一，同样有美与丑、优雅与粗俗之分。良好的坐姿能给人一种安详庄重的印象。

1．坐姿基本标准

男士坐姿标准：双腿并拢（也可略分开），上体挺直坐正，两脚略向前伸，两手分别放在双膝上。

女士坐姿标准：坐正，上身挺直，两腿并拢，两脚同时向左放或向右放，两手叠放，置于左腿或右腿上。或两脚交叉，置于一侧，两手叠放，置于左腿或右腿上。

2．坐姿训练

训练可按标准在教室、寝室、家庭或办公场所进行，每次训练应坚持15～20分钟。配上舒缓优美的音乐，以减轻疲劳。（见图1-26、图1-27）

图1-26　坐姿训练（1）

图1-27　坐姿训练（2）

除练习以上几种坐姿外，还应训练入座、起座和离座的姿态。

3．纠正不良坐姿

坐时不可前倾后仰，或是歪歪扭扭，两腿不可过于叉开，也不可长长地伸开，不可以高跷起二郎腿，坐下后不应随意挪动椅子。不要为了表示谦虚，故意在人前坐在椅子边上，身体萎缩前倾，表现出一种阿谀相。不可将大腿并拢，小腿分开，或双手放在臀下，腿脚不停地抖动。

问 题 讨 论

图1-28、图1-29中的坐姿正确吗？生活中我们如何落坐和起坐？

图1-28　坐姿（1）

图1-29　坐姿（2）

随 笔

走姿是一种动态美。每个人都是一个流动的造型体,优雅、稳健、敏捷的走姿,会给人以美的感受,产生感染力,反映出积极向上的精神状态。

三、走姿礼仪

 小资料

（一）行走时应注意纠正的不正确走姿

1. 速度过快或过慢。
2. 笨重。
3. 身体摆动不优美，上身摆动过大。
4. 含胸。
5. 歪脖。
6. 斜腰。
7. 挺腹。
8. 扭动臀部幅度过大。

（二）行走时应注意的事项

1. 应自然地摆动双臂，幅度不可太大，只能小摆。前后摆动的幅度约为30°。
2. 应保持身体挺直，切忌左右摇摆、摇头晃肩、弯腰驼背、左顾右盼。
3. 膝盖和脚踝都应轻松自如，以免浑身僵硬，同时切忌走"外八字"或"内八字"。
4. 走路应走直线，步子不能太大，也不能太小，双手不能插裤兜。
5. 多人一起行走时，不要排成横队，不勾肩搭背。
6. 遇急事可加快步伐，但不可慌张奔跑。
7. 与女士同行，男士步子应与女士保持一致。

（三）走姿口诀

男走直线，女走"柳叶步"，脚迈一脚，手摆15°。

 知识导航

走姿是一种动态美。每个人都是一个流动的造型体，优雅、稳健、敏捷的走姿，会给人以美的感受，产生感染力，反映出积极向上的精神状态。

（一）走姿规范

标准的走姿，要以端正的站姿为基础，要协调稳健、轻松敏捷、富有节奏感，给人以美好的印象。（见图1—30～图1—33）

1. 走姿规范标准

图1-30 走姿（1）

图1-31 走姿（2）

图1-32 走姿（3）

图1-33 走姿（4）

（1）头正。双目平视，收颌，表情自然平和。

（2）肩平。两肩平稳，防止上下前后摇摆。双臂前后自然摆动，前后摆幅在30°左右，两手自然弯曲，在摆动中以不超过身体中线为标准。

（3）躯挺。上身挺直，收腹立腰，重心稍前倾。

（4）步位直。两脚尖略开，脚跟先着地，两脚内侧落地，走出的轨迹要在一条直线上。

（5）步幅适当。行走中两脚落地的距离大约为一个脚长，即前脚的脚跟距后脚的脚尖相距一个脚的长度为宜。不过因不同的性别、不同的身高、不同的着装，每个人都会有些差异。

（6）步速平稳。行进的速度应当保持均匀、平稳，不要忽快忽慢，在正常情况下，步速应自然舒缓，显得成熟、自信。

行走时要防止八字步，不要低头驼背，不要摇晃肩膀，不要双臂大甩手，不要扭腰摆臀，不要左顾右盼，脚不要擦地面。

2．变向走姿规范

变向走姿是指在行走中，需转身改变方向时，要采用合理的方法，体现出规范和优美的步态。

（1）后退步。与人告别时，应当先后退两三步，再转身离去，退步时脚轻擦地面，步幅要小，先转身后转头。

（2）引导步（或侧行步）。引导步是用于走在前边给宾客带路的步态。引导时要尽可能走在宾客左侧前方，整个身体半转向宾客方向，保持两步的距离，遇到上下楼梯、拐弯、进门时，要伸出左手示意，并提示请客人上楼、进门等。

当在路面较窄的走廊和楼道中与人相遇时，也要采用侧身步，两肩一前一后，要将胸转向客人，而不是将后背转向客人。

（3）前行转身步。在前行中要拐弯时，要在距所转方向远侧的一脚落地后，立即以该脚掌为轴，转过全身，然后迈出另一脚。若向左拐，要右脚在前时转身；若向右拐，要左脚在前时转身。

不论向哪个方向转体走，都应注意身体先转，头随后转，并伴随着要向他人表达告别、祝愿、提醒、寒暄等礼貌用语。

总之，走相千姿百态，没有固定模式，或矫健或轻盈，或显精神抖擞，或显庄重优雅，只要与交际场合协调并表现出自己的个性，就是正确的。

（二）穿不同鞋子的走姿

1．穿平底鞋的走姿

穿平底鞋走路比较自然、随便，要脚跟先落地，前行力度要均匀，走起路来显得轻松、大方。

由于穿平底鞋不受拘束，往往容易过分随意，步幅时大时小，速度时快时慢，因此要注意不要因随意而给人以松懈的印象。

2．穿高跟鞋的走姿

由于穿上高跟鞋后，脚跟提高了，身体重心就自然地前移，为了保持身体平衡，膝关节要绷直，胸部自然挺起，并且收腹、提臀、直腰，使走姿更显挺拔，平添几分魅力。

穿高跟鞋走路，步幅要小，脚跟先着地，两脚落地时，脚跟要落在一条直线上，像一枝柳条上的柳叶一样，这就是所谓的"柳叶步"。

有人穿高跟鞋走路时，用屈膝的方法来保持平衡，结果走姿不但不挺拔，反而因屈膝、撅臀显得非常粗俗不雅。有这种毛病的人，要训练自己，注意在行进时一定保持踝、膝、髋关节的挺直，保持挺胸、收腹、向上的姿态。

（三）学生走姿注意事项

（1）女生脚步应轻盈均匀，有弹性、有活力；男生脚步应稳重、大方、有力。

（2）身体重心在脚掌前部，女生两脚脚跟走在一条直线上，男生两脚脚跟的落点在两条平行线上（两平行线大约相距 5 厘米以内）。

行走的姿态也不是一成不变的，它随不同的场合而出现强弱、轻重、快慢、幅度及姿势的不同。例如，在室内走路，脚步轻松而平稳；在病房或阅览室，脚步轻盈柔和；外出游玩，脚步轻快活泼；参加仪式，脚步稳健大方；参加丧礼，脚步沉重缓慢。虽说不同的场合有差异，但基本姿势满足以上要求，就算走姿优美、风度翩翩了。

（四）走姿训练

走姿属动态美。凡是协调稳健、轻松敏捷的步态都会给人以美感。（见图 1-34）

图 1-34　优美走姿

1．训练

5～6 人站成一路纵队，在校园内、教学楼内、走廊内、大厅等场所进行行走训练，挺胸抬头、上身正直、双臂自然下垂摆动，在转弯处按直角行走，脚步轻盈、不急不慢、精神饱满、轻松自如。

（1）走路时挺起胸膛。

（2）目光平视。

（3）双臂自然地前后摆动。

（4）整个身体稍稍前倾 3°～5°，注意重心不要靠后，也不要只是上身前倾。

（5）全脚掌着地，后脚跟离地时，要用脚尖用力蹬地，膝部不弯曲。

（6）走直线。在地面画一条直线。行走时双脚内侧若稍稍碰到这条线，即证明走路时两只脚几乎是平行的。（见图 1-35、图 1-36）

2．纠正不正确的走姿

走路最忌"内八字"和"外八字"；其次是弯腰驼背，歪肩晃膀；走路不要甩手，不要扭腰摆臀，不要左顾右盼，不要双腿过于弯曲，走路不成直线，不要步子太大太碎，不要上下颤动，不要脚蹭地面，不要双手插裤兜，不要重心放在后面。

第一章 行为举止礼仪

图 1-35 走姿训练（1）

图 1-36 走姿训练（2）

问 题 讨 论

从图 1-37、图 1-38 的比较中，我们发现，走姿值得我们思考。那么，同学们应该怎样注意生活中不正确的走姿呢？

图 1-37 走楼梯

图 1-38 进入办公楼

37

随 笔

蹲姿不像站姿、走姿、坐姿那样频繁使用，因而往往被人忽视。一件东西掉在地上，一般人都会很随意地弯下腰，把东西捡起来。但这种姿势会使臀部后撅，上身前倒，显得非常不雅。讲究举止的人，就应当讲究蹲姿。

四、蹲姿礼仪

（一）女士下蹲时应注意的事项

女士下蹲时应注意两腿紧靠，保持典雅、优美的姿态，不低头弯腰，不双腿叉开。

特别是女士在公共场所拿取低处的物品或拾起落在地上的东西时，不妨使用下蹲和屈膝动作，可以避免弯上身和翘臀部；特别是穿裙子时，如不注意，背后的上衣自然上提，露出臀部皮肉和内衣很不雅观。即使穿着长裤，两腿展开平衡下蹲，撅起臀部的姿态也不美观。

（二）男士下蹲时应注意的事项

男士下蹲时双腿可有一定距离，但应保持端庄、文雅的姿态，切忌面对人、背对人和双腿平行叉开下蹲（上厕所的动作不能要）。

（三）蹲姿七不要

1．左脚跨步距离不要太近或太远。
2．不要突然下蹲。
3．不要离人太近。
4．不要方位失当。
5．不要毫无遮掩。
6．不要蹲在凳子、椅子上。
7．不要蹲下休息。

蹲姿不像站姿、走姿、坐姿那样频繁使用，因而往往被人忽视。一件东西掉在地上，一般人都会很随意地弯下腰，把东西捡起来。但这种姿势会使臀部后撅，上身前倒，显得非常不雅。讲究举止的人，就应当讲究蹲姿。

（一）规范的蹲姿

左脚在前，右脚在后，向下蹲去，左小腿垂直于地面，全脚掌着地，大腿靠紧，右脚跟提起，前脚掌着地，左膝高于右膝，臀部向下，上身稍向前倾。以左脚为支撑身体的主要支点。右脚在前亦然。（见图1-39、图1-40）

下蹲时两腿全力支撑身体，腰背挺直，身体放松，以显得优美。蹲姿主要有高低式和交叉式（仅限于女士）两种。

图1-39 男士蹲姿　　　　图1-40 女士蹲姿

（二）常见蹲姿

优雅的蹲姿，一般采取下列两种方法。

1．交叉式蹲姿（仅限于女士）

下蹲时右脚在前，左脚在后，右小腿垂直于地面，全脚着地。左腿在后与右腿交叉重叠，左膝由后面伸向右侧，左脚跟抬起，脚掌着地。两腿前后靠紧，合力支撑身体。臀部向下，上身稍前倾。（见图1-41）

2．高低式蹲姿

下蹲时左脚在前，右脚稍后（不重叠），两腿靠紧向下蹲。左脚全脚着地，小腿基本垂直于地面，右脚脚跟提起，脚掌着地。右膝低于左膝，右膝内侧靠于左小腿内侧，形成左膝高右膝低的姿势，臀部向下，基本上以右腿支撑身体。（见图1-42和图1-43）

男士选用这种蹲姿时，两腿之间可有适当距离。

图1-41 交叉式蹲姿　　　图1-42 高低式蹲姿（1）　　　图1-43 高低式蹲姿（2）

（三）蹲姿训练

按蹲姿标准在教室、寝室、家庭、办公室等地进行随机练习，每次训练 3～5 分钟。

问 题 讨 论

如图 1-44、图 1-45，生活中需要捡拾掉在地上的东西，我们怎样做才能使体态优美得体？

图 1-44　蹲姿（1）

图 1-45　蹲姿（2）

随 笔

手势是人们交往时不可缺少的动作，是最有表现力的一种"体态语言"。俗话说："心有所思，手有所指。"手的魅力并不亚于眼睛，甚至可以说手就是人的第二双眼睛。

第一章 行为举止礼仪

五、手势礼仪

（一）手势的作用

优美的手势不仅使我们自己感觉良好，而且也能拉近我们与他人的距离。

（二）日常生活中禁忌的手势

1. 不要用手指指自己的鼻尖和用手指点他人。
2. 不要当众玩手机、搔头皮、掏耳朵、抠鼻孔、剔牙、咬指甲、搓泥垢、揉衣角。
3. 不要用手指在桌上、墙上或其他地方乱写、乱画等。

这些行为举止，都会令人反感，严重影响交际风度。

手势是人们交往时不可缺少的动作，是最有表现力的一种"体态语言"。俗话说："心有所思，手有所指。"手的魅力并不亚于眼睛，甚至可以说手就是人的第二双眼睛。

（一）手势的含义

手势表现的含义非常丰富，表达的感情也非常微妙复杂。如招手致意，挥手告别，拍手称赞，拱手致谢，举手赞同，摆手拒绝；手抚是爱，手指是怒，手搂是亲，手捧是敬，手遮是羞，等等。手势的含义，或是发出信息，或是表示喜恶、表达感情。所以，如能够恰当地运用手势表情达意，会为交际形象增辉。（见图1-46～图1-50）

手势，是运用手指、手掌、拳头和手臂的动作变化，表达思想感情的一种态势语言。它是态势语的重要组成部分，也是体态语中一种极有表现力的"语言"和传播媒介。美国心理学家詹姆斯认为，在身体的各部分中，手的表达能力仅次于脸。在社会交往中，手势有着不可低估的作用，生动形象的有声语言再配合准确、精彩的手势动作，必然能使交往更富有感染力、说服力和影响力。

（二）手势的区域

手势活动的范围，有上、中、下三个区域。肩部以上称为上区，多用来表示理想、希望、宏大、激昂等情感，表达积极肯定的意思；肩部至腰部称为中区，多用来表示比较平静的思想，一般不带有浓厚的感情色彩；腰部以下称为下区，多用来表示不屑、厌烦、反对、失望等情绪，表达消极否定的意思。

43

职业礼仪与形象设计

图1-46 手势（1）

图1-47 手势（2）

图1-48 手势（3）

图1-49 手势（4）

图1-50 手势（5）

（三）手势的类型

1．情意性手势

情意性手势主要用于带有强烈感情色彩的内容，其表现方式极为丰富，感染力极强。

2．象征性手势

象征性手势主要用来表示一些比较复杂的感情和抽象的概念，从而引起对方的思考和联想。

3．指示性手势

指示性手势主要用于指示具体事物或数量，其特点是动作简单，表达专一，一般不带感情色彩。（见图1-51和图1-52）

4．形象性手势

形象性手势主要用于模拟事物的形状，以引起对方的联想，给人一种具体明确的印象。

图 1-51 导引　　　　图 1-52 "请"手势

（四）手势的原则

手势能反映出复杂的内心世界，但运用不当，便会适得其反，因此在运用手势时要注意以下几个原则。

（1）简约明快，不可过于繁多，以免喧宾夺主。

（2）优雅自然，因为拘束低劣的手势，会有损于交际者的形象。

（3）协调一致"三结合"，即手势与全身协调、手势与情感协调、手势与口语协调。

（4）因人而异，不可能千篇一律地要求每个人都做几个统一的手势动作。

（五）生活中几种常用的手势含义

1．发出招呼信息

正确而有礼貌的做法是，高抬手臂，掌心向外，对着对方，轻挥手腕。（见图 1-53）

2．表示喜恶态度

一般来说，右拇指向上翘表示赞扬，伸出左手的小指表示"坏"或蔑视。食指与中指相叉呈"V"状表示胜利。（见图 1-54）

图 1-53　挥手道别　　　　图 1-54　胜利手势

3. 传递求谢情感

双手手掌向上，与身体约成45°角，拇指力张，食指伸直，其余手指微曲，呈自然状，或者双掌合抱，表示请求、感谢等。

4. 引起对方注意

食指伸直，余指内曲，这种手势有时表示指物，有时又是提醒对方注意，一般在说明所讲事物很重要或者表示警告的时候使用。

（六）使用手势应该注意的问题

（1）在交往中手势不要过多，动作不宜过大，要给人以优雅、含蓄和彬彬有礼之感，切忌指手画脚和手舞足蹈。

（2）打招呼、致意、告别、欢呼、鼓掌属于手势范围，应该注意其力度的大小、速度的快慢、时间的长短，不可过度。

鼓掌是表示欢迎、祝贺、赞许、致谢等的礼貌举止。在正式社交场合观看文艺演出、有重要人物出现或听报告、听演讲时都用热烈鼓掌表示钦佩、祝贺。鼓掌的标准动作应该是用右手掌轻拍左手掌的掌心，鼓掌时不应戴手套，应自然，切忌为使掌声大而使劲鼓掌。应随自然终止。鼓掌要热烈，但不应忘形，一旦忘形，鼓掌的意义就发生质的变化，变成"喝倒彩""鼓倒掌"，有起哄之嫌，这样是失礼的。注意鼓掌尽量不要用语言配合，那是缺乏修养的表现。

（3）在任何情况下，都不要用大拇指指自己的鼻尖和用手指指点他人。谈到自己时应用手掌轻按自己的左胸，那样会显得端庄、大方、可信。用手指指点他人的手势是不礼貌的。

（4）一般认为，掌心向上的手势有诚恳、尊重他人的含义；掌心向下的手势意味着不够坦率、缺乏诚意等。因此，在介绍某人、为某人指引方向、请人做某事时，应该掌心向上，以肘关节为轴，上身前倾，以示尊敬。这种手势被认为是诚恳、恭敬、有礼貌的。

（5）有些手势在使用时应注意区域和各国的不同习惯，不可以乱用。因为各地习俗迥异，相同的手势表达的意思不仅有所不同，而且有时还大相径庭。如在我国和某些国家的人认为竖起大拇指，其余四指弯曲表示称赞夸奖，但澳大利亚的人则认为竖起大拇指尤其是横向伸出大拇指是一种污辱。英国人跷起大拇指是拦车要求搭车的意思。用大拇指和食指构成一个圆圈，就是"OK"手势，这一手势在欧洲表示赞扬和允诺的意思，特别在青年学生中广为流行；然而在法国南部、希腊、撒丁岛等地，它的意思恰恰相反。阿拉伯人用两个小拇指拉在一起表示断交，吉卜赛人用掸去肩上的尘土表示你快滚开。

由此不难看出，每种文化都有自己的手势语言，千姿百态的手势语言包含着人类无比丰富的情感。它虽然不像有声语言那样实用，但在人际交往中能起到有声语言无法替代的作用。

（七）手势训练

1. 规范的手势

手掌自然伸直，掌心向内向上，手指并拢，拇指自然稍稍分开，手腕伸直，使手与小臂成一直线，肘关节自然弯曲，大小臂的弯曲以140°为宜。

在做出手势时，要讲究柔美、流畅，做到欲上先下、欲左先右，避免僵硬死板、缺乏韵味，同时配合眼神、表情和其他姿态，使手势更显协调大方。

2. 手势训练

（1）横摆式。在表示"请进""请"时常用横摆式。作法是：五指并拢，手掌自然伸直，手心向上，肘微弯曲，腕低于肘。开始作手势应从腹部之前抬起，以肘为轴轻缓地向一旁摆出，到腰部并与身体正面成45°角时停止。头部和上身微向伸出手的一侧倾斜，另一手下垂或背在背后，目视宾客，面带微笑，表现出对宾客的尊重、欢迎。

（2）前摆式。如果右手拿着东西或扶着门时，这时要向宾客做向右"请"的手势，可以用前摆式，五指并拢，手掌伸直，由身体一侧从下向上抬起，以肩关节为轴，手臂稍曲，到腰的高度再向身前右方摆去，摆到距身体15厘米，并不超过躯干的位置时停止。目视来宾，面带笑容，也可双手前摆。

（3）双臂横摆式。当来宾较多时，表示"请"可以动作大一些，采用双臂横摆式。两臂从身体两侧向前上方抬起，两肘微曲，向两侧摆出。指向前进方向一侧的臂应抬高一些，伸直一些，另一手稍低一些，曲一些。也可以双臂向一个方面摆出。

（4）斜摆式。请客人落座时，手势应摆向座位的地方。身手要先从身体的一侧抬起，到高于腰部后，再向下摆去，使大小臂成一条斜线。

（5）直臂式。需要给宾客指方向时，采用直臂式，手指并拢，掌伸直，屈肘从身前抬起，向抬到的方向摆去，摆到肩的高度时停止，肘关节基本伸直。注意指引方向，不可用一个手指指出，显得不礼貌。

问 题 讨 论

生活中我们经常见到有人用食指指点他人，对吗？它表达了一种什么含义？请找出日常生活中还有哪些禁忌的手势。

随 笔

眼神是人心灵的窗户。传神的目光给人魅力，宁静的目光给人稳重，快乐的目光给人青春，诚挚的目光给人信赖。

六、眼神礼仪

 小资料

与人交往，冷漠的、傲慢的、疲惫的、呆滞的、游移不定的、左顾右盼的、眉来眼去的目光均不应出现，同时也要注意不可乱用眼神，让人感到你在做作，很可能会破坏相互的交流和沟通。

 知识导航

眼睛是人心灵的窗户，目光可以反映出一个人心中的一些情感波澜、喜怒哀乐。传神的目光给人魅力，宁静的目光给人稳重，快乐的目光给人青春，诚挚的目光给人信赖。眼神是最具表现力的"体态语"，运用好社交眼神礼仪，无疑能为自己的社交形象增添魅力。

（一）眼神

眼神也称目光语，它是在交际中通过视线接触所传递的信息。

人与人的沟通，眼神是最清楚、最正确的信号，因为人的瞳孔不能自主控制，不像自然语言还可以伪装。一个人的态度和心情，往往会通过眼神自然地流露出来。人们在相互交往中，都在不自觉地用眼神在说话，也在有意无意地观察他人的眼神。比如，深切地注视，是一种崇敬的表示；暗送秋波，是情人交流感情的形式；横眉冷眼，是一种仇视的态度；而眼球移动迟钝、痴呆，则是一种深情或忧愁的表现；等等。眼神主要由注视的时间、视线的位置和瞳孔的变化三个方面组成。

1. 注视的时间

据权威人士的调查研究发现，人们在交谈时，视线接触对方脸部的时间占全部谈话时间的30%～60%。超过这个平均值，可认为对谈话者本人比谈话内容更感兴趣；低于这个平均值，则表示对谈话内容和谈话者本人都不怎么感兴趣。

2. 视线的位置

人们在社会交往中，面对不同的场合和对象，目光所及之处也是有差别的。有的人在与陌生人打交道时，往往因为不知道怎样安置目光而窘迫不安；已被人注视而将视线移开的人，大多怀有相形见绌之感；仰视对方，一般表示尊敬、信任的含义；频繁而又急速地转眼，是一种反常的举动，常被用作掩饰的一种手段。当然，如果死死地盯着对方或者东张西望，不仅是极不礼貌的，而且也显得漫不经心。

3．瞳孔的变化

瞳孔的变化即视觉接触时瞳孔的放大或缩小。心理学家往往用瞳孔变化大小的规律，来测定一个人对不同事物的兴趣、爱好、动机等。兴奋时，人的瞳孔会扩张到平常的4倍大；生气或悲哀时，消极的心情会使瞳孔收缩到很小，眼神必然无光。所谓脉脉含情、怒目而视等都与瞳孔的变化有关。

可见，眼睛是人体传递信息最有效的器官，它能表达出人们最细微、最精妙的内心情思，从一个人的眼睛中往往能看到他的内心世界。

（二）眼神的运用

在与人交际、谈话时，应注视对方的眼睛，观察对方的瞳孔。一个人心态的变化，一般通过瞳孔的放大与收缩来表示，所以，我们在用眼神交流时，在将自己的心情坦露给对方的同时，也获知对方真正的感觉，从而达到心灵的交流。

一个良好的交际形象，目光是坦然、亲切、和蔼、有神的。特别是在与人交谈时，目光应该是注视对方，不应该躲闪或游移不定。在整个谈话过程中，目光与对方接触累计应达到全部交谈过程的50%～70%。交谈时请将目光转向交谈人，以示自己在倾听，这时应将目光放虚，相对集中于对方某个区域上，切忌"聚焦"，更不可死盯对方眼睛或脸上的某个部位，因为这样会使对方难堪、不安，甚至有受侮之感，产生敌意，无意中积小恶而产生抵触情绪。

人际交往中诸如呆滞的、漠然的、疲倦的、冰冷的、惊慌的、敌视的、轻蔑的、左顾右盼的目光都是应该避免的，更不应对人上下打量，挤眉弄眼。

（三）凝视

1．公务凝视

常见于洽谈、磋商、谈判等正式场合。这种凝视给人一种严肃认真的感觉。注视的位置在对方脸部，以双眼为底线，上到前额的三角部分。谈公务时，如果你注视对方这个部位，就会显得严肃认真，对方也会感到你有诚意，你就会把握谈话的主动权和控制权。

2．社交凝视

这是各种社交场合使用的注视方式，注视的位置在对方唇心到双眼之间的三角区域，当你的目光看着对方脸部这个区域时，会营造出一种社交气氛，让人感到轻松自然。这种凝视主要用于茶话会、舞会及各种类型的友谊聚会。

3．亲密凝视

亲密凝视是亲人之间、恋人之间、家庭成员之间使用的注视方式。凝视的位置在对方双眼到胸之间。

总之，我们在与不同人的交往、使用各种视线时，应把握分寸、恰到好处，善于调节、因人而异，显示出较高的文化修养和交际水平，从而为双方建立友好关系创造一个无声的良好氛围。

（四）眼神训练

1．各种凝视的目光区域

（1）公务凝视区域。以两眼为底线、额中为顶角，形成三角区，注视客户的目光以该区域为宜（此时注视眼睛是很不礼貌的，容易给对方造成压力）。时间以3～5秒为宜。

（2）社交凝视区域。以两眼为上线、唇心为下顶点，形成倒三角区，为老客户服务也可注视该区域。

（3）亲密凝视区域。双眼到胸部，适用于亲人、恋人之间的凝视。

不管对何人，切忌扫视、侧视和闭眼。

2．眼神训练

（1）训练用坦然、和蔼、亲切、有神的目光落落大方地与人交谈。

（2）训练接待友人来访，面带微笑。

（3）设计不同的交际氛围，注意眼神的运用。

3．社交中应注意的几种眼神

眼睛是大脑的延伸，大脑的思想动向、内心想法等都可以从眼睛中显示出来。

（1）不能对关系不熟或一般的人长时间凝视，否则将被视为一种无礼行为。

（2）与新客户谈话，眼神礼仪是：眼睛看对方眼睛或嘴巴的三角区，标准注视时间是交谈时间的30%～60%。

（3）眼睛注视对方的时间超过整个交谈时间的60%，属于超时注视，一般使用这种眼神看人是失礼的。

（4）眼睛注视对方的时间低于整个交谈时间的30%，属低时注视，一般也是失礼的注视，表明他的内心自卑或企图掩饰什么或对人对话都不感兴趣。

（5）眼睛转动的幅度与快慢都不要太快或太慢，眼睛转动稍快，表示聪明、有活力，但如果太快，又表示不诚实、不成熟，给人轻浮、不庄重的印象，挤眉弄眼、贼眉鼠眼指的就是这种情况。但是，眼睛也不能转得太慢，否则就是"死鱼眼睛"。

（6）恰当使用亲密注视，和亲近的人谈话，可以注视他的整个上身。

总之，应避免盯视、眯眼、斜视、瞟视和鄙视。积极运用热情、友好、善良、坦荡、真诚的眼神，才能赢得社交界的美誉。

问 题 讨 论

在交往中，特别是在与异性交往时，如果对方目不转睛地盯视着你，会让你心里紧张，感到尴尬。那么，应如何把握自己的眼神，使交往充满和谐和友善？社交中应避免哪几种眼神？

随 笔

表情是指人的面部情态。健康的表情留给人们的印象是深刻的,它是优雅风度的重要组成部分。

微笑可以表现出温馨、亲切的表情。不仅是一种外化的形象,也是内心情感的写照。

七、表 情 礼 仪

（一）微笑是万能的通行证

微笑一定要发自内心，只有从心底发出的微笑，才能笑得自然、真诚、热情、友善。

（二）微笑忌

假笑、冷笑、怪笑、媚笑、怯笑、窃笑、狞笑……

礼仪的情感表达是说人们在讲究礼节时，内心情感在面部上的表现，即表情。表情是人际交往中相互沟通的形式之一。

美国心理学家艾伯特·梅拉比安给人的感情表达效果总结了一个公式：感情的表达＝语言（7%）＋声音（38%）＋表情（55%），这个公式是否科学合理，且不去深究，但它说明表情在人际沟通时能够恰如其分地表现出人的内在感情。

表情是指人的面部情态。健康的表情留给人们的印象是深刻的，它是优雅风度的重要组成部分。

面部表情是眼睛、眉毛、嘴巴、鼻子、面部肌肉以及它们的综合运动所表现出的心理活动和情感信息。面部的一个微妙动作、一块肌肉的细微变化，眨一下眼睛或皱皱眉，都能表达一个人的情感。

人的面部表情中的各个器官，一般是相互协调的一个整体。如有人描写吃惊的神态：眼眉撩起，眼睛睁得大大的，痴痴地望着，嘴微张着，下颌略微抬起，鼻翼轻微地翕动着……人们的喜怒哀乐都可以从人的面部表情中综合表露出来。

面部表情礼仪原则是大方宁静、轻松柔和。要做到这两点，必须从性格、修养上下功夫，培养关心他人、宽容待人、无私坦荡、热爱生活、勇于进取的良好品质。

（一）微笑

微笑是指不露牙齿，嘴角两端略提起的笑。笑有很多种，轻笑、微笑、狂笑、奸笑、羞怯的笑、爽朗的笑、开怀大笑、尴尬的笑、嘲笑、苦笑，等等，其中微笑是最美的。

微笑可以表现出温馨、亲切的表情，能有效地缩短沟通双方的距离，给对方留下美好的心理感受，从而形成融洽的交往氛围，因而微笑不仅是一种外化的形象，也是一种内心情感的写照。

人的感情是非常复杂的，表现在面部有喜、怒、哀、乐等多种形式，其中，笑在人际交往中有着突出的作用，面对不同的场合、不同的情况，如果能用微笑来接纳对方，可以反映出本人良好的修养、至诚的内心，是处理好人际关系的一种重要手段。

　　微笑具有一种磁性的魅力，它可以使强硬者变温柔，使困难变得容易克服，所以，微笑是人际交往中的润滑剂，是广交朋友、化解矛盾的有效手段。美国希尔顿旅馆总公司董事长康纳·希尔顿50多年里不断地到他设在世界各国的希尔顿旅馆视察，视察中他经常问员工的一句话就是："你今天对客人微笑了没有？"

　　微笑的功能是巨大的，但要笑得恰到好处，也是不容易的，所以微笑是一门学问，又是一门艺术。

　　礼貌的微笑，能春风化雨，滋润人的心田，一个懂得礼貌的人，会将微笑当作礼物，慷慨地赠予他人；一个人即使在遇到困难和危险时，若仍能微笑以待，也一定能冲破难关。

　　在社会交往中，微笑不但能强化有声语言沟通的功能，增强交际效果，而且能与其他肢体语言配合，代替有声语言沟通。如微笑着向别人道歉，会消除对方的不满情绪；微笑着接受批评，能显示你承认错误但又不诚惶诚恐；即使微笑着委婉拒绝别人，也代表你的大度，不会使人感到难堪；等等。

　　微笑，使你走向成功。它不仅仅是一种表情，也是形象的外部表现，它往往反映着人的内在精神状态。一个奋发进取、乐观向上的人，一个对本职工作充满热情的人，总是微笑着走向生活、走向社会。这是一种基本的职业修养，难怪美国希尔顿旅馆的董事长康纳·希尔顿要求职员们记住："无论旅馆本身遭遇的困难如何，希尔顿旅馆服务员脸上的微笑，永远是属于旅客的阳光。"果然，服务员脸上永恒的微笑，帮希尔顿旅馆度过了20世纪30年代美国空前的经济萧条时期，在全美国旅馆倒闭了80%的情况下，跨入了黄金时代，发展成了显赫全球的旅馆业巨头。

　　被誉为日本保险业推销之神的原一平先生有一个著名的习惯，每当他遭遇到困难与挫折时候，他便整理自己的仪容仪表，然后对着镜子微笑，直到有了足够的信心，再继续工作。有人说原一平的微笑价值千金，微笑成为原一平成功的秘诀之一。

　　微笑，使你魅力无穷。在社会交往中，亲切、温馨的微笑，可以有效地缩短双方的距离，创造良好的心理气氛。然而，要笑得好，笑得自然，并不容易。

　　面对亲密的人笑得过火，会显得不稳重；硬挤出的淡淡的笑，则给人一种虚伪的感觉。微笑也可以训练，日本航空公司的空中小姐，仅微笑这一项，就要训练半年之久。可见，重要的是自身的心理调适。如果每一个公务人员都牢固树立"顾客是上帝"的观念，如果人与人之间都能以兄弟姐妹般来相待，那么，面容上就不难保持发自内心的微笑。总之，可以肯定地说，不善微笑，便不善社交，善意的、恰到好处的微笑，则使自己轻松自如，使别人心旷神怡。

微笑是每个人宝贵的无形资产,可以说成功从微笑开始。但应注意的是,微笑一定要发自内心、亲切自然。只有发自内心的微笑才富有魅力,让人愉悦欢心,不要为了讨好别人而故作笑颜,满脸堆笑。当然在参加追悼会、扫墓或在别人悲伤的时候,在非常严肃庄重的场合,就不宜微笑。

总之,微笑可以表现出温馨、亲切的表情,能有效地缩短沟通双方的距离,给对方留下美好的心理感受,从而形成融洽的交往氛围,因而微笑不仅是一种外化的形象,也是内心情感的写照。

(二)微笑的基本要求

微笑要亲切自然、真诚温馨、发自内心。防止生硬、虚伪和勉强。

规范的微笑不出声、不露齿、不放松,嘴角翘、面含笑。其中,不放松指的是面部肌肉不放松,不能哈哈大笑或皮笑肉不笑。

在公务活动和社会交往中,应保持微笑,表现出友善、诚信、谦恭、和谐、融洽等,反映出优秀的品质、和睦的人际关系及健康的心理。(见图1-55、图1-56)

图1-55 微笑(1)

图1-56 微笑(2)

(三)体态语言

体态语言指凭借身体的动作或表情来表达某种意思、情绪的无声语言。

1. 感谢

在一般的场合,可用点头来表示谢意。在比较庄重的场合,可用鞠躬来表示谢意。鞠躬的深度(弯度)与致谢的程度有关,感谢的程度越重,躬身的深度越大。还可用双手握住对方的手表示感谢,或者再上下晃几下,晃的程度越大,感谢的程度越重。还有,用双手在胸前抱拳或合十,前后晃动几下也可表示感谢。

2. 高兴

成语"捧腹大笑"即表示特别高兴的体态。在正式场合,男士乐不可支时会仰身大笑,女士常常掩口而笑,因为女士以笑不露齿为美。突如其来的喜事会让人扬起双眉，同时会高兴得跳起来。欧美人高兴至激动时会双手握拳，向上用力地挥起。

3．爱抚

爱抚的方式多种多样，比如长辈对晚辈、成人对小孩常会拍拍肩膀及抚摩其头顶表示爱抚之意。抚摩头顶的方式在国外要慎用，泰国人把抚摩头顶视为巨大的侮辱。

4．亲热

关系亲密的年轻同性会常常搂在一起，女性会挎着胳膊或相互搂着腰；男性会互相搂着肩膀；年轻的恋人会把上身靠近对方；父母对婴幼儿，会常常亲吻孩子的脸蛋。对可爱而又调皮的孩子表达亲昵的感情时，会在孩子的鼻子上刮一下；若是上级对下级表示亲近时，会拍拍对方的肩头。

5．安慰、鼓励

年长者对年幼者、上级对下级、强者对弱者，常用手拍拍对方的肩膀，用力地握握对方的手，同时伴随有力的晃动。

6．安静

在人多的场合若需安静，往往手掌伸开，掌心向下，由上向下慢慢挥动。在人少的情况下，往往把双手或一只手放在胸前，掌心向下，手掌伸开，频频向下压动。也可以用右手食指垂直贴近嘴唇，轻轻发出嘘声来示意大家保持安静。

7．称赞、夸奖、叫好

用手握拳，跷起大拇指，表示特别赞美。在欣赏文体节目时，也可鼓掌喝彩。如果坐在桌子旁，叫好时常拍桌子，成语拍案叫绝即表示此体态。坐着叫好会拍大腿或膝盖。

8．憧憬、希望

当人们心中怀有美好憧憬时，会双目凝视，两手掌在胸前搓摩。男人常搓下巴或抚弄胡须。当殷切盼望的人或物在远方时，会伸直脖子远望。英、美等国人常会两臂下垂，两手相握，扬起头，目视上方来表示憧憬或希望。

9．同意、赞成

同意、赞成，最简单的表达方式就是点头。在正式的场合，或进行表决时，则要举手表示。在非正式场合，当表示特别赞成、完全同意时，可以双手高高举起。英、美等国人表示赞同时，往往会向上跷起拇指。

10．跃跃欲试

两手掌相互摩擦，或在手心啐一口唾沫，手掌再相互摩擦，都可表示跃跃欲试。成语摩拳擦掌即表示这种体态。两手搓摩大腿，或两手搓摩屁股，两臂前屈，双手握拳抖动几下，也表示这个意思。

11．打招呼

中国人最普通的打招呼的方式就是笑一笑，或点点头，同时也会扬扬手、点点头。（见图1-57）美国人走在路上打招呼，常常要拿起自己头顶的帽子表示致意，现在已简化为抬一下帽檐。

图 1-57　点头致意

12．告别

在 20 世纪以前，中国人的告别礼是鞠躬，或拱手告别。如今人们告别大多采用握手告别、挥手告别、摇手告别及点头告别。与孩子告别时多用招手；向上级告别时常微微欠身；向死者遗体告别时，一般要三鞠躬。

欧美人常以拥抱、亲吻来表示告别之情。英格兰人道别时常横向挥手，法兰西人却竖向挥手，而日本人则是以鞠躬告别。

13．道歉

如果是礼节性的道歉，可以点点头、欠欠身或招招手。一般男士常抬手到耳际；有时还要竖向挥动几下。向师长道歉时，要郑重地点点头，用欠身或鞠躬来表示。

14．愤怒、急躁

人往往在愤怒的时候会咬牙切齿，瞪大双眼，有时还会用力地揉抓自己的头发。急躁的时候会拍大腿、拍桌子或捶头。激愤时或要动手时，会捋胳膊、挽袖子，女性常会背手叉腰。在英、美等国，人愤怒、急躁到难以忍耐的程度时，常常两臂在身体两侧张开，双手握拳，怒目而视。

15．告饶

告饶也可理解为求饶，一般双手合掌在胸前频频摇动表示告饶。因恐惧而求饶，常是抱头。苦苦哀求时，则可能蜷地求饶、磕头求饶。

16．无可奈何

当无可奈何的时候，人们一般会轻轻地摇头叹息，也会手臂不动，两手摊开。欧美人表示无可奈何时常耸肩，或同时抬起双手前臂，翻开手掌，有时还要摇摇头。或者摊开双手后，同时头向一侧偏，眼睛也会随之一闭。

（四）表情训练

1．微笑训练

（1）微笑训练要领。在人际交往中，为了表示相互敬重、相互友好，保持微笑是必要的。微笑是一种健康的、文明的举止，一张甜蜜的带着微笑的脸总是受人喜爱的。

微笑的要领是：不露牙齿，嘴角的两端略提起。

（2）对镜训练：要求发自内心，心里默念"一""七""茄子"。

（3）诱导训练：调动感情，发挥想象力，或回忆美好的过去，或展望美好的未来，使微笑源自内心，有感而发。

（4）训练用坦然、和蔼、亲切、有神的目光落落大方地与人交谈。

（5）训练接待友人来访，面带微笑。

（6）设计不同的交际氛围，表演轻笑、大笑、羞怯的笑、尴尬的笑、嘲讽的笑。

2．纠正不良表情

（1）有的人在人前喜欢开口大笑，满嘴牙齿一览无余；有的人笑时歪眉斜眼，破坏了面部表情的和谐，这些笑都是有损仪容仪表的，应予纠正。至于冷笑、嘲笑，一般情况下不宜出现，也不受欢迎。

（2）防止生硬、虚伪的笑和笑不由衷。

问 题 讨 论

微笑是最美的笑。无论何时、何地，千万不要假笑、冷笑、怪笑、媚笑、怯笑、窃笑、狞笑。

每天问自己：今天我微笑了吗？这样你的心里会充满阳光。那么，为什么微笑会让人心里充满阳光。

随 笔

握手不仅常用在人们见面和告辞时,而且可作为一种祝贺、感谢或相互鼓励的表示。它看似简单,但却是沟通、交流、增进人际交往的重要手段。

八、握手礼仪

 **小资料**

（一）握手十忌

1. 忌不讲先后顺序，抢先出手；
2. 忌目光游移，漫不经心；
3. 忌不脱手套，自视高傲；
4. 忌掌心向下，目中无人；
5. 忌用力不当，敷衍鲁莽；
6. 忌左手相握，有悖习俗；
7. 忌"乞讨式"握手，过分谦恭；
8. 忌握手时间太长，让人无所适从；
9. 忌滥用"双握式"，令人尴尬；
10. 忌"死鱼"式握手，轻慢冷漠。

（二）几种不礼貌的握手行为

1. 男士戴帽和手套同他人握手；
2. 男士伸出手，女士置之不理或轻触指尖；
3. 长时间握着异性的手不放；
4. 坐着与人握手；
5. 握手时左顾右盼。

（三）握手需注意的问题

1. 女士握位：食指位；
2. 男士握位：整个手掌；
3. 一般关系，一握即放。

 知识导航

握手在日常生活中，是一种经常使用的礼仪方式，不仅常用在人们见面和告辞时，更可作为一种祝贺、感谢或相互鼓励的表示。它看似简单，却是沟通、交流、增进人际交往的重要手段。

尽管对绝大多数人而言，握手只是两个人之间双手相握的一个简单动作，然而在握手礼的背后，对于握手的顺序、时间、力度、忌讳等方面的把握，同样有着很多的学问。在握手成为普遍的礼仪行为时，一些握手的要领便成了我们的举止行为是否得体优雅的关键所在。

（一）握手的场合

（1）在被介绍与人相识，双方互致问候时，应握手致意，表示为相识而感到荣幸与高兴，愿与对方建立友谊与联系。

（2）友人久别重逢或同事多日未见，相见时应握手表示问候、关切和高兴。

（3）当对方取得很大的成绩或重大的成果、获得奖赏、被授予荣誉称号或有其他喜事时，见面时应与之握手以表示祝贺。

（4）在自己领取奖品时，应与发奖者握手以表示感谢。

（5）当有人向自己赠送礼品、发表祝词讲话时，应与其握手以表示感谢。

（6）在社交场合突然遇见友人或领导时，应握手表示问候和欣喜之情。

（7）当拜托别人为自己做某件事准备告别时，应握手表示感谢和恳切企盼之情。

（8）当别人为自己和自己的家人做了某件好事或帮了忙时，应握手表示感谢。

（9）在参加宴请（包括各种茶话会、招待会、家庭宴会等）后，应和宴请人握手以表示感谢。

（10）在拜访友人、同事或上司等之后辞别时，应握手以表示希望再见之意。

（11）邀请客人参加活动，在告别之时，主人应和所有的客人握手，以表示感谢对方的支持与光临。

（12）参加友人、同事或上下级的家属追悼会，在离别时，应和死者的主要亲属握手，表示劝慰。

（二）握手的礼仪要求

1. 握手姿态要正确

行握手礼时，通常距离受礼者约一步（约75厘米），双腿立正，上身略向前倾，伸出右手，四指并拢，拇指张开，掌心向内，手心高度大致与双方腰部上方齐平。握手时，应用力适度，微微上下抖动3～4次，随后与对方的手松开，恢复原状。与关系亲近者握手时，可稍加力度和抖动次数，甚至双手交叉热烈相握。

2. 握手必须用右手

如果恰好右手正在做事，一时抽不出来，或者手弄得很脏很湿，应向对方说明，摊开手表示歉意，或立即将手洗干净，与对方热情相握。如果戴着手套，则应取下后再与对方相握。否则都是不礼貌的。

3. 握手要讲究先后次序

一般由年长的先向年轻的伸手，身份地位高的先向身份地位低的伸手，女士先向男士伸手，老师先向学生伸手。如果两对夫妻见面，先是女性相互致意，然后男性分别向对方的妻子致意，最后才是男性互相致意。拜访时，一般是主人先伸手，表示欢迎；告别时，应由客人先伸手，以表示感谢，并请主人留步。不应先伸手的就不要先伸手，见面时可先行问候致意，待对方伸手后再与之相握，否则是不礼貌的。许多人同时握手时，要顺其自然，最好不要交叉握手。

4．握手要热情

握手时双目要注视着对方的眼睛，微笑致意。切忌漫不经心、东张西望、边握手边看其他人和物，或者对方早已把手伸过来，而你却迟迟不伸手相握，这都是冷淡、傲慢、极不礼貌的表现。

5．握手要注意力度

握手时，既不能有气无力，也不能握得太紧，甚至握痛了对方的手。握得太轻，或只触到对方的手指尖，不握住整只手，对方会觉得你傲慢或缺乏诚意；握得太紧，对方则会感到你热情过火，不善掩饰内心的喜悦，或觉得你粗鲁、轻佻而不庄重。这些都是失礼的。另外，男士握女士的手时应该轻一些，不要握满全手，只要握住手指部分即可。

6．握手应注意时间

握手时，既不要轻轻一碰就放下，也不要久久握住不放。要掌握适度，一般来说，表示完欢迎或告辞致意的话以后，即应放下。一般应控制在3秒钟左右。

7．其他注意事项

（1）不要一只脚站在门外，一只脚站在门内握手，也不要连蹦带跳地握手或边握手边敲肩拍背，更不要有其他轻浮不雅的举动。

（2）当贵宾或老人伸出手来时，应快步趋前，用双手握住对方的手，身体微微前倾，以表示尊敬。还可根据场合，边握手边问候，说些表示热烈欢迎和热情致意的话。

（3）在握手时千万不要昂首挺胸，也不要胆小畏缩，这都是不礼貌的。

（4）在社交场合遇到身份高贵的熟悉的老人，不要贸然上前打断对方的谈话或应酬活动，应在对方谈话或应酬告一段落后，再上前问候，握手致意。如果在不止一人的场合中，应遵守先贵宾、老人后其他人的一般习惯次序。

（5）上下级见面，一般应由上级先伸手，下级方可与之相握。如果上级不止一人，握手顺序应由职位高的到职位低的，如职位相当，则可按一般的习惯顺序，也可由一人介绍，一一与之握手。不论与上级还是与下级握手，都应热情大方，不卑不亢，礼貌待人。下级与上级握手时，身体可以微欠，或快步趋前，用双手握住对方的手，以表示尊敬。上级与下级握手时，应热情诚恳，面带笑容，注视对方的眼睛，不要漫不经心、敷衍了事，不要冷漠无情、架子十足，更不能在与下级握手后立即用手帕擦手，这些都是不得体或无礼的举动。

（6）在社交休闲场合，与女士握手比与男士握手有更多的讲究。按一般的规矩，如果女方愿意的话，应由她先伸出手来，男士只要轻轻一握即可。如果女方不愿意握手，她可以微微欠身鞠躬，或用点头、说客气话来代替握手。男士不可以先伸手去和女士握手，否则会使对方感到尴尬，那是不合适的。在握手前，男士必须先脱下手套，而女士则可戴着手套（如网眼手套、时装手套等），但在公务场合中是不可以的。在握手时，双方都应注视着对方，微笑致意，不可漫不经心、东张西望，更不能心不在焉，或与第三者谈话。男士最好能根据场合，边握手边说些问候、欢迎、表示高兴的话。握手时还要特别注意力度和时间，一般不宜太紧太久。可根据时间、地点、对象而灵活掌握，如对久别重逢的战友，可握得时间长些；为了表示热烈祝贺或真挚感谢，可握得更富有感情些。

（三）握手训练

1. 握手姿势

握手的姿势要优雅。行握手礼时，上身应稍稍往前倾，两足立正，伸出右手，距离受礼者约一步；四指并拢，拇指张开，向受礼者握手，礼毕后松开。

距离受礼者太远或太近都是不雅观的，尤其不要将对方的手拉近自己的身体区域内，这很容易造成对方的误解。尤其是对于男性，更不可这样做。

2. 握手标准

伸出右手，以手指稍用力握对方的手掌（手掌应与地面垂直），持续 1～3 秒，双目注视对方，面带微笑，上身略微前倾，头微低。握手时，应用力适度，微微上下抖动 3～4 次。（见图 1-58～图 1-63）

图 1-58　女士握手

图 1-59　男士握手

图 1-60　男女握手

图 1-61　男士握手

职业礼仪与形象设计

图1-62　男士握手　　　　　　图1-63　女士握手

问 题 讨 论

握手的力量、姿势和时间的长短,往往能够表达出你的个性和对对方的态度。请举出几种不礼貌的握手行为。

在社会交往中,我们经常会遇到这样的情况:握手用力过猛或热情地拍打对方手背,这样做是否得体?你会怎样做?

随 笔

会面礼指会面时的礼节。开放的中国,国际交往日益频繁,各个国家之间交往时的会面礼也各不相同。华人之间交往常用握手礼、拥抱礼和点头礼,日本人常用鞠躬礼,而欧美人则流行拥抱礼,阿拉伯人不行握手礼,而行拥抱礼,且仅限于同性,法国、罗马、印度及欧美亦流行亲吻礼,双手合十礼在印度及东南亚国家中流行。

九、会 面 礼

小资料

开放的中国,国际交往日益频繁,各个国家之间交往时的会面礼也各不相同。华人之间交往常用握手礼、拥抱礼和点头礼,日本人常用鞠躬礼,而欧美人则流行拥抱礼,阿拉伯人不行握手礼,而行拥抱礼,且仅限于同性,法国、罗马、印度及欧美流行亲吻礼,双手合十礼在印度及东南亚国家中流行。

知识导航

在交往中,除了握手之外,以下会面礼也很常见。

(一)点头礼(路遇熟人)

点头礼,又叫颔首礼,它所适用的情况主要有以下几种:遇到熟人,在会场、剧院、歌厅、舞厅等不宜交谈之处,在同一场合碰上已多次见面者,遇上多人而又无法一一问候的。行点头礼时,应该不戴帽子。具体做法是头部向下轻轻一点,同时面带笑容,不要反复点头不止,点头的幅度也不必过大。(见图1-64)

(二)举手礼(与距离较远的熟人打招呼)

行举手礼的场合,和行点头礼的场合大致相似,它最适合向距离较远的熟人打招呼。行举手礼的做法是:右臂向前方伸直,右手掌心向着对方,五指叉开,轻轻向左右摆动一两下。不要上下摆动,也不要在手部摆动时用手背朝向对方。(见图1-65)

(三)脱帽礼(升国旗奏国歌时)

戴着帽子的人,在进入他人居所,路遇熟人,与人交谈、握手或行其他会面礼,进入娱乐场所,升挂国旗,演奏国歌等情况下,要主动地摘下自己的帽子。女士在社交场合可以不脱帽子。

(四)注目礼

行注目礼的具体做法是,起身立正,抬头挺胸,双手自然下垂或贴放于身体两侧,笑容庄重严肃,双目正视被行礼对象,或随之缓缓移动。(见图1-66)

在升国旗、游行检阅、剪彩揭幕、开业挂牌等情况下,适用注目礼。

图 1-64 点头礼

图 1-65 举手礼

（五）拱手礼（一般用于向亲朋好友恭贺新禧）

拱手礼，是我国民间传统的会面礼。现在它所适用的情况，主要是过年时举行团拜活动，向长辈祝寿，向友人恭喜结婚、生子、晋升、乔迁，向亲朋好友表示无比感谢，以及与海外华人初次见面时表示久仰大名。

拱手礼的行礼方式：起身站立，上身挺直，两臂前伸，双手在胸前高举抱拳，自上而下，或者自内而外，有节奏地晃动两下。（见图 1-67）

图 1-66 注目礼

图 1-67 拱手礼

（六）鞠躬礼（多用于演员谢幕或参加追悼活动时）

鞠躬礼目前在国内主要适用于领奖或讲演之后向他人表示感谢、演员谢幕、举行婚礼或参加追悼活动等。

行鞠躬礼时，应脱帽立正，双目凝视受礼者，然后上身弯腰前倾。男士双手应贴放在身体两侧裤线处，女士的双手下垂搭放在腹前。下弯的幅度越大，所表示的敬重程度就越大。鞠躬的次数随场合而定，在喜庆的场合下，不要鞠躬三次；一般在追悼场合才用三鞠躬的礼仪。（见图 1-68 ～图 1-73）

图 1-68 鞠躬礼（1）

图 1-69 鞠躬礼（2）

图 1-70 鞠躬礼（3）

图 1-71 鞠躬礼（4）

图 1-72 鞠躬礼（5）

图 1-73 鞠躬礼（6）

在日本、韩国、朝鲜，鞠躬礼应用十分广泛。

（七）合十礼（多用于东南亚）

合十礼，就是双手十指相合为礼。具体做法是，双掌十指在胸前相对合，五指手指并拢向上，掌尖与鼻尖基本持平，手掌向外侧倾斜，双腿立直站立，上身微欠低头。行礼时，合十的双手举得越高，越体现出对对方的尊重，但原则上不可高于额头。（见图1-74）

图1-74 合十礼

行合十礼时，可以口颂祝词或问候对方；也可以面含微笑，但不应该手舞足蹈，反复点头。在东南亚、南亚信奉佛教的地区以及我国傣族聚居区，合十礼使用普遍。

（八）拥抱礼（多用于欧美国家表示慰问祝贺）

在西方，特别是在欧美国家，拥抱礼是十分常见的见面礼和道别礼。在人们表示慰问、祝贺、欣喜时，拥抱礼也十分常用。

正规的拥抱礼，讲究两人正面面对站立，各自举起右臂，将右手搭在对方左肩后面；左臂下垂，左手扶住对方右腰后侧。首先各向对方左侧拥抱。然后各向对方右侧拥抱，最后再一次各向对方左侧拥抱，一共拥抱3次。

普通场合不必这么讲究，拥抱一次、两次、三次都行。

在我国，除某些少数民族外，拥抱礼不常采用。

（九）亲吻礼（同拥抱礼一样，这也是西方国家常用的会面礼）

亲吻礼，是一种西方国家常用的会面礼。它会和拥抱礼同时采用，即双方会面时既拥抱又亲吻。

行亲吻礼时，通常忌讳发出亲吻的声音，而且不应将唾液弄到对方脸上。

在行礼时，双方关系不同，亲吻的部位也会有所不同。长辈吻晚辈，应当吻额头；晚辈吻长辈，应当吻下颌或吻面颊；同辈间，同性贴面颊，异性吻面颊。贴面颊的时候，先贴一次右边，再贴一次左边。

（十）吻手礼（主要流行于欧洲国家）

吻手礼，主要流行于欧洲国家。做法是：男士走到已婚女士面前，首先垂首立正致意。然后以右手或双手捧起女士的右手，俯首，以自己微闭的嘴唇，去象征性地轻吻一下其手背或是手指。

吻手礼的受礼者，只能是已婚妇女。手腕及其以上部位，是行礼时的禁区。

问 题 讨 论

在社会交往中，除了握手礼外，你还掌握哪些会面礼？在什么场合应用？

第二章　社会交往礼仪

　　社会交往礼仪是人们在社会交往活动中应当遵循和恪守的礼仪规范。它具有较为广泛的内涵，在介绍、称呼、递物与接物、接待与拜访时，如能掌握一定的社交礼仪知识，并能恰到好处地应用，必将提升你的魅力，从而使你的人生闪射出异样的光彩。

随　笔

自我介绍是进入社交场合的一把钥匙,关系到你能否顺利地打开社交之门。

一、介 绍 礼 仪

自我介绍是进入社交场合的一把钥匙,关系到你能否顺利地打开社交之门。

介绍与自我介绍是经常采用的一种社交形式。在社交场合,总会遇到不相识或没接触过的人,这时就需要介绍了。介绍是为了加快彼此之间的了解,缩短人们之间的距离,扩大社交范围,有时还可以及时消除不必要的误会。介绍不当,不但不会增加亲切感,还可能引起别人反感,影响继续交往。介绍得体,礼节不得忽视。本节主要讲述三种介绍类型:自我介绍、为他人介绍和集体介绍。

(一)自我介绍

自我介绍运用得好,可为你顺利进行社交活动助一臂之力,反之,则可能给你带来种种不利。自我介绍是形成"首因效应"最普遍、最主要的因素。(见图2-1)

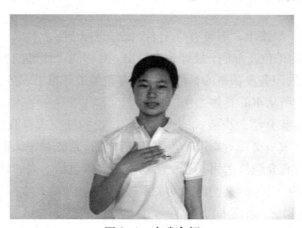

图2-1 自我介绍

1．需要做自我介绍的情况

(1)在社交场合中遇到你希望结识的人,又找不到适当的人介绍。这时自我介绍应谦逊、简明,把对对方的敬慕之情真诚地表达出来。对方若对你感兴趣,有诚意与你结识并继续交往,会询问一些情况,这时再适当做进一步介绍。

(2)在朋友家做客,如正好有自己不认识的客人,朋友又顾不上替你介绍时,这时自我介绍一下自己的姓名、工作单位(或就读学校)、与主人的关系即可。其他情况在与客人交谈时,根据客人询问的内容再作介绍。

(3)电话约某人,而又从未与这个人见过面。这时要向对方介绍自己的基本情况,还要简略谈一下要约见对方的事由。

(4)在演讲、发言前对听众作自我介绍,最好既简明扼要,又有特色,利用"首因效应",给听众一个良好的第一印象。

(5) 求职应聘或参加竞选时更需要自我介绍，而且自我介绍的形式可能不止一种。既要有书面介绍材料（个人简历），还要有口头的自我介绍，或详或简，或严肃庄重，或风趣幽默等。这会直接影响求职或竞选者能否成功。参加竞选、求职或应聘需用的书面自我介绍材料，应反复推敲、修改，因为这可能直接决定你能否获得初步的资格或机会。完成的书面自我介绍材料，字迹要工整、清晰，尽量漂亮，不能有任何涂改，书写或打印在没有条纹的白纸上。

2．自我介绍的方式

根据不同场合、环境的需要，自我介绍的方式有五种：应酬式的自我介绍、工作式的自我介绍、交流式的自我介绍、礼仪式的自我介绍、问答式的自我介绍。

(1) 应酬式的自我介绍。这种自我介绍方式最简洁，往往只包括姓名一项即可。如："您好！我叫王敏。"应酬式的自我介绍适合于一些公共场合和一般性的社交场合，如途中邂逅、宴会现场、舞会、通电话时等。它的对象主要是一般接触的交往人士。

(2) 工作式的自我介绍。工作式的自我介绍的内容，包括本人姓名、供职的单位及部门、担任的职务或从事的具体工作三项，又叫工作式自我介绍内容的三要素，通常缺一不可。

① 姓名。应当一口报出，不可有姓无名，或有名无姓。

② 单位。供职的单位及部门，最好全部报出。具体的工作部门有时可以暂不报出。

③ 职务。担任的职务或从事的具体工作，有职务最好报出职务，职务较低或者无职务，则可报出目前所从事的具体工作。

(3) 交流式的自我介绍。交流式的自我介绍，也叫社交式自我介绍或沟通式自我介绍，是一种刻意寻求与交往对象进一步交流与沟通，希望对方认识自己、了解自己、与自己建立联系的自我介绍。适用于社交活动中，大体包括本人的姓名、工作、籍贯、学历、兴趣以及与交往对象的某些熟人的关系等。如："我的名字叫王红，是某某公司副总裁。6年前，我和您先生是同事。"

(4) 礼仪式的自我介绍。礼仪式的自我介绍是一种表示对交往对象友好、敬意的自我介绍。适用于讲座、报告、演出、庆典、仪式等正规的场合。内容包括姓名、单位、职务等。自我介绍时，还应多加入一些适当的谦辞敬语，以示自己尊敬交往对象。如："女士们、先生们，大家好！我叫任仿，是某某公司的总经理。值此之际，谨代表本公司热烈欢迎各位来宾莅临指导，谢谢大家的支持。"

(5) 问答式的自我介绍。针对对方提出的问题，做出自己的回答。这种方式适用于应试、应聘和公务交往。在普通交际应酬场合，它也时有所见；如对方问："这位小姐贵姓？"回答："免贵姓周，周恩来的周。"

3．自我介绍的基本程序

在作自我介绍时，先向对方点头致意，得到回应后再向对方介绍自己的姓名和身份，同时递上自己的名片。有时可采取被动的自我介绍方式，先婉转地询问对方："先生，您好！请问我该怎样称呼您呢？"待对方作完自我介绍，再顺势介绍自己。自我介绍时,表情要自然、亲切,注视对方,举止庄重、大方,态度镇定而充满信心,表现出渴望认识对方的热情。如果见到陌生人就紧张、畏怯、语无伦次,这样不仅说不清自己的身份和来意,还会造成难堪的场面。

4. 把握自我介绍的时机

要让自我介绍能够给对方留下深刻的印象,应考虑当时的特定场合。若是对方正忙于工作,或是正与他人交谈,或是大家的精力集中在其他人或事情上的时候,作自我介绍有可能打断对方,效果一定不会好。如果对方一人独处,或是在轻松愉快的情况下,把自己介绍给对方,他对你的自我介绍不仅会注意,而且会有良好的反应。因此,在作自我介绍时把握时机是比较重要的。

在社交场合中,一般如遇下列情况时,作自我介绍就是很有必要的:

（1）与不相识者处一室时。

（2）不相识者对自己很有兴趣。

（3）他人请求自己作自我介绍。

（4）在聚会上与身边的陌生人共处。

（5）打算介入陌生人组成的交际圈。

（6）求助的对象对自己不甚了解,或一无所知。

（7）前往陌生单位,进行业务联系时。

（8）在旅途中与他人不期而遇而又有必要与之接触。

（9）初次登门拜访不相识的人。

（10）遇到秘书挡驾,或是请不相识者转告。

（11）初次利用大众传媒,如报纸、杂志、广播、电视、电影、标语、传单,向社会公众进行自我推荐、自我宣传时。

（12）利用社交媒介,如信函、电话、电报、传真、电子信函,与其他不相识者进行联络时。

5. 把握自我介绍的分寸

要想使自我介绍恰到好处,不失分寸,就必须掌握自我介绍的技巧,需重视下列几个方面:

（1）控制时间。进行自我介绍一定要力求简洁,尽可能地节省时间,通常以一分钟左右为佳。首先应在事前自己先打好腹稿,分析一下内容的重点和所需花费的时间;其次,在进行自我介绍时,应选择适当的时间,最好选择在对方有兴趣、有空闲、情绪好、干扰少、有要求时。如果对方兴趣不高、工作很忙、干扰较大、心情不好、没有要求、休息用餐或正忙于其他交际时,则不太适合进行自我介绍。同时为了提高效率,在作自我介绍的时候,可利用名片、介绍信等资料加以辅助。

（2）内容适度。作自我介绍,应根据不同的交往对象、不同的交际需要来决定内容繁简。自我介绍总的原则是简明扼要。在非正式场合,如一般聚会、沙龙,只需告诉对方自己的姓名、工作单位及职业（或职务）,即自我介绍三要素,使对方在听完你的介绍后能正确地称呼你就可以了。在另外一些情况下，比如自己很想认识对方，同时对方显然也有更加深入认识你的愿望，此时可以简略地介绍一下自己的籍贯、出生地、母校、兴趣、专长及与双方都认识的第三者的关系等。大部分情况下，开始只需作最简单的自我介绍，其他的情况可以在互相交流时进一步补充。

（3）讲究措词。自我介绍时要把握用词的分寸，有些人唯恐别人不认识自己，一开始便炫耀自己的身份、门第、学识，甚至用上"最""极""特别""第一"等表示极端的词语，显得锋芒毕露。让人觉得夸夸其谈、华而不实，还会引起对方的误解，甚至伤及对方的自尊。当然也有人为了显示自己的谦虚，故意贬低自己，也会让人觉得虚假、不诚实。

在作自我介绍时要讲究措词，常见的方法有三种：

①自谦。如"我非常喜欢书法，却还没有掌握书法艺术真谛，今天献丑了，请多多包涵。"

②自嘲。适当的自我嘲讽，是在自贬中包含着自解、自慰。在幽默的自我讽刺中露出自信和自得之意，既能增强语言风趣，又不流于自夸。如曾有人如此自我介绍："我叫马克想，和德国伟大领袖马克思的名字只相差一个字，有可能是他失散多年的兄弟，因为我们都是有思想的人。"

③自识，自己对自己的认识。在自我介绍中，如实说出自己的弱点，不仅不会失去别人对你的信任，相反，自知之明的睿智和坦荡的品格，使对方更尊重你，更信任你。

（4）讲究态度。在作自我介绍时要注意这样几个问题：

①态度保持自然、友善、亲切、随和，整体上讲求落落大方，笑容可掬。

②举止要庄重、充满自信，这样容易使人产生信赖和好感。介绍时可将右手放在自己的左胸上，不要随随便便用手指指画画，毛手毛脚的。同时眼睛应该看着对方，用眼神、微笑和亲切的面部表情表达友好之情。既不应拘谨忸怩，也不要满不在乎。

③在介绍时要语气自然，语速正常，语音清晰。生硬冷漠的语气、过快过慢的语速，或含糊不清的语音，都会影响自我介绍。

6．掌握自我介绍的语言艺术

（1）镇定而充满自信。清晰地报出自己的姓名（这是必需的），并善于使用体态语言，表达自己的友善、关怀、诚意和愿望，这是自信的表示。充满信心的人会给别人留下良好的印象，会让人另眼相看。如果自我介绍模糊不清，含糊其词，流露出羞怯自卑的心理，会使人感到你不能把握自己。对方可能会对你产生不信任感，因而也会影响彼此间的进一步沟通。

（2）根据不同交往的目的，注意介绍的繁简。自我介绍一般包括姓名、籍贯、职业、职务、工作单位或住址、毕业学校、经历、特长或兴趣等。自我介绍时应根据实际需要来决定介绍的繁简，不一定把上述内容逐一介绍。

在长者或尊者面前，语气应谦恭；在平辈和同事面前，语气应明快，直截了当。

（3）自我介绍要掌握分寸。自我介绍一般不宜用"很""第一"等表示极端赞颂的词，也不应有意贬低，关键在于掌握分寸。

（二）为他人介绍

社交场合互不相识的人，介绍常常是通过第三者进行的。每个人都有可能充当被介绍者或为他人作介绍的角色。（见图 2-2）

图 2-2　介绍他人

1．为他人作介绍时的礼仪原则

（1）在向他人介绍别人时，首先了解对方是否有结识的愿望。最好不要向一位有身份的人介绍他不愿认识的人。

（2）注意介绍次序。按国际惯例，应该先把年轻者、身份地位低者介绍给年长者、身份高者；先把职务相当的男士介绍给女士；先把年龄低、未婚者介绍给已婚者；先把客人介绍给主人，把晚到者介绍给早到者；先把与自己关系亲近者介绍给与自己关系疏远者；先把儿童介绍给成人，由高到低。如果是业务介绍，必须先提到组织名称、个人职衔等。集体介绍可以按照座位次序或职务次序进行。为他人介绍遵守"先向尊者介绍"的原则。

（3）介绍人作介绍时，应多使用敬辞。在较正式场合，介绍词也较郑重，一般以"×××，请允许我向您介绍……"的方式。如"玛丽小姐，请允许我为您介绍王先生……""张总，请让我为您介绍一下，这是××单位经销科的王科长。"在介绍中，先被称呼的为尊者，如"玛丽小组""张总"；在不太正式的场合可随便些，可用"让我介绍一下"或"我来介绍一下""这位是……"的句式。介绍时需语音清晰地说出得体的称谓，有时还可用些定语或形容词、赞美词介绍对方。

（4）为人介绍时注意手势和表情。被介绍时，眼睛正视对方，除年长或位尊者外，被介绍双方最好站起来点头致意或握手致意，同时应说声："您好，认识您很高兴"或"真荣幸能认识您"等得体的礼貌语言。

2．为他人作介绍的顺序

在为他人作介绍时谁先谁后，是一个比较敏感的礼仪问题。根据礼仪规范，在处理为他人作介绍的问题上必须遵守"尊者优先了解情况"的规则。即在为他人介绍前，首先要确定双方地位的尊卑，然后再介绍位卑者，最后介绍位尊者，使位尊者先了解位卑者的情况。根据这个规则，为他人作介绍时的礼仪顺序有以下几种：

（1）介绍上级与下级认识时，先介绍下级，后介绍上级。把下级人员介绍给上级人员，首先称呼上级人员，然后再将被介绍者介绍出来。如："王经理，这是我的秘书李明。李明，这是销售部的王经理。"

（2）介绍长辈与晚辈认识时，先介绍晚辈，后介绍长辈。介绍晚辈给长者，首先要称呼长者，然后把晚辈介绍给长者，最后再对长辈作介绍。如："周医生，这是我儿子马国，他刚刚从清华大学毕业。马国，这是周医生。"

（3）介绍女士与男士认识时，应先介绍男士，后介绍女士。介绍中，女士的名字应该先被提到，如"马丽，我给你介绍一下，这是我同学李涛。"需要注意的是，在社交场合，不必采用"女士优先"的原则。而是不分性别年龄，都应遵从"社会地位高者、尊者优先了解情况"的规则。如介绍时可说："王总经理，请允许我将我的助理王小姐介绍给您。"然后才说："王小姐，这位是××公司的王总经理。"在商界，只有当两个人的社会地位相同时，才遵循先介绍女士的惯例。

（4）介绍公司同事与客户时，应先介绍同事，后介绍客户。把自己公司的人介绍给其他公司同等地位的人时，首先要提及其他公司人的名字。如："李刚，这是我们公司通信部的朱伟。朱伟，这是××公司通信部的李刚。"

（5）介绍已婚者与未婚者认识时，先介绍未婚者，后介绍已婚者。

（6）介绍同事、朋友与家人认识时，应先介绍家人，后介绍同事、朋友。

（7）介绍来宾与主人认识时，应先介绍主人，后介绍来宾。

（8）介绍与会先到者与后来者认识时，应先介绍后来者，后介绍先来者。但是在一些非正式的场合，不必过于拘泥于礼节，不必讲究先介绍谁后介绍谁。介绍人说一句："我来介绍一下。"然后即可作简单的介绍，也可直接报出被介绍者各自的姓名："王明、张华"。

3．为他人作介绍的方法

在社交活动中，在为他人作介绍时，由于实际需要的不同，介绍时所采取的方式也会有所不同。常见的介绍方法有以下几种：

（1）一般式。也称标准式，以介绍双方的姓名、单位、职务等为主。这种介绍方式适合于正式场合。如："请允许我来为两位引见一下。这位是××公司主任王刚先生，这位是××集团副总贺宏先生。"

（2）引见式。介绍者所要做的是将被介绍者双方引到一起即可，适用于普通场合。如："两位互相认识一下。大家其实都在同一个单位工作，只是平时没机会认识。那我先失陪了。"

（3）简单式。只介绍双方姓名一项，甚至只提到双方姓氏，适用一般的社交场合。如："我来为大家介绍一下：'这位是贺总，这位是许总。希望大家合作愉快。'"

（4）附加式。也可以叫强调式，用于强调其中一位被介绍者与介绍者之间的特殊关系，以期引起另一位被介绍者的重视。如："大家好！这位是××公司的营销部主任贺洋先生。这是小儿刘伟，请各位多多关照。"

（5）推荐式。介绍者经过精心准备再将某人举荐给某人，介绍时通常会对前者的优点加以重点介绍。通常，适用于比较正规的场合。如："这位是李峰先生，这位是某公司的刘朋董事长。李峰刚从国外留学回来，他是经济学博士，管理学专家。刘总，我想您一定有兴趣和他聊一聊。"

（6）礼仪式。是一种最为正规的他人介绍，适用于正式场合。介绍语气、表达、称呼上都更为规范和谦恭。如："王女士，您好！请允许我把××公司的总经理王小东先生介绍给您。王先生，这位就是××集团的生产部经理王玲女士。"

4．把握为他人作介绍的时机

在为他人作介绍时，如遇到下列情况，就有必要进行介绍：

（1）与家人外出，路遇家人不相识的人士，而对方又跟自己打了招呼。

（2）本人的接待对象遇见了其不相识的人士，而对方又跟自己打了招呼。

（3）在家中或办公地点，接待彼此不相识的客人或来访者。

（4）打算推荐某人加入某一方面的交际圈。

（5）受到为他人作介绍的邀请。

（6）陪同上司、长者、来宾时，遇见了其不相识者，而对方又跟自己打了招呼。

（7）陪同亲友前去拜访亲友不相识者。

5．介绍时的神态与手势

在为他人作介绍时，态度要热情友好，语言要清晰明快。开口前首先要把目光投给身份高的人，然后转向将要介绍的人。手的正确姿势是，应掌心向上，胳膊略向外伸，指向被介绍者，但介绍人不能用手拍被介绍人的肩、胳膊和背等部位，更不能用食指或拇指指向被介绍的任何一方。在介绍过程中，除女士和年长者外，一般被介绍者都应点头示意或起身站立，面带微笑，目视被介绍者或对方，显得高兴、专注。介绍后，身份高的一方或年长者，应主动与对方握手，问候对方，表示非常高兴认识对方等。身份低的一方或年轻者，应根据对方的反应作出相应的反应，如果对方主动伸手来与你握手，就应立即将手伸出与对方相握。但是若在会谈进行中，或在宴会等场合，则不必起身，只略微欠身致意就可以了。

6．介绍人的措词

介绍人在作介绍时应先向双方打招呼，使双方有思想准备。介绍人的介绍语应简明扼要，并使用敬辞。在较为正式的场合，可以说："尊敬的李洋先生，请允许我向您介绍一下……"（在汉语中，这一说法在非正式的场合一般不用，或是省略掉"允许"，直接说："李经理，我向您介绍一下赵总，他是某某公司的总工程师……"）在公务、商务场合，所介绍的内容也应包含有关自己的信息，它反映了介绍人对被介绍人的评价和看法。如果你在介绍你的秘书时这么说："这是我的得力秘书，王小姐。"就表明你承认了她的工作。在介绍中要避免过分赞扬某个人，不要给人留下厚此薄彼的感觉。当介绍人为双方介绍后，被介绍人应在点头示意或握手的同时，以"您好""很高兴认识您"等友善的语句问候对方。介绍人在介绍后，不要随即离开，应给双方的交谈提示话题，可有选择地介绍双方的共同点，如相似的经历、共同的爱好和相关的职业等，待双方进入话题后，再去招呼其他客人。当两位客人正在交谈时，切勿立即给其介绍其他的客人。

总之，为他人作介绍，是人际沟通的重要组成部分，是良好合作的开始，掌握怎样为他人作介绍是社交人员的基本要求。

（三）集体介绍

1．集体介绍的含义

集体介绍是他人介绍的一种特殊形式，是指介绍者在为他人介绍时，被介绍者其中一方或者双方不止一个人，甚至是许多人。在需要作集体介绍时，原则上应参照为他人介绍的顺序进行。其基本规则是：介绍双方时，先卑后尊。而在介绍其中各自一方时，则应当自尊而卑。

2．集体介绍时的顺序

（1）将一人介绍给大家。在被介绍者双方地位、身份大致相似，或者难以确定时，应使一人礼让多数人，人数较少的一方礼让人数较多的一方，先介绍一人或人数少的一方，后介绍人数较多的一方或多数人。

（2）将大家介绍给一人。若被介绍者在地位、身份之间存在明显差异，特别是当这些差异表现为年龄、性别、婚否、师生以及职务有别时，地位、身份明显高者即使人数较少，甚至仅为一人，仍然应被置于尊贵的位置，先向其介绍人数多的一方，再介绍地位、身份高的一方。

（3）人数较多的双方介绍。若需要介绍的一方人数不止一人，可采取笼统的方法进行介绍，如可以说："这是我的家人""她们都是我的同事"等，但最好还是要对其一一进行介绍。进行此种介绍时，可按位次尊卑顺序进行介绍，先介绍位卑的一方，后介绍位尊的一方；或先介绍主方，后介绍客方。

（4）人数较多的多方介绍。当被介绍者不止两方，而是多方时，应根据合乎礼仪的顺序，确定各方的尊卑，由尊至卑，按顺序介绍各方。如果需要介绍各方的成员，也应按由尊到卑的顺序依次介绍。

3．介绍的禁忌

（1）介绍者为被介绍者介绍之前，一定要征求一下被介绍双方的意见，不要上去开口便介绍，显得很唐突，让被介绍者感到措手不及。

（2）被介绍者在介绍者询问自己是否有意认识某人时，一般不应拒绝，而应欣然应允。实在不愿意时，则应讲明原因。

（3）介绍人和被介绍人都应起立，以表示尊重和礼貌；待介绍人介绍完毕后，被介绍双方应微笑点头示意或握手致意。

（4）介绍外国人时，应该避免在引见时只介绍教名而不介绍姓，这种介绍不仅会引起混淆，甚至带有一点污辱性，好像被介绍人的姓氏不值得一提。

（5）介绍时切忌用命令的口气进行介绍。如："汤姆先生，来见见我的同事杰克先生。"或者："刘先生，你和王先生握个手吧。"也不应随便把一个一般交情的人介绍为"我的朋友"，除非你们的亲密友谊众所周知。

（6）要避免重复介绍你所要介绍的双方的名字。例如，对史密斯先生说："史密斯先生，安娜小姐。"又对安娜小姐说："安娜小姐，史密斯先生。"只介绍一次双方的名字就可以了，除非外国姓名，不易听懂。

（7）当你在晚会上想认识某人，而旁边又无人引见时，切忌冒冒失失地跑去问："你叫什么名字？"这种行为实在不礼貌。应该首先自报姓名，若仍不能使对方作自我介绍的话，也不必再问，可以事后设法找人打听。

（8）在宴会、会议桌、谈判桌上，介绍人和被介绍人可不必起立，被介绍双方可点头微笑致意；如果被介绍双方相隔较远，可举起右手致意。

（9）介绍完毕后，被介绍者双方应依照合乎礼仪的顺序握手，并且彼此问候对方。问候语有"你好""很高兴认识你""久仰大名""幸会幸会"等，必要时还可以进一步做自我介绍。

（四）介绍训练

（1）训练为他人做介绍。
（2）训练落落大方地自我介绍。
（3）训练被介绍后与对方握手，互致问候。

问 题 讨 论

在日常生活中，同素不相识的人相识或打交道，都要通过介绍和被介绍来完成，想一想，你是怎样作自我介绍和介绍他人的？介绍人的神态和手势是否得体？介绍的顺序是否正确？

随 笔

见面礼仪是最普通的礼仪,在人际交往中,我们应热情认真地向对方打个招呼。世界上有各式各样的见面问候方式,无论各国、各民族的习惯有多不同,但"以礼相待"是相同的。

二、见面礼仪

称呼虽然只是一个人的符号,但它却代表着一个人的地位和尊严。
恰当的称呼比漂亮的词藻更动听。

在人际交往中,当互相见面或被他人介绍时,依照常例,应起身站立,热情认真地向对方打个招呼,这是最普通的礼仪。世界上有各式各样的见面问候方式,无论各国、各民族的习惯有多不同,但"以礼相待"是相同的。人们见面时总是以形形色色的方式互相问候。为此,我们首先要了解如何同别人打招呼。

称呼是沟通人际关系的信号桥梁,也是表达情感的重要手段。亲切得体的称呼,不仅体现出一个人待人谦恭有礼的美德,而且使对方如沐春风,易于双方交流情感,为深层交往打下基础。

(一)打招呼

1. 打招呼的常用语

见面打招呼是最常见的礼仪。简单而又合适的打招呼常用语是"早上好""下午好""晚上好""您好"或"早安""晚安"等。

2. 打招呼时应注意的问题

(1) 男士尊重女士。如果你在途中遇见相识的女士,倘若她不打招呼,你就不要去打扰她。她是不是主动向你打招呼,全由她去决定。你只可向她答礼,除非你和她非常熟悉。男士主动先向女士打招呼,有时会给女士带来不便或尴尬。

(2) 不用莽撞的问候方式。如果你在公共场所遇见了久违的好朋友,请不要太激动。在街上,突然冲向对方,甚至冲撞了行人;在会场上,猛然从座位上跳起来并穿过整个大厅;在人群里,冷不丁地高呼朋友的名字,把旁人吓一跳等。这些都是很失礼的。

(3) 不苛求"熟视无睹"的相识者。有时会碰见相识者对你"熟视无睹",而感到不高兴,其实这大可不必。请不要把不经心的视而不见与故意的轻蔑混为一谈。这很可能是对方正在沉思,或者眼睛近视,也可能因为你的外貌有了改变。

(4) 适时、适地打招呼。如果参加一个国际性的,或者是跨省市、跨行业的会议,在一天内几次遇见同一个熟人,每次都说"您好",似乎太单调了。可以根据时间、场合，适时、适地地用不同的方式打招呼。

(5) 与相遇的人打招呼。有时因出差、开会、旅游等，在旅馆居住或在商店购物等，都应该同遇见的服务员或售货员打招呼。只要是经常同自己打交道的，不论地位高低、贫富不同，都要注意见面打个招呼。

（二）称谓

称谓是表达人的不同思想感情的重要手段。人际交往，礼貌为先；与人交谈，称呼在前。正确、恰当地掌握和运用称呼，是交往中不可忽视的一个重要环节。表示尊敬的亲切、儒雅的称呼，可以使交往的双方感情融洽、心灵沟通，并会缩短彼此间的距离。

1．亲属称谓

中国素有"文明古国、礼仪之邦"的美称，自古以来，在使用亲属称呼时十分讲究，父系家属和母系家属，男方亲族与女方亲族，还有直系长辈、晚辈和旁系长辈、晚辈之间的称呼等，都分得很清楚。虽然现代家庭称呼远没有古代那么庞杂，但基本的称呼还是要了解的。如：父亲、母亲、外婆、外公、爷爷、奶奶、哥哥、姐姐、舅舅、姑姑、叔叔、弟弟、妹妹等。此外，还有常见的亲属合称，如父母、父子、母子、父女、母女、叔侄、公婆、夫妻、兄弟、妯娌等。

2．社会称谓

在日常生活中，除了亲属外，我们还需要与社会上不同年龄、不同性别、不同行业、不同职务和职称的人交往。恰如其分、恰到好处地称呼别人，会给对方留下好印象。

(1) 根据不同年龄称谓。在同事间，互称"老李""小严"；在街坊邻里，可称"王大妈""张阿姨"等。现在对长辈老者，以"老"字相称的较多，如"老人家""老先生""老伯"等；对德高望重的老前辈，常在其姓后加"老"字，如"杜老""程老"等。

(2) 根据不同的性别称谓。一般对男士统称"先生"，对女子的称谓则有不同。在国际交往中，通常称已婚女子为"夫人"，称未婚女子为"小姐"。称呼一个不明婚姻情况的女子，即使她有70岁，称其"小姐"也要比"夫人"安全，即便对方已婚，她也会很乐意地接受这令人愉快的错误称呼。

(3) 不同行业的称谓也有区别。在学校称"鲍老师"，在医院称"戴医生""蒋大夫"，在工厂称"常师傅"等。

(4) 现在人们用职务称谓的现象已相当普遍，以表示对被称谓者的尊重和礼貌，如"叶局长""钱科长""许院长""邹书记"等。也有对专业技术人员用职称称呼的，如"俞教授""赵工程师""谢医师"等。

(5) 如果按学位称谓的话，可以称为"杨博士"，而其他的学士、硕士学位，是不能作为称谓来用的。

3．使用称谓的注意事项

(1) 如果是在众人交谈的场合，则要注意称呼时的顺序。一般要求先长后幼，先上后下，先女后男，先疏后亲。

（2）要注意称谓的对象。"师傅""同志"是我国除了亲属以外的一种常用礼貌称呼，但是，不注意对象就会适得其反。例如，到医院称医生为"师傅"、在学校见老师也叫"师傅"，看见西方国家的来宾称"同志"等，都会让人啼笑皆非。

（3）不要忽略东西方的文化差异。在我国称年长的人谓"老"，是对长者的敬重，但是西方一些国家却忌讳别人称自己"老"。在涉外场合，不宜使用"爱人"这个称呼，因为"爱人"在英语里是"情人"之意，若用这个称呼，容易被对方误解。

（4）不要使用低级庸俗的称呼。如"朋友""哥们儿""姐们儿""弟兄们"等称呼，若被用以称呼初识之人，就有些令人肉麻。

（5）不要使用外号，尤其是某些带有侮辱性意味的外号。

（6）不要随随便便地称呼他人的姓名。对于初识之人，最好不要一上来就称之为"老倪"或"小谢"。不要直接叫对方的姓名，尤其是不要直接叫对方的名字。

（三）敬语、谦语的使用

1．常用的敬语

日常使用的敬语有"请""您""阁下""贵客""尊夫人"等。敬语尤其多用在称呼对方的亲属，如"令""尊"和"贤"这三个字。"令"字表示美好的意思，如称呼对方的父亲为"令尊"，称呼对方的母亲为"令堂"，称呼对方的兄弟姊妹为"令兄""令弟""令姊""令妹"，称呼对方的儿子为"令郎"，称呼对方的女儿为"令爱""令千金"等。"尊"和"贤"两个字的用法稍有区别，在习惯上，只有称对方的长辈才用"尊"字，如称其祖父为"尊祖"，称其父亲为"尊父""尊大人"。"贤"字则只用于平辈或晚辈，如称呼其兄弟姊妹为"贤兄""贤弟""贤姊""贤妹"。但称对方的配偶时，也有"尊""贤"通用的，如称其妻为"尊夫人""贤内助"。

当然在人际交往活动中，敬语的使用是非常普遍的，除了上述所列举的各种称呼之外，在下面一些场合下也常用敬语：

（1）初次见面说"久仰"，分别重逢说"久违"。
（2）请人批评说"指教"，求人原谅说"包涵"。
（3）求人帮忙说"劳驾"，求人方便说"借光"。
（4）麻烦别人说"打扰"，向人祝贺说"恭喜"。
（5）求人解答用"请问"，请人指点用"赐教"。
（6）托人办事用"拜托"，赞人见解用"高见"。
（7）看望别人用"拜访"，宾客来至用"光临"。
（8）送客出门说"慢走"，与客道别说"再来"。
（9）陪伴朋友用"奉陪"，中途先走用"失陪"。
（10）等候客人用"恭候"，请人勿送叫"留步"。
（11）欢迎购买叫"光顾"，归还原主叫"奉还"。

上面这些客套话都属敬语，如能适当运用，会让人觉得你彬彬有礼，貌若君子，很有教养。它可以使互不相识的人乐于相交，使熟人更加增进友谊；请求别人时，可以使人乐于提供帮助和方便；发生矛盾时，可以相互谅解，避免冲突；洽谈业务时，使人乐于合作；在批评别人时，可以使对方诚恳接受。

2．谦语

使用谦语和使用敬语是相对应的，即对人使用敬语，对己则使用谦语，两者都体现了说话人本身的文化修养。

谦语最常见的一种用法就是：在别人面前谦称自己和自己的亲属，如称自己为"愚""鄙人"。向别人谦称自己辈高和年龄大的亲属时，在称谓前面冠一个"家"字，如"家祖母""家父"。谦称自己辈分低和年龄小的亲戚时，则在称谓前冠一个"舍"字，如"舍弟""舍妹"。谦称自己的子女时，同样可以在称谓前冠一个"小"字，如"小儿""小女"，但需要注意的是，这里既已冠以"家""舍""小"等字，其中已包含"我的"意思在内，所以，不能再赘称"我家兄"或"我小儿"等，否则就无疑是画蛇添足，多此一举。

敬语和谦语不可滥用。如果大家在一起相处很久了，相互之间做些一般小事，有时就可不必多用敬语、谦语。熟人之间用多、用滥了敬语、谦语，反而会给人一种虚伪之感。

当然，在平时，即便你是率直、不拘小节的人，对别人说话时也应尽量注意礼貌及谦和的态度，经常不忘以诚恳的口吻说"请""谢谢""对不起""您好""麻烦您""抱歉""请原谅"等谦让语。

（四）不同场景中的称呼礼仪

（1）在工作岗位上，人们彼此之间的称呼是有特殊性的，要求庄重、正式、规范。以交往对象的职务、职称相称，这是一种最常见的称呼方法。比如张经理、李局长。

（2）国际交往中，因为国情、民族、宗教、文化背景的不同，称呼就显得千差万别。一是要掌握一般性规律，二是要注意国别差异。

（3）在政务交往中，常见的称呼除"先生""小姐""女士"外，还有两种方法：一是称呼职务（对军界人士，可以以军衔相称）；二是对地位较高的称呼"阁下""教授""法官""律师""医生""博士"，因为他们在社会中很受尊重，可以直接作为称呼。

（4）在英国、美国、加拿大、澳大利亚、新西兰等讲英语的国家里，姓名一般有两个部分构成，通常名字在前，姓氏在后。对于关系密切的，不论辈分，可以直呼其名而不称姓。另外，俄罗斯人的姓名由本名、父名和姓氏三个部分组成。妇女的姓名婚前使用父姓，婚后用夫姓，本名和父名通常不变。日本人的姓名排列和我们中国人的一样，不同的是姓名字数较多。日本妇女婚前使用父姓，婚后使用夫姓，本名不变。

（五）称呼的五个禁忌

我们在使用称呼时，一定要避免下面几种失敬的做法。

1．错误的称呼

常见的错误称呼无非就是误读或是误会。误读也就是念错姓名。为了避免这种情况发生，对于不认识的字，事先要有所准备；如果是临时遇到，就要谦虚请教。误会，主要是对被称呼者的年纪、辈分、婚否以及与其他人的关系作出了错误判断。比如，将未婚妇女称为"夫人"，就属于误会。相对年轻的女性，都可以称为"小姐"，这样对方也乐意听。

2．使用不通行的称呼

有些称呼，具有一定的地域性，比如山东人喜欢称呼"伙计"，但南方人听着"伙计"，肯定认为是"打工仔"。中国人把配偶经常称为"爱人"，在外国人的意识里，"爱人"是"第三者"的意思。

3．使用不当的称呼

工人可以称呼为"师傅"，道士、和尚、尼姑可以称呼为"出家人"。但如果用这些来称呼其他人，那就极为不当了。

4．使用庸俗的称呼

有些称呼在正式场合不适合使用。例如，"兄弟""哥们儿"等一类的称呼，虽然听起来亲切，但显得档次不高。

5．称呼外号

对于关系一般的，不要自作主张给对方起外号，更不能用道听途说来的外号去称呼对方，也不能随便拿别人的姓名乱开玩笑。

（六）致意训练

致意表示问候之意，是一种经常使用的礼节。

1．致意的方法

（1）举手致意：右臂伸直，掌心向对方，轻轻摆一下手，不要反复摇动，适宜与距离较远的熟人打招呼，一般不必出声。

（2）点头致意：适于不宜交谈的场合。头微微向下一点，不必幅度太大。（见图2-3）

图2-3　点头致意

(3) 欠身致意：全身或身体的上部微微向前一躬，表示对他人的恭敬，其适用的范围较广。（见图2-4）

图2-4　欠身致意

(4) 脱帽致意：此处的帽一般指戴的是有檐帽。其方法是：微微欠身，用距对方稍远的一只手脱下帽子，将其置于大约与肩平行的位置。若是熟人朋友迎面而过，只轻掀一下帽子致意即可。脱帽时，别忘了问声好。无檐帽可不必脱帽，欠身致意即可，但不可以双手插兜。

2．致意礼仪

交际场合，男士先向女士致意；年轻的先向年长的致意；学生先向老师致意；下级先向上级致意。

女士在任何场合，不论年龄大小，不论戴帽与否，只需点头或微笑致意。只有遇到上级、长者、老师及一群朋友时，女士才需率先致意。一般在致意的同时，不要向对方高声叫喊，以免妨碍他人。遇到身份较高者，不必立即起身去向对方致意，而应在对方的应酬告一段落之后，再上前致意。在餐厅等场合，若男女双方不十分熟悉，一般男士不必起身走到跟前去致意，在自己座位上欠身致意即可。女士如果愿意，可以走到男士桌前去致意，此时男士应起身，协助女士就座。

问 题 讨 论

每天我们都在不同的时间、不同的地点、不同的场合与不同的人打招呼。请讨论一下打招呼应注意哪些问题？使用称呼有哪些禁忌？

随 笔

名片礼仪已成为人与人交往的一种重要手段。社会上,名片越来越成为一个人身份、地位的象征,体现了一个人的尊严、一个人的价值。同时,也是使用者要求社会认同、获得社会理解的一种方式。

三、名 片 礼 仪

 **小资料**

（一）不需要交换或不需要递送名片的几种情况

1．对方是陌生人而且不需要以后交往。
2．不想认识或深交对方。
3．对方对自己并无兴趣。
4．双方之间地位、身份、年龄差别很大。

（二）递送名片时需注意的事项

1．不要用左手递交名片。
2．不要将名片背面对着对方或是颠倒着面对对方。
3．不要将名片举得高于胸部。
4．不要以手指夹着名片给人。

 知识导航

递物与接物是生活中常常遇到的一种举止，一个小小的举止动作，也能体现一个人的修养。礼仪的基本原则之一是尊重他人，而双手递物或接物恰恰体现了对对方的尊重。

现在，名片的使用已成为人与人交往的一种重要手段。社会上，名片越来越成为一个人身份、地位的象征，体现了一个人的尊严、一个人的价值。同时，也是使用者要求社会认同、获得社会理解的一种方式。

如何优雅地递送名片？

递送名片时要用双手，除了要检查清楚确定是自己的名片之外，还要看看正反两面是否干净。而在递送过程中，应面带微笑，注视对方。名片的位置是正面朝上，并以让对方能顺着读出内容的方向递送。如果正在座位上，应当起立或欠身递送，递送时可以说一些"我叫××，这是我的名片"或是"我的名片，请您收下"之类的客气话。此外，自己的名字如有难读或特别读法的，在递送名片时不妨加以说明，同时顺便把自己"推销"一番，这会使人有亲切感。接到别人的名片时，如果有不会读的字，应当场请教。

如何得体地接收名片？

接收名片时，除特殊情况外（比如身有残疾等），无论男性还是女性，都应尽可能起身或欠身，面带微笑，用双手的拇指和食指压住名片下方两角，并视情况说"谢谢""能得到您的名片，十分荣幸"等。名片接到手后，应认真阅读后十分珍惜地放进口袋或皮包内，切不可在手里摆弄。如果交换名片后需要坐下来交谈，此时应将名片放在桌子上最显眼的位置，十几分钟后自然地放进皮夹。切忌用别的物品压住名片和在名片上做谈话笔记。在接收名片后，如果自己没有名片或没带名片，应当首先对对方表示歉意并如实说明理由。

（一）名片的用途

名片是用来做什么的？对这一问题，人们的看法不同。有人说它是"推销自己"的工具，有人说它是"摆谱"的一个道具，还有人说它是一种多余之物。对我们每一个人来讲，名片是"物有所值"，是有一定用途的。一般而论，我们应当掌握的名片用途有下列八种。

1．自我介绍

与他人初次相识时，口头上作自我介绍，往往让人颇费思量。该讲些什么、该怎样说、该用多少时间，等等，一时都不好把握。再加上环境、口音、对方的听力与记忆力等方面的影响，口头上的自我介绍效果如何，常常也难以确定。在这时，如果在口头上略作自我介绍后，随即递上自己的名片，那么就一定能够很好地强化自我介绍的效果。因为自己的有关资料，上面介绍得一清二楚。有此书面上的自我介绍作辅助，自己留给他人的第一印象一定清晰而准确。

2．自我宣传

身为社会各界人士，自然时时刻刻要替自己本人、自己所在的单位进行宣传，以便更好地扩大联络面，发展个人或单位的合作伙伴。只是我们在做自我宣传时，有些分寸不易把握。例如，自己现在在何处高就、现在官居何职，等等，和生人刚一见面，就不太好直说。不说，对方不会了解；说了，又会担心有自吹自擂之嫌。其实，对我们来说，与他人交换名片，在很大程度上，主要是为了恰当地进行自我宣传，借助于名片的帮助，一些不宜自己介绍的内容，也能很好地被表达出来。借助于名片所作的自我宣传，可以引起对方的重视，获得与自己身份相当的礼遇，而且还可以宣传一下自己的业务，为获得合作伙伴、开拓业务开辟道路。

3．结交朋友

与陌生人初次会面，许多人都会具有一种生疏感。即便十分渴望与之交好，也会在表达这一意思时瞻前顾后，担心自己做得过犹不及。不一定与任何人第一次见面时，都要递上自己的名片，但若是希望自己就此与之相识，并打算成为对方的朋友，那么就需要在初次见面时，使用名片来为自己"铺路架桥"。把名片主动递给他人，意味着友好与信任。对身份、地位、年龄不如自己的人来说，尤其是如此。因此，以名片来表明自己"礼贤下士"，非常容易使自己迅速而广泛地结识新朋友。

4．通报情况

职业礼仪与形象设计

求见他人时，为了便于对方了解自己的基本状况和求见对方，同时也是为了免于使自己吃对方的闭门羹，最好是先请人转递上去一张自己的名片，这就是以名片来向他人通报自己的简况，这种用途的名片，也可以叫"拜帖"。此外，当自己变动工作单位、乔迁新居，或是电话号码有所改动时，应当立即知会自己的亲朋好友与合作伙伴，以免重要的信息与自己失之交臂，打这种"招呼"的最好办法，就是寄交对方一张反映自己新信息的名片，这也是一种情况通报。

5．维持联系

有人戏称名片是"现代人的袖珍通讯录"。如果就其内容和在这方面所发挥的作用而言，这种说法毫不过分。对于有意与之保持联系的人，我们与之交换的名片上，免不了具有种种资料，如单位地址、单位电话、其本人供职的具体部门以及本人的姓名等。依据这些资料，对方可以随时随地与我们保持一定程度上的联系，这种联系程度的深浅，取决于我们在给予对方的名片上所提供的联络其本人的方法的多少。

6．交往凭证

在人际交往中，我们时常需要给他人留下某种凭证，以便说明某种情况，或是"立此存照，以为凭据"。名片在这一方面可以发挥作用。例如，我们在某一场合，认识或会见过某某人，与之交换名片，就是相互留下了见过面的凭据。又如，访友不遇，需要留言，届时以名片代之，也是一种"亲身来过"过的凭证。再如，介绍甲去拜访乙时，为防止"口说无凭"，可取一张自己的名片，在其上略写一两行字，然后用回形针把它固定在甲的名片上方，装入不封口的信封，由甲呈交给乙，就是用名片来代作介绍信，这也是一种表示引见的凭证，此时不用甲本人的名片亦可。

7．书信往来

在交往中，联系应当是相互的，来而不往，显然失礼。可是有些人士的应酬太多了，有时应当写的信件过多，确实让人忙不过来。遇上这种情况，可在社交名片的背面简洁地写上只言片语，代替书信寄给对方，从礼节上说，它并不亚于一封厚厚的长信。

8．替代礼单

人们在向他人赠送礼品时，会以各种不同的形式为自己署名。将本人名片放入一个未封口的信封，然后将它固定于礼品外包装的正上方，就是我们常用的一种以名片代替礼单的作法。

（二）名片递接礼仪要求

1．递送名片的礼仪要求

递送名片时，应用双手拇指和食指执名片两角，让文字正面朝向对方；接名片时要用双手，并认真看一遍上面的内容。如果接下来与对方谈话，不要将名片收起来，应该放在桌子上，并保证不被其他东西压起来，这会使对方感觉你很重视他；参加会议时，应该在会前或会后交换名片，不要在会中擅自与别人交换名片。

名片递送的程序是，一般地位低的先向地位高的递名片；男性先向女性递名片；当交换名片不止一人时，应先将名片递给职务较高、年龄较大者。分不清公众的职务高低及年龄大小时，则可先和自己对面左侧方的人士交换名片。递送名片时应面带微笑，注视对方，将名片正面向着对方，将双手的拇指和食指分别持握名片上端的两角送给对方。交换名片时，如果双方是坐着的，应当起立或欠身递送，递送时可以介绍自己的名字、身份、单位，并说"请笑纳"或"这是我的名片，请收下"。切忌单用食指和中指夹着名片给人，也不能把名片文字倒过来递送，这是不礼貌的行为。

在此须强调的是，国人交换名片一般是双手递、接，同外宾交换名片时，要先留意一下对方是用几只手递过来的，然后再跟着模仿。西方人、阿拉伯人和印度人习惯用一只手与人交换名片；日本人则喜欢用一只手接过他人名片的同时，再用另一只手递上自己的名片。如果是事先约定好的面谈，或事先双方都有所了解，不一定忙着交换名片，可在交谈结束、临别之时取出名片递给对方，以加深印象，并表示愿保持联络的诚意。

2．接收名片的礼仪要求

接收他人递送过来的名片时，应尽快起身或欠身，面带微笑，用双手的拇指和食指接住名片的下方两角，口称"谢谢"或"十分荣幸"。名片接到手后，应认真地从头至尾看一遍，如果是初次见面，最好是将名片上的重要内容读出声来，对对方的组织名称和职务应读出重音，以示敬重。如果遇到难读的文字，应马上询问读法，"很抱歉，您的名字应怎样称呼？"这样询问非但不失礼，反而使对方觉得受到尊重，是讲究礼貌的表现。

拿到名片看也不看，随手放入口袋；或一直让它放在桌子上不收起来；或把名片卷起来，随意折叠，这些都是失礼的行为。

在公共场合欲索取他人的名片，要想留下"退路"，就不要直言相告，而应以婉转的口气见机行事。对长辈、嘉宾或地位、声望高于自己的人，可以说："以后怎样才能向您请教？"对平辈和身份、地位相仿的人，可以问："今后怎么和您保持联系？"这两种说法都带有"请留下一张名片"之意，即使对方依然拒绝，双方也都好下台。

通常，不论他人以何种方式索要名片都不宜拒绝，不过，要是真的不想给对方，在措辞上一定注意不要伤害对方，如可以说："不好意思，我忘了带名片。"或是说："非常抱歉，我的名片用完了。"这样都比直言相告"不给"，或盘问对方要高雅得多。

（三）名片的收藏

一定要认真处理收到的名片，充分发挥名片的使用价值。

1．在名片的背面做备忘录

备忘录的内容可以是见面的日期、场所、天气、见面目的、谈话的主题以及对方的生日、所在单位、家庭配偶、奇闻趣事等，如果名片是两面印刷的，则准备一些专门的记录卡片，与名片一起插入名片夹里。备忘录一般是在与对方分手后再补记的，如果得知名片人的情况有变动，还可修订与增补新的内容。

2．名片的分类

名片的收藏应按自己的业务内容、交往范围、姓氏笔画或自己独特的方法分类，按次序排列，以便随时检索。

3．要经常检查、熟悉名片

经常检查、熟悉名片能发挥它在公众交往中"敲门砖"的作用。定期翻阅名片可以唤起记忆，弥补淡忘的印象，这是重新恢复友谊和联系纽带的最好办法。在闲暇的时候，翻阅名片册，也是一种精神享受，它能使自己回忆起亲朋好友的言谈举止、友好交往岁月，品味友爱团结的深厚感情，使自己处于愉快的心境，得到精神上的满足。

（四）名片的保管

在交往中，名片夹应放在左胸内侧的上衣口袋里，以示对对方的礼貌和尊重。随意将名片夹放在裤袋里，特别是放在后侧裤袋里，是很失礼的行为。倘若在夏天，穿的衣服比较单薄，则应将名片夹放在手提包内，需交换时再拿出来。不要把交换的名片乱放、搞错，交谈时可将名片对应的交往对象排列出来。一时忘带名片或所带名片数量不够时，应向未拿到名片的人士道歉致意，一定在下次交往时补送，或邮寄给对方。

（五）使用名片的忌讳

（1）不要把名片当作传单随便散发。

（2）不要随意地将他人给你的名片塞在口袋里或丢在包里。如果暂时放在桌上，切忌在名片上放其他物品，也不要漫不经心地放置一边，更不要忘记带走。

（3）不要随意拨弄他人的名片。

（4）在对方的名片上作一些简单的记录和提示，是帮助我们记忆的好办法。但是，不要在他人的名片上乱写一些有关名片主人特征的词，如"小个子""戴眼镜"等。

（六）发送名片的时机

（1）希望认识对方。

（2）被介绍给对方。

（3）对方向自己索要名片。

（4）对方提议交换名片。

（5）打算获得对方的名片。

（6）初次登门拜访对方。

（七）递接名片训练

（1）训练双手递名片，双手接名片。（见图2-5）

（2）训练通过递接名片表现出一种恭敬的态度。

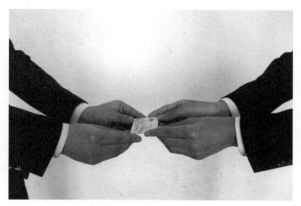

图 2-5　递接名片

问 题 讨 论

　　交换彼此的名片，应如何做？看似生活中的小事，却体现了你的礼仪修养。简述递接名片的规范和要求，以及有哪些忌讳？

随 笔

接待与拜访礼仪在人际交往中是必不可少的环节。约好去拜访对方，无论是有求于人还是人求于己，都要从礼节上多多注意，不可失礼于人，有损自己或单位的形象。接待中要坚持"以客为尊"的原则，会让客人感受到主人的亲和力。

四、接待与拜访礼仪

小资料

商务接待中要坚持"以客为尊"的原则,会让客人感受到主人的亲和力。

拜访客户前,要对拜访对象的概况、特点、喜好等有所了解,以免无话可谈,说得恰当比说得漂亮更好。

知识导航

接待和拜访是社会交往中必不可少的环节。

(一)接待礼仪的基本常识

(1)接待人员要品貌端正,举止大方,口齿清楚,具有一定的文化素养,受过专门的礼仪、形体、语言、服饰等方面的训练。

(2)接待人员服饰要整洁、端庄、得体、高雅;女性应避免佩戴过于夸张或有碍工作的饰物,化妆应尽量淡雅。

(3)如果来访者是预先约定好的重要客人,则应根据来访者的地位、身份等确定相应的接待规格和程序。在办公室接待一般的来访者,谈话时应注意少说多听,最好不要隔着办公桌与来人说话。对来访者反映的问题,应作简短的记录。(见图2-6)

图2-6 接待

（二）接待礼仪要求

1. 迎候来客时的礼仪

（1）迎候。当需出市区或到机场（车站）迎接时，一定要提前20分钟到场，迎候客人抵达。

（2）相见。客人到达后，应主动上前问候并作自我介绍和引见。上车时，应先请来宾上车，并核准人数和携带的物品，待来宾坐稳后再开车，在车上可作一些简单的交谈，增进相互之间的感情。

2. 引导客人时的礼仪

（1）在走廊上，应走在客人左前方数步的位置。

（2）转弯或上楼梯时，要有礼貌地说声"请这边走"，并回头用手示意。

（3）乘电梯时，如有专人在电梯上服务，应请客人先进，到达时也请客人先出。如电梯无人服务，应自己先进去，再请客人进，到达时请客人先出。

（4）如果引导客人去的地方距离较远，走的时间较长，不要闷头各走各的路，而应讲一些比较得体的话，活跃一下气氛。

（5）当把客人引导到下榻的房间或驻地时，要对客人说："这里就是。"然后敲一下门，等房间有回声再推开门。这里应当注意，如房门向里开时，要自己先进去，按住门，然后请客人进来；如房门往外开时，应拉开并按住门，请客人先进去。

3. 引见介绍时的礼仪

（1）具体介绍时，要有礼貌地用手示意，但不要用手指指点点，应简要说明被介绍人所在单位、职务及姓氏，如"这位就是××局刘局长，×××同志"。

（2）介绍时，一般先把身份比较低、年纪比较轻的介绍给身份较高、年纪较大的同志；把男同志先介绍给女同志。

（三）拜访中的举止礼仪常识

（1）拜访前应事先和被访对象约定，以免扑空或扰乱主人的计划。拜访时要准时赴约。拜访时间长短应根据拜访目的和主人意愿而定。一般而言，时间宜短不宜长。（见图2-7）

图2-7 拜访

（2）到达被访人所在地时，一定要用手轻轻敲门，进屋后应待主人安排指点后坐下。后来的客人到达时，先到的客人应该站起来，等待介绍。

（3）拜访时应彬彬有礼，注意一般交往细节。告辞时要同主人和其他客人一一告别，说"再见""谢谢"；主人相送时，应说"请回""留步""再见"等礼貌用语。

（4）约好去拜访对方，无论是有求于人还是人求于己，都要从礼节上多多注意，不可失礼于人，而有损自己和单位的形象。

（5）一定要准时。让别人无故干等，无论如何都是严重失礼的事情。如果有紧急的事情，不得不晚，必须通知你要见的人。如果打不了电话，请别人为你打电话通知一下。如果遇到交通阻塞，应通知对方要晚一点到。

如果是对方要晚点到，你将要先到，要充分利用剩余的时间。例如，坐在汽车里仔细想一想，整理一下文件，或问一问接待人员是否可以在接待室里先休息一下。

当你到达时，告诉接待人员或助理你的名字和约见的时间，递上你的名片，以便助理能通知对方。冬天穿着外套的话，如果助理没有主动帮你脱下外套或告诉你外套可以放在哪里，你就要主动问一下。

（6）在等待时要安静，不要通过谈话来消磨时间，这样会打扰别人工作。尽管你已经等了20分钟，也不要不耐烦地总看手表，你可以问助理约见者什么时候有时间。如果你等不及那个时间，可以向助理解释一下并另约一个时间。不管你对要见的人有多么不满，也一定要对助理有礼貌。

（7）当你被引到约见者办公室时，如果是第一次见面，就要先做自我介绍，如果已经认识了，只要互相问候并握手就行了。

一般情况下对方都很忙，所以你要尽快地将谈话引入正题，清楚直接地表达你要说的事情，不要讲无关紧要的事情。说完后，让对方发表意见，并要认真地听，不要辩解或不停地打断对方讲话。你有其他意见的话，可以在他讲完之后再说。

问 题 讨 论

1．接待和拜访都是社交中重要的礼仪形式。亲朋、同事、同行等的接待和拜访都能增进了解、促进友谊、加强合作，作为交往的重要形式，接待和拜访越来越受到人们的重视，在生活中，你是如何做接待和拜访的？应注意哪些礼仪常识？

2．某某公司的业务员推销某产品，秘书接待，并引荐给公司总经理，直到谈话结束，秘书送客。如果你是公司秘书，你该怎么做？

随 笔

赠礼与受礼礼仪是指在人际交往中，人们之间相互馈赠和接受礼物的礼仪，是人类社会生活中不可缺少的交往内容。中国人一向崇尚礼尚往来。

五、赠礼与受礼礼仪

选择礼品要诀：实用、适当。

优雅地接受礼物是受礼者素养的体现。

如果宾客有的送礼，有的没有送礼，这时千万不要当着宾客的面拆开礼物，这会让没有送礼的人感到尴尬不安。

相互馈赠、接受礼物，是人类社会生活中不可缺少的交往内容。中国人一向崇尚礼尚往来。

在礼的内涵中，除了有表示尊敬的态度、言语、动作、仪式外，还有一个重要的含义，就是礼物。从礼以物的形式出现的那时起，物就从礼的精神内核中蜕化出来，而成为人与人之间有"礼"的外在表现形式。随着社会生活的进化和演变，物能寄情、言意、表礼的观念被广大人民所接受和认同，从而使馈赠在内容和形式上逐渐融会在五彩缤纷的社会交往中，并成为人们联络和沟通感情的最主要方式之一。

在现代人际交往中，礼物仍然是人们往来的有效媒介之一，它像桥梁和纽带一样直接明显地传递着情感和信息，深沉地寄托着人们的情意，无言地表达着人与人之间的真诚关爱，久远地记载着人间的温暖。

（一）赠礼礼仪

1. 馈赠目的

任何馈赠都是有目的的，或为交结友谊，或为祝颂庆贺，或为酬宾谢客，或为其他。

（1）以交际为目的的馈赠。这是一种为达到交际目的而进行的馈赠，有两个特点：一是送礼的目的与交际的目的一致。无论是个人还是组织机构，在社交中为达到一定目的，针对交往中的关键人物和部门，通过赠送一定礼品，以促使交际目的达到。二是礼品的内容与送礼者的形象一致。礼品的选择，一个非常重要的原则就是要使礼品能反映送礼者的寓意和思想感情的倾向，并使寓意和思想倾向与送礼者的形象有机地结合起来。

（2）以巩固和维系人际关系为目的的馈赠。这类馈赠，即为人们常说的"人情礼"。在人际交往过程中，无论是个人之间还是组织机构之间，必然会产生各类关系和各种感情。人与生俱来的社会性，又要求人们必须重视这些关系和感情，因而，围绕着如何巩固和维系人际关系和感情，人们采取了许多办法。其中之一就是馈赠。这类馈赠，强调礼尚往来，以"来而不往非礼也"为基本行为准则。因此，这类馈赠，在礼品的种类、价值的轻重、档次的高低、包装的精美、蕴涵的情义等方面都呈现出多样性和复杂性。这在民间交际中尤其具有重要的特殊作用。

（3）以酬谢为目的的馈赠。这类馈赠是为答谢他人的帮助而进行的。因此在礼品的选择上十分强调其物质价值。礼品的贵贱厚薄，首先，取决于他人帮助的性质。帮助的性质分为物质的和精神的两类。一般说来，物质的帮助往往是有形的，能估量的。而精神的帮助则是无形的，难以估量的，然而其作用又是相当大的；其次，取决于帮助的目的。是慷慨无私的，还是另有所图的，还是公私兼顾的。只有那种真正无私的帮助，才是值得真心酬谢的；最后，取决于帮助的时机，一般情况下，危难之中见真情。因此，得到帮助的时机是日后酬谢他人最重要的衡量标准。

（4）以公关为目的的馈赠。这种馈赠，表面上看不求回报，而实质上其索取的回报往往更深地隐藏在其后的交往中，或是金钱，或是权势，或是其他功利，是一种为达到某种目的而用礼品的形式进行的活动。多发生在对经济、政治利益的追求和其他利益的追逐活动中。（这种馈赠往往有不良目的，应该摒弃）

2．馈赠的基本原则

大凡送礼之人，都希望自己所送礼品能寄托和表达对受礼者的敬意和祝颂，并使交往锦上添花。然而，有时所赠礼品非但达不到这种目的，反而会事与愿违，造成不良后果，"赔了夫人又折兵"。因此，认真研究和把握馈赠的基本原则，是馈赠活动得以顺利进行的重要前提条件。

（1）轻重原则——轻重得当，以轻礼寓重情。通常情况下，礼品的贵贱厚薄，往往是衡量交往人的诚意和情感浓烈程度的重要标志。然而礼品的贵贱厚薄与其物质的价值含量并不总成正比。因为礼物是言情、寄意、表礼的，它仅仅是人们情感的寄托物，人情无价而物有价，有价的物只能寓情于其身，而无法等同于情。也就是说，就礼品的价值含量而言，礼品既有其物质的价值含量，也有其精神的价值含量。"千里送鹅毛"的故事，在我国妇孺皆知，被标榜为礼轻情意重的楷模和学习典范。"折柳相送"也常为文人津津乐道，因为柳的寓意有三：一为表示挽"留"；二因柳枝在风中飘动的样子如人惜别的心绪；三为祝愿友人如柳能随遇而安。在这里，如果仅就这些礼物本身的物质价值而言，的确是很轻的，对于受礼人来说甚至是微乎其微的，然而它所寄寓的情意则是浓重的。我们提倡"君子之交淡如水"，提倡"礼轻情意重"。但是，当我们因种种原因陷入"人情债务链"时，则不妨既要注意以轻礼寓重情，又要入乡随俗地根据馈赠目的和自己的经济实力，择定不同轻重的礼物。总之，除非是有特殊目的的馈赠，其他馈赠礼物的贵贱厚薄都应以对方能愉快接受为尺度。

（2）时机原则——选时择机，时不我待。就馈赠的时机而言，及时适宜是最重要的。中国人很讲究"雨中送伞""雪中送炭"，即十分注重送礼的时效性，因为只有在最需要时得到的才是最珍贵的，才是最难忘的。因此，要注意把握好馈赠的时机，包括时间的选择和机会的择定。例如，遇到春节、中秋节等传统节日和对方晋升、获奖等喜庆之日，或当自己接受别人的帮助时，都是馈赠的好时机。一般说来，时间贵在及时，超前滞后都达不到馈赠的目的；机会贵在事由和情感及其他需要的程度，"门可罗雀"时和"门庭若市"时，人们对馈赠的感受会有天壤之别。所以，对于处境困难者的馈赠，其所表达的情感就更显真挚和高尚。

有一篇《影星与狗》的文章，记载了这样一件感人的事：国际著名影星黛丽·赫本十分爱狗。多年来一直豢养着一只叫杰西的长耳罗塞尔种的小猎犬。白天，杰西那无忧无虑和温柔的品性，令赫本感到平和亲近，夜晚杰西暖融融地依偎在赫本的脚旁，伴她入睡。然而，有一天，杰西误吃了毒药，很快就死了，赫本爱犬心切，竟无法控制自己，一连数日，终因悲伤过度而一病不起。这时，她的朋友克里斯多夫·格里文森托人给她送来了又一只长耳罗塞尔狗，它叫彭妮，小巧玲珑，毛色白亮，十分可爱。彭妮给了赫本无限的慰藉，赫本说："彭妮不仅使我恢复了健康，也赐给我无限的幸福，它真是来自天堂的宝贝。"

（3）效用性原则。同一切物品一样，当礼以物的形式出现时，礼物本身也就具有了价值和实用价值。就礼品本身的实用价值而言，人们的经济状况不同、文化程度不同、追求不同，对于礼品的实用性要求也就不同。一般说来，物质生活水平的高低，决定了人们精神追求的高低，在物质生活较为贫寒时，人们多倾向选择实用性的礼品，如食品、水果、衣料等；在生活水平较高时，人们则倾向于选择艺术欣赏价值较高、趣味性较强和具有思想性、纪念性的礼品。因此，应视受礼者的物质生活水平，有针对性地选择礼品。

美国作家欧·亨利在其著名的小说《麦琪的礼物》里讲了这样一个故事：一位妻子十分想在圣诞节来临时送给丈夫一份礼物，她盼望能买得起一条表链，以匹配丈夫祖上留下的一只表。因为没有钱，于是她把自己秀丽的长发剪下来卖了。圣诞之夜，妻子对丈夫献上了自己的礼物——一条精美的表链。丈夫也在惊愕之中拿出了他献给妻子的礼物，竟是一枚精致的发卡。原来，丈夫为给妻子买礼物，把自己的表卖了。这时，他们紧紧地拥抱在一起，彼此的爱成为这圣诞之夜唯一的却是最珍贵的礼物。这对夫妻献给对方的礼物，在此时似乎已毫无效用，然而并非如此，它们不仅升华了他们之间的爱，使他们得到了最大的精神满足；而且更激发了他们战胜生活困难、追求幸福生活的决心和意志。有这样的情和爱，世上还有不可克服的困难和不可逾越的生活难关吗？

（4）投好避忌的原则。就礼品本身所引发的直接后果而言，由于民族、生活习惯、生活经历、宗教信仰以及性格、爱好的不同，不同的人对同一礼品的态度是不同的，或喜爱或忌讳或厌恶，等等，因此我们要把握住投其所好、避其禁忌的原则。在这里尤其强调要避其禁忌。禁忌是一种不系统的、非理性的、作用极大的心理和精神倾向，对人的活动影响强烈。当自己的禁忌被冒犯时，无论是有意的还是无意的，心中的不快不满甚至愤恨是不言而喻的。当我们冒犯了别人时，就会引起纠纷，甚至冲突。所以，馈赠前一定要了解受礼者的喜好，尤其是禁忌。例如，中国人普遍有"好事成双"的说法，因而凡是大贺大喜之事，所送之礼，均好双忌单，但广东人则忌讳"4"这个偶数，因为在广东话中，"4"听起来就像是"死"，是不吉利的。再如，白色虽有纯洁无瑕之意，但中国人比较忌讳，因为在中国，白色常是悲哀之色和贫穷之色；同样，黑色也被视为不吉利，是凶灾之色、哀丧之色；而红色，则是喜庆、祥和、欢庆的象征，受到人们的普遍喜爱。另外，我国人民还常常讲究给老人不能送"钟"，给夫妻或情人不能送"梨"，因为"送钟"与"送终""梨"与"离"谐音，是不吉利的。这类禁忌，还有许多需要我们去遵循，这里就不一一列举了。

3．礼品的选择

因人因事因地施礼，是社交礼仪的规范之一，对于礼品的选择，也应符合这一规范要求。

(1) 投其所好。选择礼品时一定要考虑周全，有的放矢，投其所好。可以通过仔细观察或打听了解受礼者的兴趣爱好，然后有针对性地精心挑选合适的礼品。尽量让受礼者感觉到馈赠者在礼品选择上是花了一番心思的，是真诚的。

(2) 考虑具体情况。选择礼物要考虑具体的情况或场合。如校庆可送花篮，逢节可送贺卡等。

总之，礼品的选择，要针对不同的受礼对象区别对待。一般说来，对家贫者，以实惠为佳；对富裕者，以精巧为佳；对恋人、爱人、情人，以纪念性为佳；对朋友，以趣味性为佳；对老人，以实用为佳；对孩子，以启智新颖为佳；对外宾，以特色为佳。

4．赠礼时应注意的事项

(1) 礼品的包装。精美的包装不仅使礼品的外观更具艺术性和高雅的情调，并显现出赠礼人的文化和艺术品位，而且可以使礼品产生和保持一种神秘感，既有利于交往，又能引起受礼人的兴趣和探究心理及好奇心理，从而令双方愉快。好的礼品若没有讲究包装，不仅会使礼品逊色，使其内在价值大打折扣，使人产生"人参变萝卜"的缺憾感，而且易使受礼人轻视礼品的内在价值，而无谓地折损了由礼品所寄托的情谊。

(2) 赠礼的场合。赠礼场合的选择是十分重要的。尤其那些出于酬谢、应酬或有特殊目的的馈赠，更应注意赠礼场合的选择。通常情况下，当众只给一群人中的某一个人赠礼是不合适的。因为那会使受礼人有受贿和受愚弄之感，而且会使没有受礼的人有受冷落和受轻视之感。给关系密切的人送礼，也不宜在公开场合进行，只有礼轻情重的特殊礼物才适宜在大庭广众面前赠送。既然是关系密切，送礼的场合就应避开公众而在私下进行，以免给公众留下你们关系密切完全是靠物质的东西支撑的感觉。只有那些能表达特殊情感的特殊礼品，方能在公众面前赠予。因为这时公众已变成你们真挚友情的见证人。如一本特别的书、一份特别的纪念品等。最好当着受礼人的面赠礼。赠礼是为巩固和维持双方的关系，赠礼也必须是有针对对象的。因此赠礼时应当着受礼人的面,以便于观察受礼人对礼品的感受,并适时解答和说明礼品的功能、特性等,还可有意识地向受礼人传递你选择礼品时独具匠心的考虑,从而激发受礼人对你一片真情的感激和喜悦之情。

(3)赠礼时的态度、动作和言语表达。只有那种平和友善的态度和落落大方的动作并伴有礼节性的语言表达,才是赠受礼双方所能共同接受的。那种悄悄将礼品置于桌下或房中某个角落的做法,不仅达不到馈赠的目的,反而会适得其反。

(4)赠礼的具体时间。一般说来,应在相见或道别时赠礼。例如,送花可以在迎送初期;会谈会见时一般在起身告辞时赠送;签字仪式一般在仪式结束时互赠礼品;正式宴会如果有礼品互赠仪式,应按计划在相应时间段赠送,除此之外,一般是在临近结束时赠送;家宴一般在开始前赠送礼品。

5.不适宜赠送的物品

(1)刀。赠送刀子被认为含有一刀两断的意思,应避免选作礼品。但有两种刀有时可以作礼品赠送:一种是特别富有民族特色的礼品刀(如阿拉伯弯刀),另外一种就是瑞士军刀。很多国家的男子很喜欢这两种刀。

(2)钟和鞋子。钟或代表死亡,或代表浪费时间,因此不作礼品送人。鞋子往往被认为不洁或不吉利,也应避免作为礼品。

(3)药品。药品与疾病、不健康或死亡相联系。但保健品在很多国家很受欢迎。

(4)动植物活体、生鲜食品、种子不宜送外国来访客人。许多国家有很严格的动、植物检疫法,不允许此类东西进入国门。

6.赠礼的方式

如果是会谈会见等活动,一般由最高职位的人代表本方向对方人员赠送礼品;赠送应从地位最尊的人开始;同一级别的人员中应先赠女士后赠男士,先赠年长者后赠年少者。

赠送礼品应双手奉送,或者用右手呈交,避免用左手。

有些国家的人在接受礼品时有推辞的习惯,但这只是一种礼节,并不代表拒绝。如果赠送的礼品确实没有贿赂之意,则应大胆坚持片刻。如果对方坚持拒收,则可能确实有不能接受的理由,不能一再强求。也不应表现出不高兴的情绪。

(二)受礼礼仪

接受礼品看起来很简单,但其中也有一些需要了解的礼仪常识。

1.受礼时应注意的事项

(1)受礼者应在赞美和夸奖声中收下礼品,并表示感谢。一般应赞美礼品的精致、优雅或实用,夸奖赠礼者的周到和细致,并伴有感谢之辞(按中国传统习惯,应伴有谦恭态度的感谢之辞)。

(2)双手接过礼品。视具体情况或拆看或只看外包装,还可伴有请赠礼人介绍礼品功能、特性、使用方法等的邀请,以示对礼品的喜爱。

(3)只要不是贿赂性礼品,一般最好不要拒收,那会很驳赠礼人面子的。可以找机会回礼。

（4）不当面拒绝礼品。如果认为对方的礼品考虑欠妥，应在事后及时予以说明，取得对方的谅解后再行退还。

（5）一般而言，东方人接受礼品时，在表示感谢后，往往会把礼品收起来，而西方人往往习惯于当场打开礼品，表示赞美，有时还会表示礼品正是自己期待已久的物品，等等。

（6）西方人的习惯是一般在收到礼品一周之后，会写一封信表示感谢。

（7）接受礼品时尤其需要注意以下几点：

① 要落落大方。能接受就接受。如果自己感觉没有犯禁，没有犯党纪、国法，没有犯纪律，没有影响到两方的人际关系，可以接受就接受。却之不恭！但是如果有些礼品是不能够接受的，当即要向送礼者说明原因："不好意思，您送我的礼品我非常感谢，但是我们公司有规定，在公务往来中不能收受礼品，尤其不能收受现金和有价证券，谢谢您的好意，请您拿回去。"一定要当面说明理由。

② 要表示感谢。表示感谢一般有几个具体做法：其一，如果当场接受别人礼品的话，你最好口头上表示感谢："谢谢您的好意，感谢！"有必要的话，还要和对方握手道谢。其二，就是要欣赏对方的礼品。

③ 要保持低调。在接受礼品后还要注意一个问题，一般而论，赠送礼品属于一种私人交往，所以要注意，在外人面前要低调一些，不要张牙舞爪地去说："这是谁送我的，这个是谁给我的。"别人问可以讲，没有必要的话，则大可不必以此去招摇，这是做人的一个常识。特别要说明的是，没有特殊原因，这个礼品不要转赠他人。

2．回礼的时机与方式

一般而言，来客应该赠送礼品，主人则应回礼。回礼的方式可以有很多种，既可以回赠一定物品，也可以用款待对方的方式来回礼。如果是回赠礼品，应注意以下几点：

（1）不超值。回礼的价值一般不应超过对方赠送的礼品，否则会给人攀比之感。

（2）收到私人赠送的礼品，回礼时应该有一个恰当的理由和合适的时机，不能为了回礼而不选时间、地点地单纯回送等值的物品。

（3）分别时是最好的回礼时机之一。

问 题 讨 论

每当节日来临或同学、朋友、同事、自己过生日等值得庆贺的日子，大家都会赠送或接受一些小礼物，请你说一说不同的日子，你会接受或赠送一些什么礼物？有什么寓意？怎样选择礼物？怎样接受礼物？

随 笔

电话礼仪是我们在接打电话的过程中应注意的礼仪。在日常生活中，我们每天都要接听或拨打许多电话，但打电话的礼仪你知道吗？

六、电话礼仪

 小资料

注意打电话的时间。除了紧急要事之外，一般在以下时间不宜打电话：

1. 三餐吃饭的时间。
2. 早晨 7 时以前。
3. 中午午休时间。
4. 晚上 10：30 以后。
5. 开车时。

 知识导航

在日常生活中，我们每天都要接听或拨打许多电话，但打电话的礼仪你知道吗？打电话的基本礼仪是：电话铃一响，拿起电话机首先自报家门，然后，再询问对方来电的意图等；电话交流要认真理解对方意图，并对对方的谈话做必要的重复和附和，以示对对方的积极反馈；应备有电话记录本，重要的电话应做记录；电话内容讲完，应等对方结束谈话，再以"再见"为结束语。对方放下话筒之后，自己再轻轻放下，以示对对方的尊敬。

（一）接电话的礼仪

（1）尽快拿起话筒，自报家门。一听到电话铃响，应马上放下手中的工作去接电话，一般应在电话铃响三遍之前拿起话筒。拿起话筒后的第一件事是自报家门："喂，您好！这里是×××公司，请问您找谁？"

（2）聆听对方的讲话，并不时用"嗯，对"等给予对方积极的反馈。

（3）一般应左手拿话筒，右手作记录，用事先准备好的纸笔，即刻将对方提供的信息、指示记录下来，特别是记录下时间、地点、数量等，并向对方重复一遍。

（4）如果对方向自己或企业发出邀请或会议通知，应详细记录下来，并致谢。

（5）如果自己手头工作正忙，不可能和对方长谈，则可委婉地告诉对方改天再打，或以后打电话给对方。

（6）如果接电话的人不是受话人，请对方稍等后，应把话筒轻轻放下，走到受话人身边通知对方。不能在话筒尚未放下时，就大喊"××，你的电话！"这很不礼貌。

（7）万一找的人正在忙工作或在厕所，应说："对不起，请稍等一下，他马上就来。"

而不应该说"他在厕所"之类的话。

（8）若找的人不在，不能把电话一挂了事，而应耐心地询问对方的姓名、电话号码、是否需转告，征得对方同意后，详细记录下来。记录的要领包括以下几个方面：

① 对方公司的名称、所属单位、人名。

② 电话的具体内容。

③ 来电话的日期和时间。

④ 是否需回话。

⑤ 回电话给何单位、何人。

⑥ 将留言记录当面转交，如不能当面转交，则置于办公桌上，同时记下接电话的日期、地点、自己的姓名。

（9）一般由发话人先结束谈话，如果对方还没讲完，自己便挂断电话，这是很不礼貌的。

（10）向对方说"再见"后轻轻放下话筒，切忌"啪"地扔下话筒。（见图2-8）

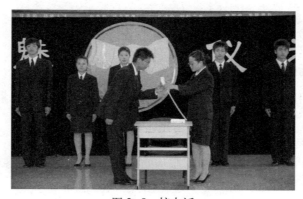

图2-8　接电话

（二）打电话的礼仪

（1）注意通话所需的时间。电话交谈所持续的时间，一般以3～5分钟为宜，如果一次电话要占用5分钟以上，就应该首先说出你要办的事，并问一下："您现在和我谈话方便吗？"假如不方便，就和对方另约一个时间。

（2）接通后，首先说："您好，我是××公司的×××，请帮忙找×××先生（小姐）接电话，谢谢！"

（3）如果对方说找的人不在，应致谢，并附带一句"改日再打"之类的话。

（4）当拨错号码时，应致歉："对不起！"不能不说话就挂断。

（5）当你被缠在电话上时，应先暗示对方希望结束通话，如无效，应在对方讲话停顿时或必要时打断他的话，可以说："非常抱歉，我得挂电话了，我有个约会，已经要迟到了。"或"对不起，我这里又来了一位客人，过一会我给你回电话好吗？"

（6）电话中的语言礼仪。

① 语调不要过高或过低。过高，会使人感到严厉、生硬、冷淡、刚而不柔；过低，会使人感到无精打采、有气无力。

② 语调不能过长或过短。语调过长，则显得懒散拖沓；过短，又显得不负责任。

③ 一般情况下，语气要适中，语调稍高些，尾音稍拖一点，才会使人感到亲切自然。

④ 使用礼貌用语"请""谢谢""您"之类。（见图2-9）

图2-9 打电话

（三）办公电话的礼仪

办公电话文明用语，看起来是小事，却反映出工作人员的思想素质和严谨的工作作风及效率。

1．请示语气

如请示、汇报，应是尊重、简明、服从的语气，使上级领导印象深刻、明白事理，答复准确。

2．定性语气

这主要是组织下达决定和交办事项，应是肯定、简明、准确的语气，不可含糊其词、模棱两可，以免受话人难以把握。

3．商量语气

应是平等、礼貌、诚心的语气，给对方以良好感觉。

4．求教语气

应是虚心、诚心、热心的语气，要有不耻下问甘当小学生的精神。

掌握电话文明用语，我们每一个人都要不断提高自身的思想、文化、业务素养。

（四）接打电话训练

1．打电话的礼仪

(1) 选择时间：上下班打——上班后10分钟，下班前10分钟；

早晚打——早上7点之后，晚上10点之前；与国外通话，要注意时差。

(2) 通话准备（电话号码、要点）：铃响5声无人接，可以挂机。

(3) 通话礼貌（首先问好——您好）：自报单位和姓名，通话内容简明扼要；通话完毕，让对方先放话筒。

2．接电话的礼仪

(1) 尽快接听。（问好，自报家门。正在用餐要暂停吃喝。）

(2) 助人为乐。（帮助传呼，认真记录。为拨错电话号码者提供一点线索，请等一等，您找哪一位杜教授？）

(3) 塑造美好的"电话形象"。

① 音量适中。

② 语气亲切。

③ 语言简明。

3．使用手机通话"六要""六不要"

随着手机的普及，有必要了解和掌握使用手机的"六要""七不要"。

(1) 六要。

① 当手机铃声响起，要尽快接听。

② 因故未能接听电话，发现信息后要及时回话。

③ 通话时要使用礼貌语言，用文明语言发短信或微信。

④ 要遵守公共秩序，在教室、图书馆、会议室等公共场合自觉关机或调到静音模式。

⑤ 要注意安全，最好把手机放在提包和手袋里，因为手机挂在胸前不太安全，而一直拿在手上或挂在皮带上又显得有点招摇。

⑥ 谈话时要关机或放置振动状态。

(2) 七不要。

① 不要主动索取他人的手机号码。

② 一般情况下不要借用他人的手机。

③ 不要向别人炫耀自己的手机功能，或者看别人发短信或微信等。

④ 不要在医院急诊室、加油站附近使用手机。

⑤ 不要在飞机上使用手机。

⑥ 不要在驾驶汽车时接打手机或看手机、接发信息等。

⑦ 不要在走路时玩手机，做低头族。

问 题 讨 论

如图 2-10 所示，你这样打电话吗？在座机、手机普及的今天，接打电话看起来似乎很容易、很简单。其实不然，如何接打电话、什么时间打电话、通电时间的长短等一系列问题值得我们每一个人思考，那么，究竟该怎样接打电话？应注意哪些礼仪规范呢？

职业礼仪与形象设计

图2-10 谈话时打电话

第三章　仪容仪表礼仪

　　仪容仪表是指人的形貌外表，包括人的容貌、身材、发型、表情、服饰等方面。它反映一个人的精神状态和礼仪素养，甚至影响个人的形象和事业的发展。我们每一个人注重自己的仪容仪表形象，是因为仪容仪表实际上是反映组织、个人形象的重要因素。心理学家认为，一个人对另一个人初次见面的感觉，这种瞬间的看法，会直接影响到今后交往的密切程度。所以我们为了维护组织的形象及个人的形象，应注重个人的仪容仪表。但是在商界、机关、学校是不允许在仪容仪表方面"百花齐放，百家争鸣"的，仪容仪表礼仪要求我们以严谨而规范的仪容仪表，去体现自己积极进取、奋发向上的精神面貌。

随 笔

仪容修饰被视为仪表礼仪的核心部分。一个人先天性的容貌是无法改变的,但可以通过一定的修饰技巧,使一个长相平凡的人变得楚楚动人,比原来更加漂亮、更加美丽,这不仅是对自己仪表美的要求,也是满足交往对象审美享受的需要。

一、仪容修饰礼仪

 小资料

（一）化妆水的作用

化妆水的作用绝对是补充水分，它的首要职责是补充洗脸时失去的水分，用充足的水分紧缩肌肤，使它变得柔软，紧接用在其后的乳液才容易渗入。

（二）使用乳液的方法

1. 先用手掌温热脸部，使毛细孔较易张开，乳液也容易浸透且能加强滑润感。

2. 分别贴在脸上5处部位，由中央向外、由下向上地边画圆边涂抹均匀。

3. 轻柔地按摩眼睛四周的敏感部位，脸部涂好后，用手掌捂住脸部，让乳液渗入并去除黏腻感。

（三）学生仪容本色

1. 发式。

头发整洁，发型大方。

发型基本标准：

男生发型：不留长发，颈发不超过发际两横指，鬓发不遮耳朵，鬓角不超耳垂，不烫发，不染发，不留胡须。

女生发型：头发整齐清洁，不烫发，不染发，不散发披肩。

2. 面容。

清洁、美观、自然、大方，不化妆。

3. 手部。

清洁，忌留长指甲，忌涂抹有色的指甲油。

要保持手部的清洁，养成勤洗手、勤剪指甲的良好习惯。在校园忌留长指甲及指甲修饰不当。

4. 体味。

养成良好的个人卫生习惯：勤洗澡、勤换衣。忌用气味浓烈的香水。

5. 口腔卫生。

饭前饭后刷牙、漱口，不吃刺激性食物。

6. 表情。

应保持面肌自然从容，目光温顺平和，嘴角略带微笑，让人感到真诚可信、和蔼可亲。常练"一""七""茄子"等。

7. 体态。

要保持端庄、典雅，不要做作。

作为学生，只有自觉地按照职场中的礼仪标准严格要求自己，才能运筹帷幄，决胜千里。

（四）香水类型

根据香水中香精的含量与香气持续时间的不同，将香水分为四种类型：

1．浓香型香水。它又称香精，香精含量为15%～20%，香气可持续5～7小时；

2．清香型香水。它含香精10%～15%，香气可持续5小时；

3．淡香型香水，其香精含量5%～10%，香气可持续3～4小时；

4．微香型香水。亦称微香氛，含香精仅为5%以下，香气可持续1～2小时。

在这四类香水中，第一种适合人们在出席宴会、舞会时使用；第二种适用于一般性的交际应酬场合；第三种适合上班时使用；第四种则主要用于浴后或进行健身运动时使用。它们通常不能混合使用或交叉使用。

作为学生，一般要求不使用香水。

 知识导航

仪容修饰被视为仪表礼仪的核心部分。一个人先天性的容貌是无法改变的，但可以通过一定的修饰技巧，使一个长相平凡的人变得楚楚动人，比原来更加漂亮、更加美丽，这不仅是对自己仪表美的要求，也是满足交往对象审美享受的需要。

（一）仪容卫生的基本要求

个人良好的仪容卫生，给人以端庄、稳重、大方的印象。既能体现自尊自爱，又能表示对他人的尊重与礼貌。做好个人的仪容卫生，要注意以下几点：

1．头发要勤于梳洗，发型要朴素大方

要勤洗发、勤理发，努力使自己的头发保持清洁卫生的状态。具体来说，应当至少三天洗一次发，至少半个月理一次发。此外，还须随时随地检查自己头发的清洁度。如果要参加重要的活动，那么最好是去理发店精心修剪。

男士可选择中分式、侧分式、短平式、后背式发型，女士可选择齐耳的直发式或留稍长微曲的长发。男士头发不应盖过耳部，不触及后衣领，也不要烫发。女士头发不应遮住脸部，前面刘海儿不要过低，在正式社交场合，无论男士还是女士，都不可将头发染成黑色以外的颜色。

2．面部要注意清洁与适当的修饰

男士要剃净胡须、刮齐鬓角、剪短鼻毛，不留小胡子和大鬓角。女士可适当化妆，但以浅妆、淡妆为宜，不可浓妆艳抹，并避免使用气味浓烈的化妆品。

3．做到勤洗澡、勤换衣袜、勤剪指甲、勤漱口

上班、上学前忌吃大葱、大蒜、韭菜之类有异味的食物，必要时可含一点茶叶或

嚼口香糖，以去除异味。

（二）美容化妆礼仪

化妆是生活中的一门艺术，适度而得体的化妆，可以体现女性端庄、美丽、温柔、大方的独特气质，女性在政务、商务和社交生活中，以化妆品及艺术描绘手法来装扮自己，可起到振奋精神和尊重他人的作用。（见图 3-1、图 3-2）

图 3-1　学生演出前化妆（1）

图 3-2　学生演出前化妆（2）

1．肌肤的基本护理

（1）面部的清洁。

清洁面部可以去除新陈代谢产生的老化物质、空气污染、卸妆等残留物，同时也可以清洁肌肤。洗脸时应注意以下几个方面：

① 使用洗面奶的方法：应将洗面奶放在手上揉搓起泡，泡沫越细腻，越不会刺激肌肤，泡沫需揉搓至奶油般细腻才算合格，让无数泡沫在肌肤上移动以吸取污垢，而不是用手去搓揉。

② 冲洗时用流水（水龙头不关）充分地去除泡沫，冲洗次数要适度，在较冷的季节，需使用温水，以免毛孔紧闭而影响了清洗效果。

③ 洗脸后用毛巾擦拭脸上水分时，不可用力揉搓，以免伤害肌肤。正确使用毛巾的方法是将毛巾轻贴在脸颊上，让毛巾自然吸干水分。

（2）面部营养的补充。

通过卸妆、洗脸及去除污垢后，我们要做的就是补充随污垢一起流失的水分、油脂、角质层内的 NMF（天然保湿因子）等物质，使肌肤回复到原来的状态，化妆水和乳液便可发挥它们的功效。

用化妆水充分补充洗脸所失去的水分后，再用乳液补足水分、油分，使肌肤完全恢复原来的状态，这点相当重要。乳液有水分、油分、保湿肌肤必要的三种成分，而且这三种成分调配得十分均匀，是每日保养肌肤不可缺少的产品，它的主要目的是恢复肌肤的柔软性，并为接下来的化妆做好准备。

除化妆水与乳液以外，面霜也是一种护肤的佳品。一般人认为面霜属油性，因此油性肌肤的人不应选用，其实这是不完全的认识。本来，用面霜的目的是在肌肤渗入含有水分的保湿剂后，制造油分保护膜，使它继续保持湿润。因此一般认为它是替皮脂分泌少的干性皮肤补充人工皮脂膜，但它对天然皮脂膜十分充裕的油性皮肤也是不无益处的。特别是脂多但水分相当缺乏的油性皮肤，面霜更是帮助皮肤保持水分的良好营养品。

（3）肌肤的特殊护理——按摩。

按摩最大的效果是提高新陈代谢，加强血液循环。因为夏天强烈的紫外线及户外空气与冷暖气房间的温差所引起的生理机能下降，会引起肤色暗沉、肌肤干燥等有碍肌肤健康的现象。按摩的确是有效的保养法，不但如此，要使化妆品充分吸收，按摩是最好的手段。

按摩的诀窍是手肘尽量伸展，手平行地向内拉回，指尖不要太用力，手指横向移动，自然能防止肌肤产生皱纹。手指由下到上、自内向外轻轻触摸，以逆时针方向做螺旋状动作。整个手掌推压皮肤，对深部皮肤施压，可加速血液流动，也能收到效果。按摩的步骤如下：

① 将适量的按摩面霜取出，先用手掌温热面霜，然后迅速点在额、两颊、鼻、下巴五部位；以中指及无名指，两手同时从下巴向脸颊处画螺旋状，颊部面积大，可分两个阶段进行。

② 从额中心向太阳穴画螺旋状，左右两边同时进行。基本上应以双手的中指及无名指按摩；鼻翼力量强些，作圆形运动，凹凸的细部仅用中指即可；由下巴处向左右脸侧分开，经过嘴唇directly直达鼻子中央处；左右中指与无名指交互使用，由鼻梁上端抚到鼻梁下端，鼻侧也用同样的方法。

③ 上眼睑由眼端移向太阳穴，下眼睑由眼端接向眼尾，眼端及太阳穴轻压即可；脖子向下巴处轻扶。由于皱纹容易沿横方向出现，所以按摩方法是往上轻抚。

（4）处理化妆品皮炎。

由于皮肤接触化妆品而发生的皮肤炎症反应，称为化妆品皮炎。其症状轻重不一，轻者只见潮红或丘疹，按上去微热；重者可引起明显的红斑、水泡。严重者会出现红肿，甚至形成糜烂、浅溃疡，愈后留下色素或短痕。由于一般化妆品中含有的成分对一些皮肤较敏感的人有刺激作用，一些长期使用化妆品的人便会发生化妆品皮炎。如染发剂中的苯二胺、镍，唇膏、眼影、胭脂中的香料，脱毛剂中的硫化物，戏剧化妆的油彩，以及绿色、深红色颜料等均可引起皮炎。

一旦得了化妆品皮炎，若面部有明显的红肿和流水时，可先用清水冲洗干净，再以3%浓度的硼酸水作湿敷，并可涂一些氧化锌油剂，也可在短期内服用强的松片和抗过敏药物。再严重者应到医院就医。

在预防上，凡疑有化妆品过敏的人，可做皮肤敏感试验，即将化妆品取少许涂在手部较柔嫩处，待两小时后观察涂抹处有无发红、发痒的现象。如确属过敏，应更换其他化妆品，或在化妆前用凡士林打底，并均匀地涂抹一层薄薄的皮肤防护剂。卸妆时，可用精制而成的石蜡油。若过敏较严重的人，最好避免再次接触致病的化妆品。

2．化妆礼仪规范

化妆，是一种通过对美容用品的使用，来修饰自己的仪容、美化自我形象的行为。简单地说，化妆就是有意识、有步骤地来为自己美容。通过化妆可以使人们更加美丽、更加自信。

化妆是一种艺术性、技巧性很强的系统工程。要学会化妆，而且在这方面具有一定的造诣，就必须对化妆品的种类、化妆的程序和规范有一定的正确认识。

（1）化妆品可以划分为四种类型

① 润肤型化妆品。它的主要功能是护理面部、手部以及身体其他部位的皮肤，使之更为细腻、柔嫩、滋润。这类化妆品常见的有香脂、乳液、洁面霜、润肤蜜、雪花膏等。

② 美发型化妆品。它的主要功能是保护头发、止痒去屑，以及为头发塑造出种种美妙动人的造型。香波、摩丝、发蜡、发乳、发油、发丝、冷烫液、染发水、生发水等，都属于这一类型。

③ 芳香型化妆品。它的主要功能是溢香除臭、芬芳宜人。有的还兼有护肤、护发和防止蚊虫叮咬等作用。香水、香粉、香粉蜜、花露水、爽肤水等，都是这一类型的以芳香为主要特征的化妆品。

④ 修饰型化妆品。它的主要功能是通过在面部适当部位的着色，来为人们扬长避短，使化妆者看起来更加亮丽和生辉。最常见的修饰型化妆品有粉饰、油彩、唇膏、眉笔、眼影、睫毛膏、化妆水等。

（2）化妆步骤。

从化妆技巧上讲，进行一次完整而全面的化妆，其程序与步骤也有一定的规范。下面列举一位女性全套化妆的大致步骤，仅供参考。

① 沐浴。沐浴时使用浴液，浴后使用润肤蜜保养、护理全身，保护手部。

② 发型修饰。浴后吹干头发，使用发胶、摩丝等做出满意合适的发型。

③ 洁面、润肤。用洗面奶去除油污、汗水与灰尘，使面部保持清洁。随后，在脸上扑打化妆水，用少量的护肤霜将面部涂抹均匀，以保护皮肤免受其他化妆品的刺激。此外，它还有助于涂敷粉底打底色的工作，为面部化妆做好准备。

④ 涂敷粉底。在面部的不同区域使用深浅不同的粉底，以修饰脸型，突出五官，使妆面产生立体感。完成之后，即可使用少许定妆粉来固定粉底。

⑤ 修饰眼部。先画眼影，根据不同的服饰、场合，确定眼影的颜色，画眼线，修饰睫毛。然后根据脸型修剪眉形，注意眉弓的位置。

⑥ 美化鼻部。即画鼻侧影，以改变鼻形的缺陷。

⑦ 打腮红。使用胭脂扑打腮红的目的，是修饰美化面颊，使人看上去容光焕发。注意腮红的位置，一般小孩涂在脸蛋上，成人涂在颧骨上。

⑧ 修饰唇部。先用唇线笔描出合适的唇形，然后填入色彩适宜的唇膏，使其红唇生色，更加美丽。

⑨ 喷涂香水，美化身体的整体"大环境"。

⑩ 修正补妆。检查化妆的效果，进行必要的调整、补充、修饰和矫正。至此，一次全套化妆彻底完成。

在日常生活中，化妆不仅有其基本的程序，而且也有妆饰的重点。化妆的重点，一般包括护肤、美发、修饰眼部、修饰唇部、呵护手部等。

（3）化妆的规则。

在工作岗位上，应当以化淡妆为主，即化工作妆。淡妆的主要特征是简约、清丽、素雅，具有鲜明的立体感。

女士所化的工作妆，在以上基础上，还要注意对修饰型化妆品的适当运用。

男士所化的工作妆，一般包括美发定型，清洁面部与手部，并使用护肤品进行保护，使用无色唇膏和无色指甲油，保护嘴唇与手指甲，使用香水等。

在工作岗位上应当注意以下几个问题：

① 避免过量地使用芳香型化妆品；

② 避免当众化妆或补妆；

③ 力戒与他人探讨化妆问题；

④ 力戒自己的妆面出现残缺。

（4）对学生仪容的要求。

对学生而言，在校学习期间不宜化妆（特殊活动除外）。

① 面容清洁。一定要做到每天早晚洗脸，彻底清除附在面部的污垢、汗渍等不洁之物。出汗后、外出后都要即刻洗脸。

② 口腔清洁。牙齿洁白、口腔无异味是讲究礼仪的先决条件。保持牙齿清洁，首先要坚持每日早晚刷牙。最好养成饭后三分钟内刷牙的好习惯。刷牙时不可敷衍了事，应顺牙缝方向上下刷，全面刷。平时饭后最好不要剔牙，切忌不加掩饰地当众剔牙。在工作学习前不能喝酒，不要食葱、蒜、韭菜、腐乳之类气味刺鼻的食物，以免引起他人反感。

③ 鼻腔清洁。鼻子处于五官中心部位，是面部最突出的部分。保持鼻腔的清洁，不要随便吸鼻子、擤鼻涕，也不要用手挖鼻孔。有些人鼻毛过长、过旺，甚至长到鼻孔外面，有碍美观，可以用小剪刀剪短，不要当众去拔。

④ 头发清洁。头发要勤于梳理，发型要朴素大方。男生无论头发多短，早上起来一定要梳头；女生发型发式应该美观、大方，佩带的发卡、发带式样应该庄重大方。要经常洗头，不要让头发显得油腻或者有很多头皮屑，这样都会给人一种邋遢的感觉。

学生头发宜短，只是相对来说的，并不是说越短越好。学生头发的长度，有一个可参照的数据，男生头发以6厘米左右为佳，最长也不应当后及领口，前不附额头；女生头发的长度则相对来说"宽松"一些，不过最好不要长过肩部，或挡住眼睛。若是社交活动较多，或是确实对潇洒飘逸的长发"情有独钟"，头发可留长些，但在庄重严肃的场合及校园，则必须暂时将长发梳成发髻，盘在头上或束起来。需要特别强调的是，不管是男生还是女生，原则上都不宜留"大鬓角"，即不应在耳朵前面有意留下一缕头发。这种规定，也是为了使青年学生看起来精神一些、利落一些。学生的发型应简单大方、朴素典雅，应传统一些、保守一些、规范一些，切勿过分新潮、过分怪异、过分个性化。

⑤ 手的清洁。要随时随地清洁自己的双手，使之处于干净状态。尤其要经常修剪与洗刷指甲，不让污垢残存。不要留有长指甲，也不要涂有色指甲油。当众修剪指甲或用牙齿啃指甲，是一种既不卫生，也不雅观的行为。

3．简易化妆技巧

（1）调理皮肤。洗好脸后，先用化妆棉醮化妆水轻拍肌肤，待化妆水干后，再抹上隔离霜或日霜或奶液。抹时要用中指指腹轻轻抹匀。

（2）上粉底。先将粉底霜抹在额头、两颊、鼻梁和下巴处，再用中指指腹由内向外抹匀。注意发际、鼻侧、鼻翼下、唇角和眼周围。

（3）画眼影。在眼窝处先打底，由内眼角睫毛边向上向外描绘，以不超过眉毛和眼角连线为宜。再在上眼睑 1/3 处向外画第二种颜色，宽度以稍微超过双眼皮为宜。

（4）画眼线。用较粗的眼线笔描眼线。眼线液适合化浓妆或晚妆时用。

（5）刷睫毛膏。应选用胶状睫毛膏，以免遇水溶化、脱落。一般情况下，化晚妆时，则可稍微浓密一些。睫毛膏刷好后，眼皮应保持固定不动，以免沾到脸上。睫毛膏快干时，可用睫毛梳将多余部分清除并梳整睫毛定型。

（6）画眉。一般情况，眉形以自然为好。如需修整，可先用细眉笔顺着眉形画出小根眉毛，再用眉刷均匀地刷开。

（7）唇膏。用唇线笔先描好唇形，然后顺着唇形涂好唇膏。

（8）修容。白天腮红只适合轻轻刷在颧骨上，颜色以粉红或砖红为主。化晚妆时，可按自己的脸型，将颜色化得浓一些。当然，如不习惯用腮红，可省去此步骤。

4．正确使用香水

香水是女性美容的化妆品之一，也是居室中常备的物品。香水不仅能除臭、添香、止痒、消炎、防止蚊叮虫咬等，而且能刺激大脑，使人兴奋，消除疲劳。

（1）最好将香水洒在手腕、颈部、耳后、太阳穴、臂弯里、喉咙两旁、膝头等不完全暴露的部位，这样香味随着脉搏跳动、肢体转动而飘溢散发，为避免香水对皮肤的刺激，可洒在衣领、手帕处。千万不要将香水搽在面部，不然会加速面部皮肤老化。

（2）不要在毛皮衣服上洒香水，因为它的酒精成分会使毛皮失去光泽。如果将香水洒在浅色衣服上，日晒后会出现色斑。所以，尽量避免直接洒在衣服上。

（3）不可将香水喷在首饰上，应该先喷香水，等完全干后，再戴项链之类的饰物。否则会影响饰物的颜色及光泽。

（4）香水不宜洒得太多、太集中，最好在离身体 20 厘米处喷射。如果在 3 米以外还可以嗅到身上的香水味，则表明用得太多。

（5）用香水后不宜晒太阳，因阳光的紫外线会使用过香水的部位发生化学反应，严重的会引起皮肤红肿或刺痛,甚至诱发皮炎。

(6) 不要同时将不同牌子的香水混用,因为那样会使香水变味或无效。

(7) 夏日出汗后不宜再用香水,否则汗味和香味混杂在一起,给人留下污浊、不清新的感觉。因此多脂多汗处忌洒香水,以免怪味刺鼻。

(8) 患有支气管哮喘或过敏性鼻炎的人,最好不要用浓香的香水。

5. 化妆品的选择

根据目前掌握的信息显示:化妆品中容易引起过敏的成分通常是色素、动物成分、香精、防腐成分,他们引起人体过敏的概率高达75%,少数高纯度、高工艺、密封包装的化妆品不需添加易引起过敏的成分,但也只能说引起过敏的可能性小。

(1) 化妆品的质量。

首先,选择化妆品最重要的是看质量是否有保证。名厂、名牌是一个参考因素,但关键看他的产品成分是否含有香精、防腐剂、色素、动物成分,是否经过皮肤科测试,同时要注意产品有无检验合格证和生产许可证,以防假冒。其次,要学会识别化妆品的质量。

从外观上识别:好的化妆品应该颜色鲜明、清雅柔和。如果发现颜色灰暗污浊、深浅不一,则说明质量有问题。如果外观浑浊、油水分离或出现絮状物,膏体干缩有裂纹,则不能使用。

从气味上识别:化妆品的气味有的淡雅,有的浓烈,但都很纯正。如果闻起来有刺鼻的怪味,则说明是伪劣或变质产品。

从感觉上识别:取少许化妆品轻轻地涂抹在皮肤上,如果能均匀紧致地附着于肌肤且有滑润舒适的感觉,就是质地细腻、质量良好的化妆品。如果涂抹后有粗糙、发黏感,甚至皮肤刺痒、干涩,则是劣质化妆品。

(2) 购买场合的选择。

目前国内的消费者购买化妆品一般选择超市或百货商场等化妆品专柜购买,欧美等发达国家32%的消费者选择去药店购买化妆品,因为能够进入药店销售的化妆品对产品的安全性和有效性等指标上要求十分严格苛刻,只要把化妆品当作药物一样进行分析研究,确定它的安全性和疗效,才能在药店销售,所以遇到皮肤过敏问题的消费者,就应去药店选择合适自己的化妆品。

(3) 根据个人和环境因素选择化妆品。

除化妆品的质量外,还要考虑到使用者个人的因素和环境因素。

依据皮肤类型:油性皮肤的人,要用爽净型的乳液类护肤品;干性肌肤的人,应使用富有营养的润泽性的护肤品;中性肌肤的人,应使用性质温和的护肤品。

依据年龄和性别:儿童皮肤嫩,皮脂分泌少,须用儿童专用的护肤品;老年人皮肤萎缩,又干又薄,应选用含油分、保湿因子及维生素E等成分的护肤品;男性宜选用男士专用的护肤品。

依据肤色:选用口红、眼影、粉底、指甲油等化妆品时,须与自己的肤色深浅相协调。肤色较白的人，应选用具有防晒作用的化妆品。

依据季节：季节不同，使用的化妆品也有所不同。在寒冷季节，宜选用滋润、保湿性能强的化妆品；而在夏季，宜选用乳液或粉类化妆品。

妥善保管化妆品——保管化妆品时，须谨记化妆品有"五怕"：

怕晒，阳光或灯光直射处不宜存放化妆品。因为光线照射会造成化妆品水分蒸发，某些成分会失去活力，以致引起变质。阳光中的紫外线还能使化妆品中的一些物质发生化学变化，影响使用效果，甚至发生不良反应。

怕冻，化妆品可放在冰箱的保鲜冷藏室保存，不能放在冷冻室保存。寒冷季节，不宜将化妆品放在室外或长时间随身携带到室外。因为冷冻会使化妆品发生冻裂现象，而且解冻后还会出现油水分离、质地变粗，对皮肤产生刺激作用。

怕潮，有些化妆品含有蛋白质，受潮后容易发生霉变。有的化妆品使用铁盖，受潮后容易生锈腐蚀化妆品，使化妆品变质。

怕久放，一般化妆品的有效期限为1～2年，开封后存放的期限更短些。因此，化妆品最好在有效期限内用完，不可停停用用，直到过期。再好的化妆品，再精心的保管，如果过了保质期，便会一文不值。

怕污，化妆品使用后一定要及时旋紧瓶盖，以免细菌侵入繁殖。使用时最好避免直接用手取用，可以用干净的棉棒等工具取用。如果一次取用过多，可涂抹在身体其他部位，不可再放回瓶中。

（三）发型修饰礼仪

发型在当今社会的功能已不是单纯地表现人的性别，而是更全面地表现着一个人的道德修养、审美情趣、知识结构及行为规范。任何一个人都可以通过某人的发型准确地判断出其职业、身份、所受教育程度、生活状况及卫生习惯，更可以感受出其是否身心健康和对生活事业的态度。所以在个人形象礼仪中，让我们打破陈旧的自我，树立与众不同的自我，首先"从头做起"。

1. 发型修饰的要求

只要稍加留意就会发现，人与人之间的交往中，人们注视他人的第一眼首先是从头看起。头发是我们每一个人的制高点，是交往对象无法忽视的重要部分。因此，我们要想维护自己的形象，就必须认认真真地整理自己的头发。

（1）干干净净。要求勤洗发、勤理发，努力使自己的头发保持清洁卫生的状态。具体来说，应当至少三天洗一次发，至少半个月理一次发。此外，还须随时随地检查自己头发的清洁度。如果要参加重要的活动，那么最好是去理发店精心修剪。

（2）整整齐齐。要求把头发"按部就班"地梳理"到位"，不蓬松凌乱。为使头发保持既定的发型，可少量使用美发用品对之加以固定。

（3）长短适当。头发的长度因人而异，对学生而言，宜短不宜长，尤其是男生更需注意这一点。实事求是地讲，留短发才是学生理智的选择。不论是女生还是男生，留短发都有诸多好处。比如说，短发梳洗方便，使人显得朝气蓬勃，精神焕发。

2. 发型修饰的原则

任何一个人，在选定适合于自己的发型时，基本上都要考虑自己的发质、头形、身材、年龄、脸形、职业、季节、所在的场合等，经过一番"综合平衡"，然后做出抉择。在以上决定发型的诸因素之中，对学生来说，短发能够体现出男生真正的阳刚之气。女生对自己的发型也不宜多搞时髦或与众不同的种种"小名堂"，不管为自己选定了何种发型，在头上都不宜再去刻意添加过分花哨的发饰，不宜将用于室外或社交场合的帽子，如公主帽、发卡帽、贝雷帽、学士帽、棒球帽、太阳帽等，戴进教室、戴进校园。

发型可以在以上总体要求的指导下，针对自己的年龄、性格、学习工作环境等个人不同的条件，具体情况，具体对待。鉴于此，学生的发型，大体上应以整齐、简单、明快、少装饰、少花样的短发型为主。

具体来讲，发型修饰的原则就是：男生不留长发，发不过颈；女生不梳披肩发，前发不遮眼，后发不过肩，头发过肩者必须扎起。根据学生的特点，发型修饰的基调是：活泼、开朗、朝气蓬勃、干净利落、端庄持重、有时代感。

3. 了解自己的头发

头发的基本成分是蛋白质，每根头发平均每月可长1厘米，头发的平均寿命4～5年，之后它便会自行脱落，每人每天约要脱落几十根至100根头发，随之新头发长出来。正常头发，皮脂分泌正常，有光泽，有弹性；油脂性头发，皮脂分泌过多，头的表皮及毛发均有黏糊之感；干性头发，由于皮脂分泌过少，没有光泽，有干松之感；可以认为：头发的性质与皮肤的性质相同，面部皮脂属于干性的人，头发也是干性的。头发的软硬，可以从烫发后头发是否容易保持卷性较好断定，较硬的头发保持卷性较好，软发者不然。

4. 头发的保养

（1）洗发。

一般来说，中性皮肤的人，冬天可隔4～5天、夏天可隔3～4天洗一次，油性皮肤和干性皮肤的人，要分别缩短或延长1～2天，夏季每天洗发基本没什么问题，只需注意的是必须选用性质温和的洗发水，例如含有氨基酸、蛋白质等活性剂的洗发水。

（2）梳发及按摩。

梳发，是保持美发不可缺少的日常修整之一。梳发可以去掉头皮及头发上的浮皮和脏物，并给头发以适度的刺激，以促进血液循环，使头发柔软而有光泽。

梳发时先从前额的发际向后梳，朝相反方向，再沿发际从后向前梳。然后，从左、右耳的上部分别向各自相反的方向进行梳理，最后让头发向头的四周披散开来梳理。

按摩头皮能刺激毛细血管与毛囊，有助于头皮的分泌调节，并对油性和干性皮肤有治疗功效。按摩时，两手的手指张开，以手指在头皮上轻轻揉动。按照头皮血液自然流向心脏的方向，按前额、发际、两鬓、头颈、头后部发际的顺序进行。按摩可以促进油脂分泌，因此，油性头发按摩时用力轻些，干性头发可稍重些。

（3）护发。

有益于增加头发营养的食品，多来源于绿色蔬菜、薯类、豆类和海藻类等。绿色蔬菜：菠菜、韭菜、芹菜、圆辣椒、绿芦笋等。海藻类：海菜、海带、裙带菜等含有丰富的钙、钾、碘等物质。除此之外，甘薯、山药、香蕉、菠萝、芒果也是有利于头发生长发育的食品。

不利于头发生长的因素有糕点、快餐食品、碳酸饮料等。吸烟过多也会影响头发的生长。心绪不宁或住在潮冷的房间里，以及神经性的紧张、不安，均会影响毛发的正常生长。长期在潮湿过凉的房间里工作的人，由于胃肠受凉，新陈代谢不调，血液循环受阻，因此，容易出现头发变细、头皮增多、掉发、断发等现象，特别是头顶的头发会越来越稀薄。

（4）不同发质的护理。

干性发质：选用一种配方特别温和的完全不含或只含少量洗涤剂但却能有效地补充水分的洗发水是很重要的。洗发无须过于频繁，当然不要忘记使用护发素。为防止发丝内的水分流失，应尽量避免使用电吹风以及其他以电力操作的卷发器具。如果必须使用，最好事先在头发上涂一层护发品。饮食方面，多吃新鲜果蔬无疑对身体大有好处。身体健康者的头发有足够的养分可摄取，自然柔亮可人。

油性发质：要改善这种情况，你需要的是一种性质温和的洗发水，并经常清洗头发。强力的洗发水不但于头发无益，反会令油脂分泌更加猖獗。由于头皮已能分泌足够的油脂，护发素只要涂在距离发根数寸的发梢上即可。油性发质比较适合染发，染发剂或多或少会令头发变得干燥，而较多的油脂正好可以起到中和作用。

纤细发质：如果你的头发过于纤细柔软，应该寻找一种能渗入发茎的洗发水，使头发充盈起来。美发造型时，最好使用能营造丰厚发式的喷雾产品。染发也颇适合这种类型的头发，因为在染发过程中，染发会让发茎逐渐膨胀，由此产生更强的质感。

（5）头发的特殊护理。

① 头发开叉。建议用柔软的发刷从头皮梳向发端，将头皮的天然油脂带到发端，而平日尽量用阔齿的发梳来梳理头发，同时不要忘记在每次洗发后使用护发素，以避免加剧头发的开叉。另外，切忌用毛巾大力绞擦，脆弱的发丝需要的是温柔摩挲。

② 头皮屑过多。宜立刻医治，以免头皮屑堵塞头皮毛孔，妨碍毛发的生长，或破坏毛囊组织，演变为皮肤病。头皮屑过多的人，应避免过度用力梳头，也忌用手过度抓搔。因为过度用力地刺激，会把贴在头皮的一部分鳞片弄剥落，露出伤口而滋生细菌，形成恶性循环。应注意饮食，避免摄入过量的糖、淀粉和脂肪。宜多吃一些新鲜蔬菜、水果及瘦肉、鱼等。应经常定期洗头，保持头皮与头发的清洁。有许多治疗头皮屑的药膏、药水、药粉都很有效，还有不少专用去头屑的洗发剂。如果在洗发的水

中放入一匙杀菌剂或醋，也很有效。焦躁不安的人头皮屑也会增多，因此，经常保持愉悦的精神状态，对减少头皮屑也很重要。

③ 脱发。脱发的种类有很多。按脱发的诱因来划分，有精神性脱发、营养性脱发、药物性脱发、生理性脱发等。为避免脱发，应注意以下几点：

a. 消除精神紧张，保持精神愉快。人的精神状态不稳定，焦虑不安，大脑长时间处于紧张、烦恼或用脑过度状态，均可导致头部血液循环不良，头发营养供应不足，导致头发脱落。

b. 多进食有益于滋养头发的食物，即富含维生素、矿物质和低脂肪的食物。

例如各种新鲜水果、蔬菜、蛋黄、瘦肉、牛奶等。适当进食黑豆、黑芝麻、核桃等，以补充氨基酸、钙、铁等多种微量元素。头发的生长需要体内良好的营养成分，当体内缺乏某些营养和氨基酸时，就会影响新发的生长。

c. 用尼龙梳子梳头，容易起静电反应，头皮与头发产生离合作用，促使毛发脱落。所以，应选用木梳梳头。

d. 定期洗头。长时间不洗头，会影响毛囊的呼吸，从而会出现脱发或加重脱发。

e. 要戒除烟酒，避免其对头发产生不良影响；患有脂溢性脱发的人应忌食辛辣食物，否则会加重脱发。

f. 不要经常烫发、染发，也尽量避免用化学合成药品来滋润头发，因为由化学原料制成的染发剂、烫发剂、护发剂，对皮肤和毛发都存在着不同程度的刺激。

（6）游泳后要注意护理头发。

海边：由于海水的含盐量高，当盐分积聚在头皮或头发的表面后，会阻碍头发的生长，也令头发表皮层剥落，使头发变得又枯又干，所以游泳后应立即冲洗头发。

游泳池：水中所含的氯也是护发之大敌，泳后彻底冲洗头发尤为重要。

5．头发的美化

（1）脸型与发型。

方型脸的特点是棱角突出、下巴稍宽，显得个性倔强，缺乏温柔感。因而，在选择发型时，宜掩盖太突出的棱角感，使脸部看上去长一些，增加柔和感。

可以利用波浪形增加脸部的温柔感。宜将前额和头顶的头发上扬，露出部分额头，但切忌全部露出。方脸型的人在留额发时，宜遮掩额部的两角，额发要有倾斜感，使方中见圆。

头发的两侧可选择卷曲的波浪发型，以改善方脸的形状。还可利用卷曲的长发部分遮住下颌两侧，转化太宽的下颌线条。

由于近年来人们的审美标准逐渐改变，方脸型因其极富个性而得到青睐，所以不少女性愿意不加掩饰，选择富于个性的发型。

倒三角脸与三角脸恰好相反，可以选择掩饰上部、增宽下部的发型。发型要造成大量的蓬松的发卷，并遮掩部分前额。具体选择时，最忌选往上梳的高头型，这样只会突出细小的下巴，使整个脸部更不平衡。可运用领部线条之美，使耳边的头发产生分量，并显出额角，令脸部变得丰满一些。

这样的脸型不应选择直的短发和长发等自然款式，这样会使窄小的领部更加单调。刘海可留得美观大方而不全部垂下。面颊旁的头发要梳得蓬松，显得很多，以遮掩较宽的上部分。

一般认为，椭圆形的脸是东方女性最理想的脸型，所以拥有这种脸型的人梳什么样的发型都不会难看。不过，如果选择中分、左右均衡的发型，更能体现娴静、端庄的美感。若留一袭黑色直发披在肩头，更有飘逸之感。

三角形脸的特征是上窄下宽，所以在选择发型时应平衡上下宽度，可用波浪形发卷增加上部分的分量，也可用头发掩饰较为丰满的下部。不宜将额发向上梳，以免暴露额头太窄的缺陷。分缝可采用中分或侧分。耳旁以下的发式不应再加重分量，也不宜选择双颊两侧贴紧的发型。

脸庞较大的人，可选择使头发自然松垂在脸上、盖住部分脸颊和前额的发型。脸庞较小的人，可选择尽量露出五官的发型，把头发往上、往后。

鼻子过于突出的人，可选择留浓密的刘海或将长发向上梳的发型，以平衡脸部，强调顶部。

额头太大的人，可将额发剪成一排刘海。

下巴内陷的人，可将头发留长，以使下巴显得丰满起来。

（2）服装与发型。

与西装相适应的发型：无论直发还是烫发，都要梳理得端庄、艳丽、大方，不要过于蓬松，并且可以在头发上适当抹点油，使之有光泽。

与礼服相适应的发型：着礼服时，可将头发挽在颈后结低发髻，显得庄重、高雅。

与运动衫相适应的发型：可将头发自然披散，给人以活泼、潇洒的感觉；如将长发高束，或将长发编成长辫，可增加柔美的情调。

与皮制服装相适应的发型：如你穿皮装，可选披肩发、盘发、梳辫子等，使你倍添风采。

与连衣裙相适应的发型：如果你穿的是一种外露较多的连衣裙，那你可选择披肩发或束发；如果你穿"V"字领连衣裙，那你可选盘发。

（3）体型与发型。

高瘦型：该种体型的人容易给人细长、单薄、头部小的感觉。要弥补这些不足，发型要求生动饱满，避免将头发梳得紧贴头皮，或将头发搞得过于蓬松，造成头重脚轻的感觉。一般来说，高瘦身材的人比较适宜于留长发、直发。应避免将头发削剪得太短薄，或高盘于头顶上。头发长至下巴与锁骨之间较理想，且要使头发显得厚实、有分量。

矮小型：个子矮小的人给人一种小巧玲珑的感觉，在发型选择上要与此特点相适应。发型应以秀气、精致为主，避免粗犷、蓬松，否则会使头部与整个形体的比例失调，给人产生大头小身体的感觉。身材矮小者也不适宜留长发，因为长发会使头显得大，破坏人体比例的协调。烫发时应将花式、块面做得小巧、精致一些。若盘头，也有身材增高的错觉。

高大型：该体型给人一种力量美，但对女性来说，缺少苗条、纤细的美感。为适当减弱这种高大感，发式上应以大方、简洁为好。一般以直发为好，或者是大波浪卷发。头发不要太蓬松。总的原则是简洁、明快，线条流畅。

短胖型：短胖者显得健康，要利用这一点造成一种有生气的健康美。譬如选择运动式发型。此外应考虑弥补缺陷。短胖者一般脖子显短，因此不要留披肩长发，尽可能让头发向高度发展，显露脖子以增加身体高度感。头发应避免过于蓬松或过宽。

（4）发型的选择。

适合脸型：注意强调个人脸部的个性，突出脸部的轮廓。如脸型不尽人意，则注意发型对脸型的修饰。切忌一味模仿他人。

适合气质：由于发型会给视觉构成很重要的影响，因此，在同样适合脸型的几种发型中，应选择更适合个人气质的一种，否则在社交活动中，总有一种不"到位"的感觉。

适合场合：一个人，尤其是女士，应为自己设定三、四种理想的发型，以适合不同场合。一般来讲，出席较正式场合的发型，应讲究严谨；出席朋友聚会，应讲究平易活泼；普通生活发型，应讲究轻松随和。

仪容风度之美，良好的职业形象，离不开容貌美。虽然美的容貌在很大程度上是依赖于遗传的，但它也不完全是天生的。后天的努力、适当的修饰以及保养，也有举足轻重的作用。同时，只有心情舒畅，保持积极向上、健康的精神状态，才会使之更趋于完美。

问 题 讨 论

爱美之心，人皆有之。图3-3、图3-4中男士的发型你感觉美吗？你喜欢哪一种发型？我们应该怎样看待美、追求美？并请根据不同的时间、地点和场合，设计几种不同的发型和妆容。

图3-3 男士发型（1）

图3-4 男士发型（2）

随 笔

仪表礼仪也可称服饰礼仪。服装不能造出完人，但是第一印象的80%来自着装。穿衣是"形象工程"的大事，它既反映出一个人的社会地位、文化修养、审美情趣，也能表现出一个人对自己、对他人以至于生活的态度。

二、仪表礼仪

 小资料

(一) 大学校园仪表"六不宜"

1．不宜穿拖鞋进教室。

2．不宜在宿舍、教室里光膀子。

3．不宜钉鼻钉、打耳洞、纹身等。

4．不宜穿奇装异服。

5．女生不宜穿低胸吊带服装，打扮不过分时尚，不穿得太露。

6．不宜喷洒过多香水。

(二) 男士仪表自照

1．衬衣领口整洁，纽扣扣好。

2．耳朵内外清洁干净，鼻孔内外清洗干净。

3．领带平整、端正。

4．衣袋、裤袋口整理服帖，不要塞东西造成鼓鼓的感觉，这样会破坏整体服装的形象。

5．衬衣袖口可长出西装外套的 0.5～1 cm，衣袖过长，会显得格外局促。

6．要经常洗手，连手腕也要清洗干净，可以保持袖口的整洁。

7．指甲剪短并精心修理，手指头干净，没有多余的手指死皮。常用热水清洗，并擦一些护手霜，保持手的湿润与柔软。

8．裤子要烫直，折痕清晰。裤子不紧不松，长及鞋面。

9．鞋底与鞋面同样保持清洁，鞋不能破损，鞋面要擦亮，不要留有碰擦损痕。

10．不要忘了拉前拉链。

(三) 女士仪表自照

1．服饰端庄，不要太薄、太透、太露。

2．领口干净，脖子修长，衬衣领口不能太复杂、太花哨。

3．可佩戴精致的小饰品，如点状耳环、细项链等，不要戴太夸张、太突出的饰品。

4．公司标志佩戴在显要位置，并把私人饰品取走移开，不能并列佩戴。

5．衣袋中只放薄手帕或单张名片之类的物品。

6．工作中着齐膝一步裙或裤装，裙不要太短、太紧或太长、太宽松。

7．衣裤或裙的表面不能有过分明显的内衣切割痕迹。

8．鞋洁净，款式大方简洁，没有过多装饰与色彩，中跟为好，跟不能太高太尖，

也不能是系带式的那种男士鞋。

9．随时捏走吸在衣服上的头发。

10．丝袜刮破了，一定不能再穿，可以在随身包里备一双丝袜。

 知识导航

仪表，是指人的外表，它包括容貌、姿态、风度以及个人卫生等方面。

仪表礼仪也可称服饰礼仪，服装不能造出完人，但是第一印象的 80% 来自着装。穿衣是"形象工程"的大事，它既反映出一个人的社会地位、文化修养、审美情趣，也能表现出一个人对自己、对他人以至于生活的态度。

（一）着装的 TPO 原则

得体的着装应该符合 TPO 原则。TPO 是英文中的时间（Time）、地点（Place）、场合（Occasion）三个词的缩写，是指人们在选择着装搭配时，应当注重时间、地点、场合这三个客观因素。（见图 3-5、图 3-6）

图 3-5　不同场合服饰（1）

图 3-6　不同场合服饰（2）

1．时间原则

时间涵盖了每一天的早间、日间、晚间三个时间段，也包括每年春、夏、秋、冬四个季节的更迭以及不同时期的变换。因此，人们在着装时必然考虑时间层面，做到"随时更衣"。

（1）在通常情况下，人们早间在家中和户外的活动居多，无论外出跑步做操，还是在家里盥洗用餐，着装都应以方便、随意为宜。如可以选择运动服、便装、休闲装等，这样会透出几分轻松温馨之感。

（2）日间是工作时间，着装要根据自己的工作性质和特点，总体上以庄重大方为原则。如果安排有社交活动，则应以典雅端庄为基本着装格调。

（3）晚间的宴请、舞会、音乐会等正式社交活动居多，此时，人们的交往空间距离相对会缩小，服饰给予人们视觉与心理上的感受程度相对增强。因此，晚间的着装要讲究一些，礼仪要求也要严格一些，晚间着装以晚礼服为宜，以形成高雅大方的礼仪形象。

（4）一年四季的变化是大自然的规律，人们在着装时应遵循这一规律，做到冬暖夏凉、春秋适宜。夏季以轻柔、凉爽、简洁为着装格调，服饰色彩与款式的选择要充分考虑给予他人的视觉与心理上的感受，同时也使自己感觉轻快凉爽。夏装切忌拖沓烦琐、色彩浓重，以免给自己与他人造成生理与心理上的负担。尤其是女士，更要注意这个问题，否则，层叠皱褶过多的服饰会使人燥热难耐，而且一旦出汗，还会影响面部化妆的效果，令人陷入十分窘迫的境地。冬季应以保暖、轻便为着装原则，避免着装过厚而显得臃肿不堪、形体欠佳，也要避免为了形体美而着装太薄，影响体温而面青唇紫、龟缩一团。

（5）春秋两季着装的自由度相对大一些，春季穿厚一点并无人见怪，秋季穿薄一点也无人侧目，但总体上以轻巧灵便、薄厚适宜为着装原则。

2．地点原则

特定的环境应配以与之相适应、相协调的服饰，以获得视觉与心理上的和谐感。西装革履步入金碧辉煌的高级酒店会产生一种人境两相宜的效果，而西服革履地走进破旧宅院，便会出现极不协调的局面。

（1）在静谧肃穆的办公室里着一套随意性极强的休闲装，穿着拖鞋，或者在绿草茵茵的运动场着一身挺括的西装，穿一双皮鞋，都会因环境的特点与服饰的特性不协调而显得人境两不宜。

（2）在严肃的写字楼里，女士穿着拖地晚装送文件，男士穿着沙滩花短裤与客户交谈，将是一种什么样的情景？可想而知。

（3）没有统一制服的单位，职员们的服装一般都尽可能与工作环境相协调，不过分追求时髦。特别是商务人员，因为经常出入社交场所，他们的服装通常要求高雅、整齐、端庄、大方，以中性颜色为主，不突出形体的线条。职业女性在衣着穿戴上不宜太华丽。肉色蕾丝上衣，丝绒高开衩长裙，会使别人认为此人女性化色彩过重，太敏感、情绪化，甚至会有人背后称之为花瓶。太美艳的装扮难免会遭到同行的嫉妒和异性的骚扰。

（4）刚离校园参加工作的大学生不要让自己显得太清纯、太学生味。如果穿着印有向日葵图案的T恤、草编凉鞋、情人送的玻璃手镯去参加商务会议，会使人显得幼稚、脆弱，让人怀疑你肩上禁不起重担。同样，办公室着装也不能太前卫，漂染黄发，穿漆皮鞋、喇叭裤，会使人觉得你观念怪诞、自由散漫、缺乏合作精神。

（5）当客户走进高雅洁净的办公环境时，白领女性的穿戴会影响他（她）对这家公司的印象。因此，夏天至少下列衣裳、饰物、化妆品等不该穿戴到办公室或教室里：

① 低胸、露背、露腹、敞口无袖上衣或透明衣裳。

② 一身牛仔裤或运动服装。

③ 裸露一半大腿的超短裙。

④ 黑网眼或花图案丝袜、露趾的凉鞋。
⑤ 浓艳眼影、假睫毛、猩红指甲油，一米外可刺激人打喷嚏的香水。
⑥ 廉价首饰、金脚链。

3．场合原则

人们的服饰也要与特定的场合及气氛相协调，所以有必要选择与之相适宜的服饰造型与色彩，实现人景相融的最佳效应。

场合原则是人们约定俗成的惯例，具有深厚的社会基础和人文意义。服饰所蕴含的信息内容必须与特定场合的气氛相吻合。如果一个人的服饰不符合一定的场合所要求的服饰，是会引起误会的。在学校，要避免浓妆艳抹、衣饰华丽，也不可蓬头垢面、衣饰庸俗，要恰如其分地打扮自己，一般情况下可穿校服，既能表现出学生应有的优雅气质，又能体现出学生内在的涵养。

（二）服饰运用的礼仪要求

服饰，是仪表的重要部分，是人际交往中的主要视觉对象之一。在人的交往中，服饰会直接反映出一个人的修养、气质与情操。它一直被认为是传递人的思想、情感等非文化心理的"非语言信息"。在一定程度上，它体现了不同民族的文化特性和不同社会的民俗风情。

1．仪表的协调

所谓仪表的协调，是指一个人的仪表要与他的年龄、体形、职业和所在的场合吻合，表现出一种和谐，这种和谐能给人以美感。对于年龄来说，不同年龄的人有不同的穿着要求，年轻人应穿着鲜艳、活泼、随意一些，体现出年轻人的朝气和蓬勃向上的青春之美。而中、老年人的着装则要注意庄重、雅致、整洁，体现出成熟和稳重。对于不同体型、不同肤色的人，就应考虑到扬长避短，选择合适的服饰。职业的差异对于仪表的协调也非常重要。比如，教师的仪表应庄重，学生的仪表应大方整洁，医生的穿着也要力求显得稳重而富有经验。当然，仪表也要与环境相适应，在办公室的仪表与在外出旅游时的仪表当然不会相同。

2．色彩的搭配

暖色调（红、橙、黄等）给人以温和、华贵的感觉；冷色调（紫、蓝、绿等）往往使人感到凉爽、恬静、安宁、友好；中和色（白、黑、灰等）给人平和、稳重、可靠的感觉，是最常见的工作服装用色。在选择服装外饰物的色彩时，应考虑到各种色调的协调，选定合适的着装、饰物。

3．根据不同的场合进行着装

喜庆场合、庄重场合及悲伤场合应注意有不同的服装，要遵循不同的规范与风俗。

（三）着装的原则规范

1．成功的着装

服装不是一种没有生命的遮羞布。它不仅是布料、花色和缝线的组合，更是一种社会工具，它向社会中其他的成员传达出信息，像是在向他人宣布说："我是什么个性的人？我是不是有能力？我是不是重视工作？我是否合群？"旧时代的女性注重服装的动机较单纯，其目的无非只是想获得他人的赞美，或是增加对异性的吸引力。在讲求男女平等的时代里，女人处处希望与男人平等竞争，简单追求外表的吸引，已不能满足这些职业女性的需求，女性竞争者在着装方面必须更具道德魅力、审美魅力、知识魅力及行为规范的魅力，使服装无形中为协调人际关系、提高工作效率、增加职位升迁的机会，起到良好的作用。

2．不恰当的着装

成功的人士应该懂得如何适宜地装扮自己，但在日常生活中，我们的着装常会出现以下问题：

（1）过分的时髦。

现代人热爱流行的时装是很正常的现象，即使你不去刻意追求流行，流行也会左右着你。一个成功的职业人对于流行的选择必须有正确的判断力，同时要切记：在办公室里，主要表现工作能力，而非赶时髦的能力。

（2）过分暴露型。

夏天的时候，许多职业女性便不够注重自己的身份，穿起颇为性感的服装。这样，你的才能和智慧便会被埋没，甚至还会被看成轻浮。因此，再热的天气，应注意自己仪表的整洁、大方。

（3）过分正式型。

这个现象也是常见的，其主要原因可以说是没有适合的服装。职业人士的着装应平淡朴素。

（4）过分潇洒型。

最典型的就是一件随随便便的T恤或罩衫，配上一条泛白的"破"牛仔裤，丝毫不顾及办公室的原则和体制，这样的穿着可以说是非常不合适的。

（5）过分可爱型。

在服装市场上有许多可爱俏丽的款式，也不适合工作中穿着。这样会给人轻浮、不稳重的感觉。

（四）职业女性着装规则

不可否认，女性在工作中的地位和信心越来越高，其工作时的服装也尤为重要。可目前为止，职业女性的着装一直是被争论的问题。服装界人士提出了若干职业女性着装的原则。

（1）套装确实是目前最适合女性的服装，但过分花哨、夸张的款式绝对要避免；极端保守的式样，则应掌握如何配饰、点缀，使其免于死板之感，若是将几组套装作巧妙的搭配穿用，不仅是现代化的穿着趋势，也是符合经济原则的装扮。（见图3-7、图3-8）

（2）质料的讲究已经是不折不扣的事实，所谓质料，是指服装采用的布料、裁制

图3-7 职业女装（1）

图3-8 职业女装（2）

手工、外形轮廓等条件的精良与否。职业女性在选择套装时一定不要忽视它。

（3）过分性感或暴露的服装绝不能出现在办公室中，这会惹出不必要的麻烦。如果某位男同事或上司有非分念头，更会给人留下"花瓶"的印象，而失去升职的可能。若是看重自身的职业或事业心强的女性，千万要注意这一点。

（4）现代职业女性生活形态非常活跃，需要经常花心思在服装的变化上，所以，懂得如何以巧妙的装饰来免除更衣的问题，是现代职业女性必须明了的，在出门前，最好先略作安排以做万全之计。

（5）现在的穿着是讲求礼仪的，在适当的时间、地点及场所作适宜的装扮是现代女性不可忽视的。职业女性还必须注意，除了穿着应该考究以外，从头至脚的整体装扮也应讲究强调"整体美"，这是现代穿着中最流行的字眼。

（6）职业女性穿着套装固然非常适宜，但凡是能够表现职业女性应有风范的服装，都值得一试，在一定的规则之下，可尽情享受穿着的乐趣，而且这也是现代职业女性的权利。

（五）中西方传统礼服

礼服分为男士礼服和女士礼服，礼服泛指一切适合于在庄重场合中或举行仪式时所穿着的服装。

1．男士礼服

（1）中山服。

前门襟有五粒扣子；带风纪扣的封闭式领口；上下左右共有四个贴袋，袋盖外翻并有盖扣；一般应由上下身同色的深色毛料精制而成。穿着时，应将前门襟、风纪扣、袋盖扣全部扣好；口袋内不宜放置杂物，以保持平整挺括；配擦亮的黑色皮鞋。成年男子穿上一套合身的上下同质同色的毛料中山装，配上黑皮鞋，会显得庄重、神气、稳健、大方，富有中国男子气派。着中山装可以出席各种外交、社交场合。

（2）晨礼服。

晨礼服又名常礼服，为日常生活中使用的礼服。通常上装为灰色或黑色，后摆为圆尾形，上衣长与膝齐，胸前仅有一粒扣。下装为深灰色黑条裤，一般用背带，配白衬衫，灰、黑、驼色领带均可，穿黑袜子、黑皮鞋，可戴黑礼帽。白天参加各种典礼、婚礼，或上教堂作礼拜时穿用。

(3) 大礼服。

大礼服也称燕尾服，西式晚礼服的一种。黑色或深蓝色上装，前摆齐腰剪平，后摆较长，而下端分开像燕子尾巴，翻领上镶缎面。下装为黑色或蓝色、配有缎带、裤腿外侧有黑丝带的长裤，一般用背带，系白领结，配黑皮鞋、黑丝袜，戴白手套。大礼服是一种晚礼服，适合于晚宴、舞会、招待会等场合。

(4) 小礼服。

小礼服也称小晚礼服、晚餐礼服或便礼服。这是晚间集会最常用的礼服，其上衣与普通西装相同，通常为全黑或全白，衣领镶有缎面，下装为配有缎带或丝腰带的黑裤。系黑领结，穿黑皮鞋，一般不戴帽子和手套。这种礼服适用于晚上举行的宴会、晚会、音乐会、观看歌舞剧等场合。

2. 女士礼服

(1) 旗袍。

旗袍有各种不同的款式和花色。紧扣的高领、贴身、衣长过膝、两侧开衩、斜式开襟，这都是旗袍的特点。在礼仪场合穿着的旗袍，其开衩不宜太高，应到膝关节上方1～2寸为最佳。着旗袍可配穿高跟鞋或半高跟皮鞋，或配穿高级面料、制作考究的布鞋。（见图3-9、图3-10）

图3-9　旗袍（1）

图3-10　旗袍（2）

(2) 晨礼服。

晨礼服也称常礼服，均为质料、颜色相同的上衣与裙子搭配而成，也可以是单件连衣裙。一般以长袖为多，肌肤的暴露很少。可戴手套和帽子，也可携带一只小巧的手包或挎包。晨礼服主要在白天穿，适用于参加在白天举行的庆典、茶会、游园会和婚礼等。

（3）大礼服。

大礼服也称大晚礼服，是一种袒胸露背的单色拖地或不拖地的连衣裙；佩戴颜色相同的帽子和长纱手套以及各种饰物。大礼服是一种最正式的礼服，主要用于在晚间举行的最正式的各种活动，如官方举行的正式宴会、酒会、大型正式的交际舞会等。

（4）小礼服。

小礼服也称小晚礼服或便服。通常是指长至脚面而不拖地的露背式单色连衣裙。其衣袖有长有短，着装时可根据衣袖的长短选配长短适当的手套，通常不戴帽子或面纱。主要适合于参加晚上6点以后举行的宴会、音乐会或观看歌舞剧时穿着。

（六）男士西服的着装规范

西装是举世公认的国际服装，它美观大方、穿着舒适，又因其具有系统、简练、富有气派风度的风格，所以已经成为当今世界上最标准、最通用的礼服，在各种礼仪场合都可穿着。人们常说："西装七分在做，三分在穿。"（见图3-11）

图3-11 西装

1．西装的选择与穿着

（1）西装的样式。

西装的样式很多，领型有大、小驳头之分；前门有单、双排扣之分；扣眼有1、2、3粒之分，口袋有明暗之别，套件还有二件套和三件套之不同，作礼服的西装应是由上下身同色的深色毛料精制而成，系领带，穿黑色皮鞋，必要时还要配折花手帕。

（2）西装的选择标准。

选择西装以宽松适度、平整、挺括为标准。最重要的不是价格和品牌，而是包括面料、裁剪、加工工艺等在内的许多细节。在款式上，应样式简洁，注重服装的质料、剪裁和手工。在色彩选择上，以单色为宜，建议至少要有一套深蓝色的西装。深蓝色显示出高雅、理性、稳重；灰色比较中庸、平和，显得庄重、得体而气度不凡；咖啡色是一种自然而朴素的色彩，显得亲切而别具一格；深藏青色比较大方、稳重，也是较为常见的一种色调，比较适合黄皮肤的东方人。

（3）西装纽扣的功能。

主要在于装饰。在非正式场合，无论是单排扣，还是双排扣，都可以不扣，以显示自然潇洒；在正式或半正式场合，则应将单粒扣扣上，或将双粒扣的上面一粒扣上；个别西装有三粒扣的，应将三粒中的中间一粒扣上，关于西装上衣前襟纽扣的扣法，可以从以下四句话去把握，即"扣一粒，为正式；两粒都扣显土气；一粒不扣是潇洒，只扣下粒便俗气。"

（4）西裤的选择标准。

作为西服整体的另一个主体部分，要求与上装互相协调，以构成和谐的整体。西裤立裆的长度以裤带的鼻子正好通过胯骨上边为宜，裤腰大小以合扣后伸入一手掌为标准，西裤的长度应正好触及鞋面。裤带一般在2.5～3厘米的宽度较为美观，裤带系好后留有皮带头的长度一般为12厘米左右，过长或过短都不合美学要求。

（5）西服着装规范。

西服穿着讲究"三个三"，即三色原则、三一定律、三大禁忌。

①三色原则：是指男士在正式场合穿着西服时，全身颜色必须限制在三色之内，否则就会显得不伦不类，失之于庄重和保守。

②三一定律：是指男士穿着西服外出时，身上有三个部位的颜色必须协调统一，这三个部分分别是鞋子、腰带、公文包的色彩必须统一起来。最理想的选择是鞋子、腰带、公文包皆为黑色。

③三大禁忌：是指在正式场合穿着西服时，不能出现的三个错误。其一，袖口上的商标未拆。其二，在非常正式的场合穿着夹克打领带。领带与西服是配套的，如果是行业内部的活动，比如说领导到本部门视察，穿夹克打领带是允许的。但是在正式场合，夹克就如同休闲装，所以在正式场合，尤其是对外商务交往中，穿夹克打领带是不允许的。其三，男士在正式场合穿着西服时袜子出现了问题。在正式交往中有两种袜子是不能穿的：一是尼龙丝袜，二是白色袜子。

2．衬衫的选择与穿着

（1）衬衫颜色的选择。

能与西装相配的衬衫很多，最常见的是白色或其他浅色。白色的衬衣配深色的西装，花衬衣配单色的西装，单色衬衣配条纹或带格西装都比较合适；方格衬衣不应配条纹西装，条纹衬衣同样不要配方格西装。在办公室中穿着衬衫，颜色以单色为理想选择，白色是最佳也是最安全的选择，浅蓝色也可以，不宜穿淡紫色、桃色、格子、圆点和宽条纹的衬衫，面料最好以纯棉为主。

（2）衬衫的选择。

如系领带，领子应是有座硬领，领围以合领后可以伸入一个手指头为宜。袖子的长度以长出西装袖口1～2厘米为标准，衬衫领应高出西装领1厘米左右。不系领带，衬衫的选择相对宽松，适宜即可。

(3) 衬衫的穿着。

衬衫在穿着时，长袖或短袖有座硬领衬衫应扎进西裤里面，短袖无座软领衬衫可不扎。如果在平时，长袖衬衫不与西装上装合穿时，衬衫领口的扣子可以不扣，让其敞开，但一般只能敞开一粒扣子，袖口可以挽起，但一般只能按袖口宽度挽两次，绝对不能挽过肘部。如果与西装上衣合穿，或者虽不合穿，但要配扎领带时，则必须将衬衫的全部扣子都系好，不能挽起衣袖，袖口也应扣好。注意领口和袖口要干净。（见图3-12、图3-13）

图3-12 衬衫的选择（1）

图3-13 衬衫的选择（2）

3．领带的选择与规范

领带是西装的灵魂，在西装的穿着中起着画龙点睛的作用。只有一身西装的男士，只要经常更换不同的领带，往往也能给人以耳目一新的感觉。

（1）领带选择的基本原则。

面料以真丝为最优，使用最多的花色品种是斜条图案领带。实际上，领带上的图案是有意义的，比如：碎花代表体贴，圆点代表关怀，方格代表热情，斜纹代表果断。

（2）衬衫、领带与西装三者之间要和谐、调和。

比如，西装和领带的花纹不能重复。如果衬衫是白色，西装是深色的，那么，领带就不能是白色，而应是比较明快的颜色；如果衬衫是白色，西装的颜色朴实淡雅，领带就必须华丽、明快一些。当然，除了衬衫、领带、西装的色彩协调应充分考虑外，这三者的色彩关系还应顾及穿着者的肤色、年龄、职业、性格特征等。

（3）领带系好后的规范。

领带系好后，应认真整理，使之规范、定型。领带上片的长度以系领带者呈标准姿势站立时，领带尖正好垂至裤带带扣中央下沿为最佳，不能太短，更不能比下片还短；也不能太长，太长很不雅观。如果配有西装背心或毛衣、毛线背心，领带须置于它们的里面，且下端不能露出领带头；前开身毛衣不宜紧贴西装内穿；还有，毛衣、毛背心不能扎束在裤子里面。

(4)领带佩饰。

包括领带棒、领带夹、领带针、领带别针等，有各种型号，主要功能是固定领带，并不应突出其装饰的功能。除经常做过大幅度的动作或领带夹作为企业标志时用领带夹外，其他情况最好不用领带夹。佩戴时应注意，领带夹的位置不能太靠上，以从上往下数衬衫的第四粒和第五粒纽扣之间为宜。西装上衣系好扣子后，领带夹不应被看见。

4．礼仪场合西装、衬衫、领带的搭配方法

（1）黑色西装，配白色或其他浅色衬衫，系银灰色、黑红细条纹、绿色或蓝色调领带。

（2）深蓝色西装，配白色或淡蓝色衬衫，系蓝色、深玫瑰色、褐色、橙黄色调领带。

（3）中灰色调西装，配白色或浅蓝色衬衫，系砖红色、绿色及黄色调领带。

（4）墨绿色西装，配白色或银灰色衬衫，系银灰色、灰黄色领带。

（5）乳白色西装，配红色略带黑色衬衫，系砖红色或黄褐色调领带。

（七）女士套裙的着装规范

如果说西装是男性服饰标志的话，套裙则是女性服饰的标志。套裙飘逸摇曳、婀娜多姿，使人产生美妙的视觉感受和心理感受。作为职业女性，其工作场所的着装有别于其他场合的着装，尤其代表着一个企业、一个组织形象时，更要追求大方、简洁、素雅的风格。套裙以它严整的形式、多变却不杂乱的颜色、新颖而不怪异的款式，成为职业女性最规范的工作装。

1．套裙的类别

（1）款式。

套裙有两件套和三件套之分，套裙的上装以西服式样居多，也有圆领、V字领、青果领、披肩领等式样。款式有单排扣、双排扣。单排扣上衣可以不系扣，双排扣的则应一直系着。造型上有宽松的、束腰的，还可有各种图案的镶拼组合。套裙分两种：上衣与裙子同色同料、上衣与裙子存在差异。

（2）职业套裙。

这是女士的标准职业着装，可塑造出强有力的形象。通常以黑色、藏青色、灰褐色、灰色或暗红色为上选颜色，也可以是精美的方格、印花和条纹。

（3）套裙的面料。

可选择半毛制品或亚麻制品，后者最好混有人造纤维，否则，很容易出现褶子。

（4）与套裙相配的衬衫。

它的可选性很大，颜色很多，如可选白色、黄白色或者米色。丝绸是上乘的面料，缺点是比较昂贵，而且易起褶。纯棉的衬衫也可以，但必须浆过并且熨烫平整。

2．根据肤色选配色彩

在现实生活中，我们会发现，有的颜色会使人的皮肤显得更黄、更黑，会使人显现出身心病态；有的颜色则能使人的皮肤显得红润、白皙、有光泽，会使人显得健康神气，使人朝气蓬勃。"人是桩、靠衣裳"，在很大程度上靠的就是服装的色彩。

（1）皮肤黄偏黑的人，宜穿暖色调的弱饱和色衣着。

这种类型的女子可选择浅棕色作为主色，白、灰和黑色三种颜色作为调和色。穿上黄棕色或黄灰色的衣着，脸色就会显得明亮一些，或穿上绿灰色的衣着，脸色就会显得红润一些。忌用黑色、黑紫色、深褐色等色彩面料做上衣。

（2）肤色较白的人，则不宜穿冷色调衣着。

这种肤色的女子最好穿蓝、黄、浅橙黄、淡玫瑰色、浅绿色一类的浅色调衣服。忌穿黑色与纯白色上衣。

（3）肤色红嫩的人，宜采用非常淡的丁香色和黄色。

肤色红嫩的人可穿淡咖啡色配蓝色、黄棕色配蓝紫色、红棕色配蓝绿色及淡橙黄色、灰色和黑色等上衣。忌穿红色、橘红色等暖色调上衣。

（4）肤色偏黄的人忌穿蓝色或紫色上衣。

3．如何选择合适的套裙

不得体的裙装，不管多么新颖时髦，也不会给人以美感。在生活中，我们常常会看到身材高大肥胖的女士，上穿一件淡红色紧身衣，下穿一条一步裙，露出肥厚的前胸和粗壮的大腿，令人担心那身衣服随时会崩裂；而身材矮小的女士，却上穿一件深色蝙蝠衫，下穿一条长长的黑色呢裙，宽松肥大的衣裙把她整个人都装了进去，越发显得瘦弱憔悴。纤瘦细弱的女子穿上紧身裙装，则会显得干瘪无味，缺乏魅力。

要穿着得体，就是要宽松适当，长短适中，套裙造型与体型特征互补互衬。比如，高大丰满的女士穿一套上衣长度过腰、裙子长度及膝的西式套裙，是比较合体的。矮个女士最适宜穿上下色调统一的套裙，因为单色套裙使人显得高挑、纤细。

选择套裙时，应当考虑利用裙子的修饰美化作用，"扬美遮丑"，使自己体型的完美部分得到充分展示，不足之处得到掩饰。比如，有的女士上身较长，双腿较短，看起来体态重心偏下，不够匀称。这样的体型可以选择上装仅及腰部，裙子长及小腿的套裙，利用裙装的上短下长，掩盖腿部粗短的缺点。肩窄臀宽的人，应注意使用垫肩，使肩部看上去宽些，也可以在肩部打褶以增加宽度，可以选择束腰的服装以衬托肩部的宽大。腰粗的人应选肩部较宽的衣服，以产生肩宽腰细的效果，女士不宜穿腰间打褶的裙，不要把衬衫扎进裙子中。

4．女士穿着禁忌

（1）忌穿着暴露。

在正式场合，穿着过露、过紧、过短和过透的衣服，如短裤、背心、超短裙、紧身裤等，就容易分散别人的注意力，同时也显得你不够专业。还要注意切勿将内衣、衬裙、袜口等露在外衣外面。

（2）忌"内衣"外穿。

穿着居家便服很舒适，但是在公共场合及校园，这样穿着则显得非常失礼。在家里或宾馆的房间里接待来宾和客人时，绝对不要只穿睡衣、内衣、短裤或浴袍。

(3) 忌裙、鞋、袜不搭配。

鞋子应为高跟或半高跟的皮鞋。颜色以黑色为主，与套裙色彩一致的皮鞋也可选择。袜子一般为尼龙丝袜或连裤袜。颜色宜为肉色、黑色、浅灰、浅棕等几种。切勿将健美裤、九分裤等裤装当成长袜来穿。袜子应当完好无损，可在皮包内放一双备用丝袜，以便当丝袜被弄脏或破损时可以及时更换，避免难堪。在此提醒各位女生注意，切勿穿着脱丝的丝袜，那会使你的脚非常"显眼"。

(4) 忌光脚或三截腿。

在国际交往中，穿着裙装却不穿袜子，往往会被人视为故意卖弄风骚，因此，光脚是不允许的。而穿半截裙子的时候，穿半截袜子，袜子和裙子中间露出一段腿肚子，结果导致裙子一截、袜子一截、腿肚子一截。这在国外往往会被视为没有教养。

大学女生在不久即将走向工作岗位，在保持学生本色的同时，以职业女性的仪表礼仪规范为标准，注重小节，穿出风采、穿出魅力，更要穿出自信。

（八）便装的着装规范

便装是相对于正式场合所穿的制服、礼服一类的正装来说的。穿便装没有什么严格的限制或规定，只要使人感到轻松、随便就可以了。便装主要有夹克衫、太空衫、牛仔装、T恤衫、运动装、西短裤、风衣等。在家里穿的家居装、卧室装也是便装。选择便装时，必须认真考虑适用场合、适合地点以及正确搭配三个方面的问题。

1. 便装穿着场合

一般在非正式的场合或某些特定的情况下才可以穿便装。

休闲场合是人们在工作之余的个人自由活动的时间、地点，比如居家休养、外出度假、运动健身、旅游观光、逛街散步、购物等，都是休闲活动的场合。只有在工作之余的个人自由活动的时间里穿便装，才是合适的。

在一些特定的情况下，工作人员有时也被允许穿着便装。主要是：在便装销售时，销售员可以身着便装，充当模特，以身示范。工作性质较为非凡，身着正装不便时，像一些游泳陪练，在工作时只能身着泳装。某些单位统一将某种便装规定为本单位的正装，比如，夹克衫、背带裤，都是常见的便装，假如一个单位将它们定为全体员工的制服，那就被称为夹克衫式制服和背带裤式制服了。

当本单位没有统一的正装，而又规定上班必须身着正装上班的时候，最好不要自作主张穿便装。

2. 选择便装的忌讳

选择便装时必须认真考虑是否合适。穿便装的戒律较少，但也绝对不能过于随便。需要注重一下自己的性别、年龄和身材特点。

总体来说，便装的性别特征不太明显。就像衬衫、T恤、夹克衫、羊毛衫、运动衫、牛仔裤、西短裤等便装，偏于"中性化"，男女可以混穿。也有许多便装也是老少皆宜的。像夹克衫、T恤衫、牛仔裤等，一般对着装者的年龄限制不多，各种年龄者都可以穿着。

另外，每个人的身材都不同，选择时要力求和自己的身材相协调，扬长避短。比如腿部不好看的人，就不适合穿迷你裙。

3．便装的搭配技巧

和正装的穿着相比，便装在有关搭配方面的讲究要少得多，而且本着舒适、随意、自由的基本要求，可以任人发挥。

所选的便装在风格上应协调一致。牛仔装的奔放、运动装的矫捷、乞丐装的出位等，都是自成一体的主要特征。穿着便装应力求风格完美一致。不要让自己同时所穿的多件便装风格上相差太大。例如要是上身穿运动衫时，下身配睡裤，必然会引来众多稀奇的眼光。

便装的面料选择余地也比较大。像棉、麻、丝、混纺等常规选择外，毛、皮、各类化纤织物等，都可以选用。假如需要提高档次，一定要对面料进行适当的考虑。不仅要对舒适与否、外观美感给予重视，还要和所穿的其他便装在面料上大致相同。

对便装进行组合搭配时要注重搭配的惯例，比如穿牛仔裤时，最好配皮鞋或运动鞋，而不要穿布鞋或凉鞋。穿短裤、凉鞋时，不必穿袜子，女士尤其不要穿长筒袜或连裤袜。穿夹克衫时，通常不要配西短裤。穿短袖T恤衫时，不用再在里面穿衬衣。

（九）饰品的选择与佩戴礼仪

饰品，亦称首饰、饰物。它指的是人们在穿着打扮时所使用的装饰物，它可在服饰中起到烘托主题和画龙点睛的作用。饰品包括两大类：第一类是以实用性为主的附件，比如围巾、帽子等；第二类是属于以装饰性为主的饰物，有项链、戒指、耳环等。

1．饰物的佩戴应遵循一定的原则

（1）点到为止，恰到好处。

装饰物的佩戴不要太多，美加美并不一定等于美。浑身上下珠光宝气，挂满饰物，除了让别人感觉你的炫耀和庸俗外，没有丝毫美感。

（2）扬长避短，显优藏拙。

装饰物是起点缀作用的，要通过佩戴装饰物突出自己的优点，掩盖缺点。如脖子短而粗的人，不宜戴紧贴着脖子的项链，而应戴细长的项链，这样从视觉上把脖子拉长了。个子矮的人，不宜戴长围巾，否则会显得更加矮小。

（3）突出个性，不盲目模仿。

佩戴饰品要突出自己的个性，不要别人戴什么，自己也跟着戴什么，别人戴着好看的东西，不一定适合自己。比如，西方女性嘴大、鼻子高、眼窝深，戴一副大耳环显得漂亮；而东方女性适合戴小耳环，以突出东方女性含蓄、温文尔雅的特点。

2．帽子的选戴

选择帽子既要照顾款式，更应注意色彩、大小、高低与自己肤色、体型、身材的关系，尽量让帽子帮助自己达到扬长避短的效果。

（1）款式。

长脸型不宜戴高帽子，而圆脸型戴顶端微凸的帽子就比较适宜；个矮的人戴稍凸的帽子会显高，而小个子戴顶大帽子又会产生"小蘑菇"的滑稽感。

（2）颜色。

帽子的色彩要与肤色结合考虑。肤色白的人，选择余地大些；肤色较深的人，则不宜戴深色帽子；肤色发黄的人，最好是戴深红色、咖啡色的帽子，这样可以衬托出一些健康色，戴白、绿、浅蓝的帽子都有加重病态的感觉。

（3）戴法。

帽子既可正戴，也可歪戴，不同的戴法会产生不同的视觉效果和礼仪效应。正戴显得庄重、严肃，歪戴则显得活泼、妩媚；正戴可使脸型更加丰满、端庄，歪戴则会使之显出清瘦、俏皮。

（4）要求。

从礼仪的角度讲，男士在室内场合不允许戴帽子，女士则可以将帽子及其他用品作为礼服的一部分在室内场合穿戴。女士戴帽子不仅是礼节上的要求，也是身份上的象征。而且女士帽子不像男帽一样千篇一律，是配合五光十色的衣服，不断变换着花样的。

3．项链的选择与佩戴

项链是女性最常用的饰品之一。它既可装饰人的颈项、胸部，使女性更具魅力，又能使佩戴者的服饰更显富丽。但假如对项链的色彩、质地、造型的各种功能没有一个正确的认识，效果就可能适得其反。一般来讲，金项链以"足赤"而给人一种华贵富丽的感觉；珍珠项链则以白润光洁而给人以高雅的美感。它们可以与各色服装相配，给人以华美的总体印象。但假如与衣装颜色过于接近，则会因混于一色而不易分辨，就会失去装饰的功能。

从项链的造型看，细小的金项链只有与无领的连衣裙相配才会显得清秀，而挂在厚实的高领衣装外，会给人清贫寒酸的印象。矮胖圆脸的人，挂上一串下垂到胸部的项链，会使人感到似乎增加了身高，加长了脸型；而脖子细长的人，以贴颈的短项链，尤以大珍珠项链最为适宜。

4．耳环的选择与佩戴

耳环虽小，却是戴在一个明显而重要的位置上，直接刺激他人的注意力，因此，美观大方的耳环对人的风度气质的影响很大。耳环的种类很多，常见的有钻石、金银、珍珠等。耳环的形状各异，有圆形、方形、三角形、棱形以及各种异形。一般来讲，纯白色的耳环和金银耳环可配任何衣服，而鲜艳色彩的耳环则需与衣装相一致或接近。从质地方面看，佩戴熠熠闪亮的钻石耳环或洁白晶莹的大珍珠耳环，必须配以深色高级天鹅绒旗袍或高档礼服，否则会相形见绌；而人们一般习惯佩戴的金银耳环对服装则没有更多的限制。选择耳环主要应当考虑自己的脸型、头型、发式、服饰等方面。例如，长脸型，特别是下颌较尖的脸型，应佩戴面积较大的扣式耳环，以便使脸部显得圆润丰满，而脸型较宽的方脸型，宜佩戴面积较小的耳环；服饰色彩比较艳丽，耳环的色彩也应艳丽。

5. 戒指的选择与佩戴

戒指不仅是一种重要的饰品,还是特定信息的传递物。尽管它有钻石、珍珠、金银等不同质地,有浑圆、方形及雕花、刻字等不同造型,但其佩戴的方法是一致的,表达的含义也是特定的。戒指通常戴在左手上。一般来说,戴在食指上,表示尚未恋爱,正在求偶;戴在中指上,表示已有意中人,正在恋爱;戴在无名指上,表示已正式订婚或已结婚;而戴在小指上,则表示誓不婚恋,笃信独身主义。在不少西方国家,未婚女子的戒指戴在右手而不是左手上,修女的戒指总是戴在右手无名指上的;这意味着她已经把爱献给了上帝。一般情况下,一只手上只戴一枚戒指,戴两枚或两枚以上的戒指是不适宜的。

总而言之,佩戴饰品要少而精,以体现自己的个性为主,绝不能认为项链选得越粗越好,戒指戴得越多越好,结果反而会弄巧成拙,显得自己俗不可耐。男性首饰的佩戴要力求舒适、大方,给人一种稳重、潇洒的感觉。

(十)服装的色彩与款式造型

从视觉效果上讲,服装的色彩在人际知觉中是最领先、最敏感的,其次就是款式造型。一件色彩和谐、美观,款式、造型新颖大方的服装,就能比较准确、比较恰当地发挥效果。因此,我们了解一些色彩的基本特征、色彩搭配的基本原则、服装色彩与人的肤色的关系,以及服装的原始结构、款式造型及其审美效果等基本常识,是十分必要的。

1. 服饰色彩搭配

服饰色彩及其搭配涉及色彩学和美学,同时还渗透着人的价值观念、爱好、性格特征、礼仪素养等。人们常说:着装的成功在于搭配,着装的失败也在搭配。能够把握住一些着装搭配的基本原则,就能获得好的效果。

(1) 要了解服饰中的常用颜色及其表现效果。

服饰的色彩往往先于一个人的其他因素而引起他人的注意,然后才是服饰的造型、质料等因素。不同的色彩能引起知觉者不同的心理效应,有不同的象征意义。

红色。 红色是最能引起人们兴奋和快乐情感的颜色。红色对人的感官刺激作用十分强烈。它使人联想到鲜血和生命、太阳和火焰;它象征热烈、活泼、浪漫与火热;它使穿着者更显朝气、青春与活力。大红,象征活力、热烈、激情、奔放、喜庆、福禄、爱情、创新;粉红,象征柔和、温馨、温情。

黄色。 黄色是一种过渡色。它对人的感官刺激作用也十分强烈。它象征炽热、光明、庄严、明丽、希望、高贵、权威等。在中国几千年的历史中,黄色曾一直是权力的象征,尤其是皇权的象征。

蓝色。 蓝色是一种比较柔和、宁静的色彩。蓝色对人的眼睛的刺激作用较弱,但由于它能使人联想到天空和海洋,因而给人以高远、深邃的感觉。蓝色象征着宁静、智慧与深远。浅蓝,象征纯洁、清爽、文静、梦幻。深蓝,象征自信、沉静、平稳、深邃。

绿色。绿色是一种清爽、宁静的色彩。它能使人想到青春、活力与朝气。绿色象征着生命活力与和平。它能使穿着者更显年轻、更加朝气蓬勃。

黑色。黑色是一种庄重、肃穆的色彩。它能使人产生凝重、威严、阴森、恐怖等不同感觉。黑色象征沉着、深刻、庄重与高雅。

白色。白色是一种纯静、祥和、朴实的色彩。给人以明快、无华的感觉,是纯洁、高尚、坦荡的象征。它不仅适合于夏天穿着,而且也适合于各种肤色的人。

紫色。紫色是一种富有想象力的颜色,有人称之为浪漫色。它象征高贵、华丽、庄重、优越。紫色的种类很多,如果能选用得恰当、适宜,和自身的各种因素搭配好,就会显出高雅的气质。

褐色。褐色是一种搭配色,适合与任何颜色搭配。它象征谦和、平静、沉稳、亲切等。

灰色。灰色是一种中间色,象征中立、和气、文雅,有随和、庄重之感。

(2)要特别注意服饰颜色的搭配。

服饰色彩是追求视觉上的美感,同时还应注重其实用功能。服饰色彩的搭配可以分成以下几种:

单色。单色即整套服装只用一种颜色(此种颜色也可以由多种颜色混合而成)。单色服装具有较高层次的审美,它给人高雅、素净、简朴的印象,如套装、连衣裙、礼仪服都可选用单色。另外,还可以根据款式在鞋、包或围巾等配饰上加入其他的色彩以丰富单色服装的效果。

二色配色。在色调上比单色具有明朗、活泼的感觉。如明度采用一深一浅,纯度采用一高一低或在面积上使用一大一小的搭配。

多色配色。多色配色在服装色彩搭配中具有较高的难度。由于色彩众多,如果缺乏秩序感,整套服装就会显得很杂乱无章。所以在选择时最好以一色为主色,其他的为辅色,避免每种色彩分量均等。多色配色若能搭配得当,则在整体上会显得色彩丰富、富有层次感。

花色(格子、条纹)。在服装款式适合的情况下,在单纯的色彩上辅以花色、格子或条纹,能增加视觉效果的美感。除连衣裙外,如果是上下分离的套装,最好采用上花色下单色,或上单色下花色,且单色是花色之中的一种色彩。

其他。除以上所述内容外,还应注意发型、化妆及鞋、包要与服装款式相协调,才能达到完整效果。

一般来说,黑、白、灰是配色中的几种"安全"色。因为它们比较容易与其他各种色彩搭配,而且效果也比较好。

(3)服饰的色彩搭配要与个人的自然条件结合起来考虑。

色彩不仅能给人以不同的联想,有不同的象征意义,而且还给人以冷暖、轻重、扩缩等感觉。例如,红、黄等颜色能让人产生温暖的感觉;蓝、绿、白的色彩让人产生冷的感觉。于是人们利用这种感觉，喜欢在冬天穿暖色调衣服，在夏天穿冷色调衣服。又如，明亮的色彩使人产生轻感，深暗的色彩则使人产生重感。于是，年轻人常用上深下浅的服装颜色搭配，以便让人产生活泼、轻松、飘逸的动感；中老年人则在服装颜色搭配上较多采用上浅下深的方法，以便给人以稳定、坚实、沉着的静感。再如，暖色调的服装具有扩散特性，冷色调的服装具有收缩特性。于是，体形瘦小的人们喜欢穿着色彩明度较高的浅色服装以显得丰满，而体形肥胖的人们则乐于选用色彩明度较低的深色服装以显得苗条。

（4）服饰的色彩还要与个人的性格特点、爱好、职业相配合。

有些人所喜欢的颜色不一定符合他的个性，有些人所喜欢的颜色不一定适合于他的皮肤，有些人所喜欢的颜色也不一定适合于他的职业、身份等。因此，服饰的颜色选配要灵活运用，要考虑到各种因素，力求达到最好的效果。例如，曾经有一位女推销员在美国北部工作，一直都穿着深色套装，提着一个男性化的公文包。后来她调到阳光普照的南加州，她仍然以同样的装束去推销商品，结果成绩不够理想。后来她改穿色彩淡雅的套装和洋装，换了一个女性化的皮包，使自己有亲切感，仅着装这一变化，使她的业绩提高了25%。可见，着装在讲求端庄稳重的同时，也要考虑个性和职业特色等因素。

（5）特殊场合和特殊目的的服饰颜色选配。

如应试、应聘时，着装的颜色要选用淡雅的颜色，或沉稳的黑色、深蓝色、深灰色等，表现出庄重、整洁和规矩的样子，给人以成熟、干练、稳重、利落的印象。

约会、做客、赴宴等要根据时间安排的不同进行服饰颜色的选配。套装配色，最有利的是"米色套装配蓝色衬衫""蓝色套装配浅蓝色衬衫""浅灰色套装配深蓝色衬衫"。

当然，服饰的色彩搭配并无什么特别的规律，在实际生活中，只要我们反复认真地观察比较，就能找准适合自己的，能完整表现自己健康美、素质美的服饰主色调。

2．服装款式造型

服装的视觉效应，除了色彩之外，最主要的就是款式造型。服装既是色彩艺术，也是造型艺术。

与任何造型艺术一样，服装款式造型的原始结构也是由点、线、面、立体综合演化而成的。色彩各异的点，能引起人视觉感受的奇异效果。

点的连接就是线。点的运动轨迹不同，又可形成横线、纵线、斜线、曲线以及各种图形。线条能起到勾画作用，又有装饰效果。横线让人觉得平衡、稳定；纵线让人感到力量、坚定；斜线显得失衡、不定；曲线似乎飘逸、流动。根据线的这样一些视觉效应可以发现，身材肥胖的人，如果不是为了更显富态，就不要选用横条纹、大方格图案的服装；身材瘦高的人不要选用竖条纹的服装，而应当选用横条纹的服装，以便显得丰满一些。

线的拼组拓宽就是面。面可以有平面、斜面及其交叉组合等各种变化。各种不同的面也能给人以不同的视觉感受。比方说：矩形显示平稳、庄重感。例如西装、中山装均是男士礼服的一种，它之所以作为礼服，就是因为它们在整体上呈矩形，显得庄重、严肃、气派、大方。金字塔式的正三角形给人以稳定的静感，例如少女的天鹅裙就显得纯洁、稳重，显现出少女的矜持。喇叭形让人觉得自然、潇洒，例如大摆裙，就能给人以这样的知觉。葫芦形两侧曲线柔美、飘逸，让人感到娴雅韵致，给人以飘逸如仙的感觉。例如中国女性的传统礼服旗袍就能达到这样的效果。

服饰是一种文化，又是一门艺术。穿着得体，不仅能赢得别人的好感，给人以良好的印象，而且能够不断提高自己的生活信心，使自己充分享受生活的乐趣。相反，穿着不当，往往会降低一个人的身份，损害其形象。当一个人真的读懂了自身的特质，能寓个人品性、阅历、才智于服饰之间，一定可以诠释自己完美的魅力。提升自我的魅力是个既古老又现代的话题，古人云："人的魅力来自内心，来自学识美、道德美、胸怀美。"现代人还强调人的魅力还应来自外在形象，即服饰美、健康美和个性美。

（十一）学生的服饰礼仪

在学校，大学生还是应该穿得更像一个学生。虽然大学校园里没有中、小学那样要求天天穿校服，不许穿奇装异服这类的规定。但在选择服饰方面，作为一名大学生，应该知道怎么穿才叫得体，才叫真正的美。要想搭配好服装，应该遵照三个原则：一是整洁原则，不可能天天穿的衣服都很漂亮、都是自己最喜欢的，但穿上看起来很整洁是一个前提；二是"TPO 原则"，即所穿的服装应该符合自己所在的时间、地点和场合；三是和谐原则，就是穿着打扮应该与自己的个性和谐一致。按照这三个原则选择搭配服饰，肯定看起来既漂亮得体又不失礼仪。

1. 大学生应重视服饰礼仪

（1）服饰直接关系到大学生在整个社会中的形象。

大学生应该是整个社会中最有文化修养的群体，整个社会对大学生的要求很高，要求他们的服饰礼仪能与自身的身份一致，这样才能得到社会的肯定。如果不能一致，就会影响到他们融入社会的主流，从而影响到他们对社会所作出的贡献。

（2）服饰关系到大学生顺利地在社会上展现自己的价值。

服饰对于一个人来说虽然是外在的，但也反映了大学生的内在素质，因为服饰是人内心精神外在的体现。如果在应聘时过分追求服饰的华丽，就会给用人单位一种华而不实的感觉，用人单位会对其是否适合工作产生怀疑。服饰过于脏乱，会给用人单位一种做事不认真、对人不礼貌的印象，对于自己的事情都做不好的人，用人单位也会对其是否能胜任工作产生怀疑。

高校学生在服饰礼仪的建设中应该作出贡献，穿着符合自己身份的服装，建立良好的礼仪氛围，更加有利于学生成才。如今的高校，女生穿着不是越薄越怪越好，高校不是装点自己性感的场所，应该营造积极向上的环境，得体穿着才能体现学生内在与外在的美丽。自由穿着也不能过，学生就要有学生的样子，学生穿着随便是对教师和学术殿堂的不尊重。培养学生在校注重着装这一细节问题，对今后他们踏入社会也是有积极意义的。

2．大学生着装禁忌

忌脏、忌乱、忌露、忌短、忌透、忌艳、忌紧、忌繁。

这些要求似乎有些琐碎和苛刻，但以上所指的脏、乱、露、短、透、艳、紧、繁，都是指在一定范围之内，不要超越这个范围。学生穿着必须符合学生的身份。大学校园给人的感觉是自由而快乐的，但这并不代表就可以不将着装礼仪放在心上，胡乱穿着。切不可忘记自己学生的身份，穿着得体才是最关键的。

当代大学生的个性追求确实比前一代人有了一个很大的跨越，社会的多元化必然会导致追求的多元化。但很多人却只停留在物质追求上，特别是很多人在服装上都在极力地求新求异。作为大学生，应该学会尊重他人，在着装上应适宜，大方自然，不要让人生厌。同时，学生在追求个性着装之余更不能影响自己的身心健康。

问 题 讨 论

为给招聘公司留下完美的第一印象，北京某大学毕业生张靓（化名）特意花巨资自我包装一把。先到王府井，一狠心从里到外买了全套服装：衬衫1 100元、裤子1 200元、上衣2 300元、外套3 000元，整套下来共花去近8 000元。又到西单花500元买了一双皮鞋，在中关村商场买了一个700元的皮包。最后一狠心，在另一商场又购买了880元的护肤品套装。她这样做是否正确？请同学们分组讨论：求职时应注意仪容仪表的哪些方面？并根据聘任单位及岗位的不同，设计求职时不同的着装。

第四章　社交情感礼仪

随着人类文明的进步、社会的发展，人与人之间的交往日益频繁、紧密。人们对自身情感行为的认识也日益加深，温文尔雅、从容大方、彬彬有礼已成为现代人的一种文明标志。讲究礼仪、展示礼貌、遵守礼仪规则、注重情感交流已成为文明社会生活的一项重要标志，良好的人际交往就像一对成功的翅膀，任你翱翔。

随 笔

校园礼仪既是衡量一个学校文明素质的标尺，也是展现一个国家国民素质的社会窗口。因为学校是一个既严肃又活泼，既庄严又亲切，既紧张又文明的地方。这就要求学校有合适的礼仪规范，这是培养学生良好教养的要求。

第四章　社交情感礼仪

一、校园礼仪

学校是一个既严肃又活泼，既庄严又亲切，既紧张又文明的地方。这就要求学校有合适的礼仪规范，这是培养学生良好教养的要求。所以，学校礼仪，既是衡量一个学校文明素质的标尺，也是展现一个国家国民素质的社会窗口。

作为高等院校的学生，更应遵守校园礼仪。不带食品进入教学区，上课提前10分钟到场，课堂上杜绝睡觉、聊天，进入教学区应立即关闭通信工具，晚自修按照学校的统一部署到指定地点、在指定时间学习，禁止吸烟、酗酒，如遇到客人来访，应微笑并向客人问好，等等。学校是文明的场所，学生是文明行为的执行者，净化校园，人人有责。

（一）寝室礼仪

 小资料

大家对生活习惯上的不同一定要互相宽容和谅解，这样必将赢得尊重和理解。
寝室生活注意事项：
1. 对人恭敬有礼。
2. 尊重集体和集体的生活秩序。
3. 注意整洁，讲究卫生。
4. 亲友来访以"礼"相待。
5. 厉行节约，爱护公共财物。
6. 注意安全隐患。

 知识导航

寝室是学生共同生活的场所，学生在校期间有2/3的时间是在寝室里度过的。所以，寝室关系处理的好坏直接影响人际关系状况以及学习状况的好坏。

寝室是学生共同的家，也是反映学生精神文明和礼仪修养的一个窗口，一定要格外重视。

1. 寝室的环境礼仪要求

大学生在被录取入学时，接触到的第一个天地是大学校园里的那个小小的寝室。一个寝室的同学犹如一个家庭的兄弟或姐妹。大学四年有"一千零一夜"要在此相处共同度过。在寝室的时间最多，每个同学都在讲课，也都在听课；每个同学都在受他人的影响，也都在影响着他人。可以说，寝室是大学生的"第一社会""第二家庭""第三课堂"，每个大学生都负有责任共同把"第一社会"风气搞好，把"第二家庭"的生活过好，把"第三课堂"的课上好。

寝室是大家共同生活的场所，要创造一个整洁、美观、舒适、充满生活情趣的生活环境，需要大家来共同设计、维护。寝室是反映一个人精神面貌的重要窗口，可以分为两个部分加以美化，即室内公共部分和个人小天地部分。两部分的美化既需各具特色，又要协调一致。公共部分一般以花卉、盆景、书画、牌匾、工艺品等装饰，该部分确定了寝室的基调。个人天地的美化是对该基调的丰富和深化，要突出个人的生活情趣，富于幻想和创造，不拘泥于统一的形式，个人小天地一般用图片、手工艺品、玩偶、小型字画来美化。个人小天地的美化要注意与整个寝室的美化相协调，不要因过于强调自己的个性而破坏了整体的和谐美。（见图4-1）

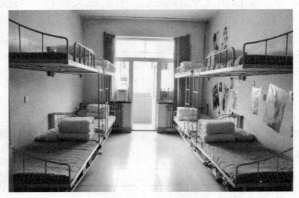

图4-1 学生寝室

2．寝室的言行礼仪要求

生活于寝室群体环境里，应营造和保持一种和谐融洽的人际关系，这才有利于学习和生活，使大学生的身心得到健康发展。

（1）语言优美。语言是一个人道德情操和知识水平的反映，是人们的心灵之窗。古人云："言，心声也；书，心画也。"如果说大学生平时对自己的语言还多少有些约束的话，一到寝室，尤其是在"卧谈会"上，便毫无顾忌，语言不文明的现象表现得非常明显。有的同学脏话不离嘴，开口、闭口挂着被鲁迅先生痛斥的"国骂"；有的同学语言粗俗野蛮，稍不满意便出口不逊，轻则讥刺挖苦，重则辱骂；有的同学语言庸俗，乐道男女私事，给同学起外号、打分、开不健康的玩笑等。语言的粗野无聊，是与大学生这个名称极不相称的。大学生在寝室待人应谦恭有礼。早晨与同学、老师见面宜问一声"早晨好"，晚上就寝前可相互祝声"晚安"。在使用公用水龙头、晒衣绳及电话时，应尽量礼让他人。在寝室里如能坚持使用文明、礼貌、和谐的语言，成员之间的关系必然和睦融洽，生活也才会舒心、温暖。

（2）举止高雅。高雅的举止不仅能在外观上给人以美感，而且有利于团结与合作。培养高雅的举止，首先要做到以下几点：

一是彬彬有礼。中华民族素称"礼仪之邦",彬彬有礼的风度历来倍受人们的称誉,"以礼相待"是家喻户晓的格言。待人彬彬有礼,就能在人与人之间架设一条互相尊重和友爱的桥梁,使生活充满愉悦与和谐。相反,待人粗暴无礼,只能带来不满与怨恨。孔子曰:"己所不欲,勿施于人。"有些学生对此没有很好地理解和认识。例如,上铺学生将脚伸到下铺同学的脸前,引起不必要的争执,影响同学之间的关系。特别要指出的是,对于寝室管理人员以及勤杂人员,大学生也应给予应有的尊重,不能以"居高临下"的态度予以歧视和训斥,甚至是漫骂、争吵,这有失大学生的身份。另外,遇有同寝室其他成员的亲友来访,应热情接待,不可表现出"事不关己,高高挂起"的态度。在寝室里,听到敲门声,不可轻易说"请进",特别是夏季,穿着比较随意,以免引起寝室其他成员不方便,造成双方尴尬。在寝室内生活不比在家中,一切应从集体角度出发,如不随便使用、翻弄别人的东西,更不允许将别人的东西据为己有。东西丢失了,也不要无依据地猜疑,以免影响同学关系。

二是严守纪律。凡对待事业和生活态度严肃的人,从不否认纪律,总是自觉地遵守纪律。然而,有的同学却视纪律为束缚,追求所谓"绝对自由",在寝室里夜半高歌,从窗户往外泼水、扔东西,任意放肆,只顾自己,不管他人。纪律是由人的社会性决定的,为了维护社会的正常运转,就必须建立相应的纪律。守纪律是有知识和教养的表现,每个同学都应养成严守纪律的良好习惯。在起床、入寝、自习、用餐、熄灯等方面都应自觉遵守学校规定的时间。同时应遵守寝室的规章制度,男女同学相互探望时,不可长时间逗留,更不能留宿异性;不要擅自调换房间、床位;严格遵守寝室的作息时间。寝室开展的娱乐活动形式要文明,避免社会上不良风气的影响,诸如酗酒、赌博等。出入邻舍,应把握好时间,以免影响他人休息,成为"不受欢迎的客人"。

三是爱护公物。对寝室内所有的公共物品和设施都要像爱护自己的东西一样加以爱护。不要在床、桌、门、窗、墙壁上乱写乱画,一旦毁坏公物,应照章赔偿。注意人去灯灭,节约用水。

四是豁达大度。豁达大度是一种性格美,它体现了待人接物的通情达理,也表明对事物和人有最大限度的理解和容忍,能够抛弃私利和个人恩怨而顾全大局。寝室里来了客人,且不说是你的亲友同学,还是其他同学的亲朋故友,即便是你"冤家"的家人来访,而他又不在,你也应热忱相待,招呼、让座、倒水自不必说,还应设法为之找被访者。只有这样,才能使误解了你的"冤家"感动。然而有些同学由于缺乏修养,一旦不顺心,就动怒发脾气,毫无宽容之心。有的同学心胸狭窄、不能容人,常因一点小小的冒犯或过失就暴跳如雷,或出口伤人,或大打出手,这是个性修养上的一大缺陷。因此,在日常生活中应该注意克服这些缺点。

3. 寝室礼仪要求

(1) 同学们同居一室,习性各异,互相之间要关心、尊重,以礼相待,努力造成一个心情舒畅、生动活泼、温暖和谐的集体。因此,就必须遵守集体寝室的文明礼仪。

(2) 集体相处要有谦让精神,尊重对方的情趣爱好,尽量满足别人的需要,不要以自己是否喜好为标准去指责同学；对自己的行为要注意节制，多替别的同学着想，不可我行我素，使性子。否则，就会失去人缘。

（3）同居一室，要有互相帮助的精神，寝室里有人生病，要像亲人一样细心照料，如帮其打开水、买饭、拿药、找医生或送医院等；同学在生活方面有了具体的困难，要主动给予恰当得体的帮助。

（4）当自己的朋友来访或家长来校时，在寝室谈话要掌握时机，不要高声谈论，时间也不宜过久，最好能找不影响同室人学习与休息的时间和地方；当朋友或家长带来家乡的土特产时，要热情大方地让大家适量分享。当别人的朋友或家长来校时，要主动热情地接待，提供方便的交谈环境，协助安排食宿；被访的同学不在寝室时，要主动帮助尽快找到；当同学的朋友或家长来往车站需要接送时，要主动提出帮助同学接送。

（5）住寝室要注意搞好个人卫生和公共卫生，保持寝室内的整洁、清新、舒适。不因个人卫生状况而影响同室人的正常生活和集体的荣誉；值日者要认真负责搞好室内卫生，并要大胆地监督其他同学。

（6）当自己同别人的观点有原则分歧时，要心平气和地讨论；别人之间发生争吵时，应主动劝解，不可袖手旁观，坐山观虎斗，更不能火上浇油，对别人的缺点要善意地进行批评；对待别人的批评，则要抱"有则改之，无则加勉"的正确态度。

（7）住寝室要注意爱护公共财产和物品，如有损坏，要照价赔偿或修理如新，无法修理时，要报告学校有关部门帮助修理。

（8）搞好自己寝室内部文明礼仪的同时，也要搞好同周围寝室的关系，没有重要事情，一般不要到别的寝室，尤其是到外班的寝室串门聊天，更不要到别人的寝室留宿。

问 题 讨 论

向不文明行为告别，是我们一直在倡导的行为规范，看到图4-2中的寝室现象，你有何感想？请同学们讨论一下自己所在寝室中不符合礼仪规范的现象，然后开展主题日活动，重点加以改进。如设立禁烟日、个人清洁日、废物出清日等活动。

图4-2 不文明寝室

第四章 社交情感礼仪

（二）餐厅礼仪

 小资料

在餐厅切忌游动用餐，以免发生不必要的事故。

学生用餐礼仪 24 字口诀：

取饭菜，排队买；待同学，语和蔼；剩饭菜，倒桶内；相碰撞，莫责怪。

 知识导航

"民以食为天"，一日三餐不可少。在餐厅就餐时是否讲究礼仪，是检验一个人礼仪修养的重要方式，也是加强和提高礼仪修养的主要场所。因此，不可忽视餐厅就餐时的文明礼仪。

学校餐厅就餐时间相对集中，就餐人数比较多，工作人员也相对繁忙，作为学生，应注意就餐的礼仪。（见图 4-3、图 4-4）

图 4-3　学生排队就餐　　　　　　　　图 4-4　文明就餐

（1）注意公共卫生。进食堂，不应随地吐痰，不应向地面泼水、扔杂物，剩余的饭菜应倒在指定的位置。

（2）按规定时间就餐，遵守秩序，互相礼让，自觉按先后次序排队购买饭菜，不要硬挤或插队，更不应打闹、起哄和出现其他不文明行为。工作人员繁忙顾不过来时，要耐心等待，不要敲柜台、餐具，或挥舞手臂，也不要"师傅、师傅"地叫个不停，更不能隔柜台伸手拉工作人员的衣袖、衣角，这些做法都是失礼的。轮到自己打饭时，要客气地讲话。打饭后，应礼貌地说声"谢谢"。

（3）在窗口买饭时，要自觉排队，正确使用饭卡，爱护刷卡设备；说话要有礼貌，尊重工作人员；如对饭菜质量、卫生状况、服务态度有意见，最好不要当场提出，饭后可向学校主管部门或学生会生活部提出。如果为对方一句话生硬，为饭菜量少了点而发生争吵，甚至打骂，是不讲礼仪、没有修养的表现，有损自身形象。

157

（4）就餐时不要争抢桌椅，坐姿要端正，不要坐桌子，不要踩椅子；不要边吃饭边讲话，尤其不要面对别人大声讲话；对不爱吃的菜以及肉骨、鱼刺等物，不可吐在地上，要放在餐桌上，饭后自己倒在规定的地方。在食堂买饭、就餐时，如果同学之间不小心相互碰撞，打翻了饭菜、弄脏了衣服，要相互原谅，相互道歉，切不可相互指责、漫骂，甚至动手打架。

（5）进餐时应注意节约粮食。例如，馒头不小心掉在地上，应捡起，不要碍于面子而一脚踢开，以显示自己多么"高贵"。所购买的饭菜，以吃饱为度，不要超量购买，以免吃不完造成浪费。

（6）吃饭时，如发现饭菜有异物或质量问题时，可找有关人员有礼貌地说清楚，以帮助食堂改进工作，提高服务质量。不可感情冲动，大发脾气，失去理智，吵闹不休。如果一味坚持粗暴无理的态度，不但不利于问题的解决，而且会引起食堂工作人员的反感。特殊情况下，还会引发学生与食堂工作人员关系的恶化。

问 题 讨 论

图4-5就餐文明吗？遇到此类情况，你怎么办？观察本校食堂或校外餐馆中不文明的就餐现象，分小组制作宣传海报，倡导文明就餐。

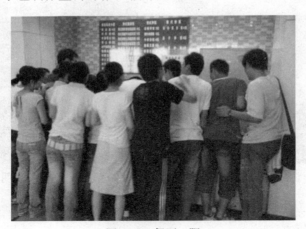

图4-5 餐厅一隅

（三）课堂礼仪

 小资料

讲究课堂礼仪，对促进教师与学生的沟通，提高教学效果极为重要，正所谓教学相长。

对教师的讲课如有异议，最好课后单独找老师谈。如非要在课堂上提出，也要注意方式方法，不能让老师难堪。

第四章 社交情感礼仪

知识导航

人们常把老师喻为"人类灵魂的工程师"、培育人才的"园丁"、照亮别人燃烧自己的"蜡烛"。可见老师的工作多么重要，老师的人格多么高尚。荀子曰："礼，所以正身也；师，所以正礼也。"作为学生，讲究礼仪、提高修养，首先要从尊师敬长开始，因为师长是礼仪之源泉。尊师就请从日常生活开始。

1．上课、下课的礼仪

（1）上课预备铃响后，学生应安静地坐在教室里，准备好上课用的书本、文具，恭候老师到来。（不能打闹、跑动或大声喧哗。）

（2）当老师登上讲台，全体同学要向老师行注目礼或问好。如问好，应全体起立，问候"老师好"，等老师答礼后，方可坐下，坐下时动作要轻，不要使桌椅碰出响声。起立时，动作不要迟缓，也不要半站半坐、躬腰低头，更不要未等老师答礼就坐下。

（3）下课铃响后，老师宣布下课，同学们应全体起立，恭敬地目送老师走出教室，然后方可自由活动。（不要在老师未离开之前抢先闯出或与老师抢路，老师有事滞留教室例外）。

（4）若下课铃响后，老师还未宣布下课，学生应安心听课，不要忙着收拾书本、文具，或频繁看手表或手机，或坐立不安、摇晃桌椅，这些不耐烦的表情和动作都是不尊重老师的表现。对拖堂有意见，应在课下找老师单独交谈。

2．课堂中的礼仪

（1）听课时，要保持听课姿态。坐姿要端正，抬头挺胸，目光面向老师，双手自然放于体前，或右臂放于左臂上，扶在课桌的边缘。（见图4-6）

图4-6　学生听课姿态

（2）听课时，坐姿要端正，要聚精会神。当老师讲到精彩的地方，报以会心的微笑，但不可哄堂大笑。对老师有意使用的设问、反问等方式，应主动地用眼神、表情配合，以表示领悟与否，一般不要随意接话，以免干扰老师讲课的思路和课堂秩序，老师讲到重要内容时，自己要及时地做好笔记。课堂中切不可左顾右盼，交头接耳，也不能目光呆滞、无精打采睡觉、玩手机或看其他书籍。

(3) 课堂上老师提问时，要踊跃举手。老师点到自己的名字时，要立即起立、站直，要动作大方、表情自然地回答问题。回答问题时，声音要洪亮，切忌起立动作迟缓，起立后，不要出现东张西望、双手玩弄文具等不文明行为。不会回答或不清楚时，可以说"对不起，我不太清楚"或"我不知道"，不要起立后低头不语。当老师为你提示或纠正答案时，应点头微笑表示感谢。听到老师让"坐下"后，方可坐下。

(4) 课堂作业要及时完成，课后作业要按时上交，这是尊重老师教学的表现。不做作业是不礼貌的行为。当做课堂作业有不懂的问题时、当课堂答疑自由提问时，应举手示意。当老师巡视到身边，向你问话或讲题时，应起立答话。如老师讲的时间稍长，要请老师坐下，切不可让老师站着，学生坐着。

(5) 上课时，如果有个别同学因急事、急病需要中途离开教室，或者身体不舒服，需要伏在课桌上小憩时，应举手向老师说明，老师允许后方可。不能无正当理由而在老师讲课时睡觉玩手机，这样做是不尊重老师的劳动，也是不尊重教师人格的表现。

(6) "金无足赤，人无完人"。老师在讲课的过程中，难免出现说错话、批评不当，或有的问题没讲明白的情况。作为学生，切不可失去理智，不讲礼貌，当面讥笑、议论甚至顶撞老师，让老师出丑。正确的做法是：在不影响老师讲课的情况下，可举手示意发言，老师允许后，以谦虚的方式，心平气和地提醒老师，也可以等到课下再同老师交换意见，只要你说话入情合理、态度真挚诚恳，老师定会欣然接受，并会由衷地感谢你。

3．迟到时的礼仪

学生应当按时到教室上课，这是遵守纪律的基本要求。如果确因特殊情况导致迟到，应特别注意举止文明和礼仪周到。

(1) 学生应在教室门外轻轻停下脚步，如果教室的门关着，应先轻轻敲门；如门开着，要等到老师讲话停顿时再喊声"报告"。得到老师允许后，才能进入教室。入座时速度要快，脚步要轻，书本、文具轻拿轻放，尽量保持课堂安静。切不可鲁莽地推门而入，惊扰老师和同学们上课。

(2) 当老师询问迟到原因时，要实事求是地报告给老师。如果受到老师的批评和斥责，应诚恳地承认错误，接受批评。如果老师误会、委屈了你，也应等到课后，平心静气地当面向老师解释清楚，也可写书面材料交给老师，相信老师了解实情后，会向你认错并向同学们做出解释的。一般不要当场解释、争辩，更不要当众反驳、顶撞，这样做才是一个讲文明、懂礼仪的好学生。

问 题 讨 论

课堂是知识的阵地，教师是文明的传播者，对图4-7和图4-8中的不文明行为，你有何感想？

请设计一个课堂上可能出现的情景,如同学迟到时、回答不出老师提问时、有急事需要离开教室时的情景,然后演示符合礼仪要求的做法。

图 4-7　课堂一角

图 4-8　上课前

(四)自习礼仪

小资料

上自习,尤其是上晚自习,不要为他人占座,不要将自习室作为谈情说爱的场所,不要大声喧哗,不要吃零食,不要玩手机打游戏,要保持自习室的卫生,准时下课,不要拖延过久。

知识导航

简单来说,自习礼仪规范包含以下几个方面:

(1) 自习室是"无声的课堂",最重要的是维持室内安静的学习氛围,不要频繁走动,不要窃窃私语,更不应在自习室谈恋爱玩手机。

(2) 开门、关门、起立、入座动作要轻,尽量避免发出响声影响他人。

(3) 自习期间在楼道内也要轻手轻脚、细声细语,不能追逐打闹、高声喧哗。

(4) 上自习时还要遵守学校教学楼的有关规定:一是不要在教室内乱丢废弃物品,保持室内卫生;二是要准时下课,不要拖延过久。

我们应该充分利用自习时间,提高自身的文化素养,开拓精神境界,为将来的求职就业打下良好的基础。

问 题 讨 论

图 4-9 与图 4-10、图 4-11 形成了鲜明的对比,你如何看待这种现象?你是怎样上自习的?

图4-9 学生在上自习

图4-10 自习课（1）

图4-11 自习课（2）

（五）考试礼仪

小资料

诚信考试24字：
自尊自律、诚信考试、拒绝作弊、珍惜名誉、塑造人格、提高素质。

知识导航

考试是学校检验学生对所学知识和技能掌握程度的一种方法，又是促进学生进一步努力学习的动力。所以，一定要端正考试态度，严格地自觉遵守考场规则。

1．考前准备

（1）对平时使用的辅导书籍，考前建议住宿生把部分书籍带回宿舍、走读生带回家。

（2）考试铃响前十分钟，各人的全部书籍、资料一律装袋，扎紧（书包或塑料袋），不散装。

（3）考前五分钟将书包、书籍资料袋统一整理好放在监考教师指定的位置。

（4）考前清场，教室内不留书包（含空包），课桌内不留任何书籍、纸片、杂物，保持考场整洁、卫生。

2．诚信考试

（1）从试卷开始下发到考试结束收试卷期间，每位同学都应停止与他人交谈。

（2）独立思考，先易后难，遇难莫惊慌，遇易勿大意。

（3）诚信考试，不以任何形式作弊（偷看、夹带、抄袭、交流、传纸条、使用通信工具等）。

3．考场要求

（1）考生应按规定的时间进入考场，按规定的座次就座，除了指定的考试用具外，不可携带任何书籍、笔记、草稿纸等物。（见图4-12和图4-13）

（2）考试中，如果有试题字迹模糊不清，要举手询问监考教师。如缺少必用的文具，需向别人求借时，或者身体出现不适，无法继续应考时，都应先举手示意，向监考老师说明情况，由老师帮助解决。

（3）考试中要坐姿端正，专心答题。不要左顾右盼、交头接耳，不要偷看别人的试卷，或者偷看笔记、书本。也不要有意让别人看自己的试卷。否则，就是作弊行为。考试作弊者要受纪律处分。假如在考试中有违纪行为被监考老师批评，或者作弊时被监考老师抓住，一定要承认错误，听从老师处理，不可抵赖或大吵大闹。

（4）考试结束时间一到，学生应按监考老师要求，立即将试卷整理放好，迅速离开考场。提前交卷者，动作要轻，不要在考场周围议论，不要在走廊内大声喧哗、吵闹，以免影响其他考生答题。

（5）要配合监考老师工作，遵守考场纪律，不违纪，诚信做人。

（6）要保持考场的环境整洁，考完后及时清理、收拾、打扫卫生。

图4-12　学生在考试（1）

图4-13　学生在考试（2）

问题讨论

讨论怎样才能做到诚信考试？建议同学们从我做起，做一个诚信的考试者。

（六）图书馆、阅览室礼仪

 小资料

爱护公共财物，遵守阅读规则，不仅是尊重他人劳动的表现，同时也为大家创造了好的学习环境。请不要利用图书馆安静、舒适的条件谈情说爱。

 知识导航

图书馆、阅览室是广大师生学习的地方，图书馆、阅览室陈列的大量书籍、报刊、资料是教学、科研和阅读的重要参考资料。能否爱护书籍、保持优雅文明的阅览环境，是检验一个学生是否具有良好礼仪修养的重要方式。

1．图书馆礼仪

进入图书馆，要衣着整齐，不要穿拖鞋、背心，不要为同学占座。图书馆的主要礼仪是保持肃静，阅读时不要出声，也不要和熟人交谈，借书、还书、查找资料、翻书、入座、起座及走路等行动都要轻，不要发出干扰他人学习的任何声响。偶尔与同桌交谈几句，也要简单明了，轻声细语，较长时间的讨论应去室外。在图书馆里说话，内容以学习为限，不可说与学习无关的话，更不可借图书馆安静舒适的环境谈情说爱、相依相拥、情话绵绵，否则就不只是失礼问题，更是对文明的亵渎。

图书馆的书籍凭借书证借阅，借书证只限本人使用，不得转借他人。如有遗失，应到图书馆声明，以防他人冒借、代借。（见图4—14）

图4—14 学生在图书馆借阅书籍、查找资料

图书馆的书籍是供全校师生共同阅读的。为了加速流通，便利读者，每次借书不能超过规定的册数，并应在规定的时间内归还。对借阅的书籍要爱护，不要在书上圈点、批注，不能撕毁、污损或遗失图书。如果不慎损坏或遗失，要主动向图书馆工作人员说明，并按规定赔偿。

2．阅览室礼仪

进入阅览室应主动出示证件，不得自带书刊、书包进入。阅读时看到自己喜欢的内容，可以抄在自带的笔记本上。不要在书刊上折叠、涂画，更不能把自己认为有用的资料、图片撕下或"开天窗"挖掉一块，这些行为都是极不道德的。阅毕要放回原处，未经管理员同意，不得将书刊资料带出室外。

若需在阅览室里整天学习，并自备了午餐，应在休息室或室外就餐，不要在阅览室进餐，以保持良好的气氛和公共卫生。

离开阅览室时，要自觉把椅子和所看的书刊整齐地放回原处。（见图4-15）

图4-15　学生在阅览室读书

问 题 讨 论

在图书馆、阅览室读书应注意哪些礼仪？图4-16中有哪些不文明的行为？

图4-16　阅览室一角

（七）实习实训礼仪

小资料

遵守实习实训礼仪是安全、顺利进行实习实训的有力保障。

实习实训过程中如发生事故，不要惊慌，应沉着冷静地采取一切紧急措施，进行处理。

知识导航

实习实训是教学过程的一个重要环节，是培养学生实践动手能力的关键，为保证实习实训教学的顺利进行，每一所学校都制定了相应的规章制度，学生遵守实习实训时的礼仪，是安全、顺利进行实习实训的保障。

1．实验礼仪

实验教学是对学生进行实验技能的基本训练，使学生了解科学实验的主要过程和基本方法，能培养学生的观察力、创造力和动手能力以及严肃认真的工作态度、积极主动的探索精神。

实验室是实践教学的重要场所，作为学生，应该做到以下几点：

（1）实验前，要认真阅读实验指导书，明确实验目的、原理，掌握操作程序、操作要领及注意事项，严格执行操作规程。

（2）自觉执行实验室的管理制度，听从老师的统一安排，按老师的要求并在老师的指导下规范操作。

（3）进入实验室后，按要求有秩序地进行实验，与上课无关的物品不要带入实验室。

（4）保持实验室安静整洁，在实验室不可喧哗、追逐、吸烟、吃零食、乱丢杂物等。

（5）实验中，应在老师的指导下认真做实验，做好记录。不要随意动用实验要求以外的设备，以免引起危险或损坏设备。如对设备操作不熟练，要在老师的指导下进行。注意节约水电。如果不小心损坏了仪器，要及时报告老师。不能随意拆卸仪器设备上的零部件，甚至归为己有。

（6）实验课结束时。要认真填写实验报告，把设备、仪器切断电源，擦洗干净，放回原处，请老师验收。最后，帮助老师打扫卫生，摆放好桌椅，关好门窗、电源和水源。

（7）实验过程中如若发生事故，不要惊慌，应在老师的指导下沉着冷静地采取一切紧急措施进行处理，并及时报告相关部门。

2．实训礼仪

实训教学是培养学生专业技能和技术应用能力的重要途径，是教学过程中的重要环节。作为学生，在实训中应该做到以下几点：

(1) 实训时，遵守实训室的相关规定，不要迟到、早退。按要求到达实训场所，做好准备工作。进入实训场所，要穿工作服、戴工作帽，携带规定的劳保用品。实训中应认真听取实训指导教师的指导，按照实训要求和规程操作，保证实训安全。(见图 4-17 和图 4-18)

图 4-17　汽车实训场地 (1)

图 4-18　汽车实训场地 (2)

(2) 实训中，注意培养自己的职业素质，要以企业员工的身份进行操作，树立责任意识和效率意识。要爱护机器设备和工具，注意节约。要专心致志地进行实训操作，严格遵守操作规程，避免发生事故。操作时不要与其他同学说笑、打闹。确有事情要离开实训岗位，要向指导教师请假，不可擅离岗位。

(3) 实训结束时，要把实训室的机器设备打扫干净，关闭电源，将自己用过的工具整理好，放在规定的位置，清扫工作废料，给实训指导教师留下一个讲文明、懂礼貌的好印象，养成良好的职业习惯。

(4) 每次实训结束后，按要求填写实训记录，做好实训总结，总结实训中的经验与不足，不断提高实践技能。(见图 4-19、图 4-20)

图 4-19　普铣零件加工实训

图 4-20　数控铣零件加工实训

3．实习礼仪

学生到企业实习是理论联系实际、提升综合职业能力的重要环节，是检验学生学习情况和文明修养程度的重要过程，对就业具有十分重要的意义。所以，要重视实习，注意实习中的文明礼仪。

(1) 以正式员工的身份来要求自己。要把实习当成自己的第一份工作，要把自己当成企业的一名正式员工来要求，想想自己如何为企业带来更好的声誉和效益，甚至要在一些细节上，比如着装、打卡的细节上，都要按企业的要求去做。

（2）要有强烈的责任感。在这里特别强调责任心，既然在企业担任一个岗位的实习，就要承担起这个岗位应有的责任，对负责的事情要负责到底。对确实有困难的工作要直接向主管说明，绝不能含糊应承却不能按时完工。只有脚踏实地、富有责任感的实习生才会引起企业的注意。

（3）无障碍地沟通。在一个公司或一家企业内，一个项目的完成，甚至平常的业务，也需要和其他同事或者部门进行合作，所以良好的沟通意识和沟通能力至关重要。良好的沟通意识和沟通能力能使实习生更快地适应工作环境，而且可以让实习生从前辈那里学习到成功的经验。沟通是多方面的，在和同事交流沟通的同时，也要和主管进行交流沟通，由此可以更好地了解自己在工作上的表现，认识到自己的不足和缺点，以便及时改正。和主管的交流也可以使主管对你的印象深刻，更能得到主管的青睐。

（4）善观察提建议。大学生应该抱着积极的态度参与实习，不要坐等带队老师来安排，说一步做一步。企业青睐有想法、勤于思考的人才。因此，大学生在实习过程中要仔细地观察，不仅吸收新鲜知识和技能，还应该多加思考，大胆地提出一些合理的建议。

（5）提高业务素质。实习生表现得出色与否，最终体现在工作能力，也就是业务能力上。实习生应该把自己所学的知识尽可能地发挥在实习岗位上，发挥出最大的潜能。学校里所学的知识是系统的、全面的，在具体实习岗位上应用的知识是具有针对性的，因此需要快速地学习，更新知识，以适应实习岗位的要求。

（6）被考察的同时也要考察对方。实习的过程不仅仅是接受企业考察的过程，事实上，实习的过程是大学生和企业相互了解和相互考察的过程。在实习过程中，大学生能够深入地了解企业，接触企业的员工，感受企业的文化。这时，要问问自己，是不是适应这里的工作环境？是不是喜欢这份工作？是不是可以和其他人能很好地沟通合作？如果答案是否定的，那么你就要考虑自己的下一步选择了。从企业的角度来说，也不希望大学生在正式签约之后，因为这些原因而离职，给企业带来损失。

（7）要一份正式的《实习鉴定》。很多大学生在企业实习了，但在简历上，只有很简单的某年某月在某单位实习过的描述，这在求职过程中是很没有说服力的。假如你可以出示一份正式的《实习鉴定》，那就很不一样了。《实习鉴定》上可以写明实习的岗位、岗位描述、实习过程中完成的工作或项目、工作评价或项目评估等，最后让指导老师或企业负责人签字盖章。

4．顶岗实习礼仪

顶岗实习就是准就业，作为学生，应该明确并遵守实习期间的礼仪规范。

（1）顶岗实习的学生具有双重身份，既是一名学生，又是企业的一名准员工（或称实习员工），要做好身份转换，调整好心态，接受企业与学校的双重管理。要服从企业和学校对顶岗实习的安排和管理，尊重企业的各级领导、实习指导教师和所有员工。自觉遵守企业和学院的规章制度，做到按时作息，不迟到、不早退、不误工、不做有损企业形象和学校声誉的事情。注意维护学校集体的荣誉,发扬团结、友爱、互助精神,与同学和企业员工和睦相处。

(2) 按照顶岗实习计划、工作任务和岗位特点,安排好自己的学习、工作和生活,发扬艰苦朴素的工作作风和谦虚好学的精神,培养独立的工作能力,虚心学习,刻苦锻炼和提高自己的业务素质,认真履行岗位职责,按时保质完成各项工作任务。

(3) 顶岗实习时不能随意离开实习单位。如确因特殊情况要离开,务必同带队教师提出,征得实习单位的同意,履行正常手续。

(4) 学生预就业期间要经常与辅导员、指导教师保持联系,定期上学校网站或通过其他方式了解学校关于毕业生的有关信息。确保向主管老师提供的联系方式正确有效,如提供的联系方式发生变更,应及时通知主管老师,避免因联系方式出现问题而导致信息不畅,造成不利后果。

(5) 要保持认真、合作、自信的工作态度,按规定的作息时间上岗,做好班前班后的交接工作。严守职业道德,工作时间专心致志。服从领导,尊重师傅,有事离岗时,应事先征得有关人员的同意。

(6) 要有高度的安全防范意识,要了解企业的安全标志,严格按照操作规程进行操作,工作时穿戴好防护用品。如不慎出现事故,立即向主管报告,及时进行救治。

(7) 在顶岗实习期间要注意安全。遵守交通规则,保管好自己的贵重物品,不要轻信陌生人,外出要结伴而行。不可擅自外出游玩,如爬山、游泳等,以免发生意外。保持高度警惕,不要轻信他人介绍工作的谎言,以免误入传销上当受骗。在实习期间,禁止在外酗酒、打架、赌博及从事传销等活动。

(8) 在企业顶岗实习期间,原则上不得请假。如有特殊情况,要出具证明,经企业主管和指导教师批准,方可离岗。

(9) 认真完成好实习任务,用心钻研,注意在学校所学到的知识和专业技能与岗位能力之间的转换,真正实现零距离与岗位对接。

(10) 坚持每天记实习日记,按时完成实习报告和学校布置的学习任务,实习结束后要写实习总结。

图4-21所示为学生在车间顶岗实习的场景。

图4-21 学生在普车零件加工车间顶岗实习

问 题 讨 论

图 4-22～图 4-25 中的学生实习文明吗？说一说在实习实训中及顶岗实习中有哪些礼仪规范？

图 4-22 茶艺实训

图 4-23 汽车发动机故障分析实训

图 4-24 商务礼仪实训

图 4-25 证券、股票、银行模拟交易实训

（八）同学交往礼仪

 小资料

彼此相互尊重，友谊方能长久。

在同学之间搞小团伙、小集体，将影响同学之间的团结。

男女同学之间的交往要相互尊重，谈吐举止要注意分寸，大方而不轻浮。

与异性之间的交往要广泛，避免个别接触，学习异性同学的优点，塑造自身人格魅力。

同学之间要彼此关心，学长要爱护学弟学妹，在学习生活中起模范带头作用。

学校是个大家庭,同学们来自全国各地,由于家庭环境不同,各自的脾气性格和兴趣爱好也各不相同。同学们天天学习、生活在一起,相互交往频繁,要想友好相处,避免矛盾,就必须讲究交往的礼仪。

1. 同学间打招呼的礼仪

(1) 同学见面应主动打招呼(见图4-26)。打招呼时,可以直称姓名,也可以略姓称名,但不能用"哎""喂"或者"老张""小李""大哥""小弟"等代替称呼,更不能称乳名或给同学起绰号。异性同学不宜略姓称名。

图4-26 同学间打招呼

(2) 打招呼时应面带微笑,眼睛要正视对方,动作要文雅。不能表情冷漠、目光斜视他方。不能戴着手套甚至用湿手、脏手与别人相握。

(3) 看见几位同学同行,要一一打招呼,或说"你们好"。

(4) 骑车相遇,对方未骑车时,应下车打招呼,或一同步行,或打完招呼再上车前行。

(5) 同学休假返校,见面打招呼时,要询问家庭情况及父母亲身体状况。如同学病愈返校,自己应主动先打招呼,询问病情及康复程度,并说些安慰、鼓励的话语,使同学心里宽慰。

(6) 如果得知某日是某同学的生日,打招呼时要说几句诸如"祝你生日快乐"的祝愿辞。切不要主动提议让对方请客,也不必向对方送礼物,这样会使对方为难。

(7) 同学取得成绩或得到表扬,打招呼时要表示祝贺。

(8) 同学受挫折或遭遇不幸,打招呼时要予以劝慰开导或鼓励。

(9) 同学久别重逢,打完招呼还应热情地询问学习、生活情况。

(10) 遇到同学与其家长在一起时,与同学打完招呼,还应问候同学家长。

诸如此类,都是学生应该做到的基本的交往礼仪。

2. 同学间致谢、道歉的礼仪

(1) 致谢。同学交往讲究礼仪,互帮互敬随处可见。但偶尔的摩擦、碰撞也是难以避免的。学会致谢、道歉就能增进友情,化解矛盾。

同学相处，谁都离不开别人的帮助，无论何时何地，只要别人为你提供了帮助，为你付出了时间、精力或者劳动，都要表示感谢。

别人为你提供的帮助，无论大小，甚至于微不足道，也不管对方是你的领导、老师，还是你的好友，都要真诚地向对方致谢，而不能敷衍了事地打发人家，所以，致谢时的表情、语调、体态一定要透露出"真诚"。

当别人向你提供帮助时，你的反应要快，要及时地向对方致谢。一声"谢谢"，意味着你已认识到别人提供的帮助，忽略这一点，则是非常失礼的行为，这会使对方在客观上造成一种错觉，似乎你把别人的帮助看成是理所当然的，或者他对你的帮助表示不够满意。如果别人向你提供帮助时付出了财或物，还应视情况适量偿还。

致谢的方式多种多样：有直接口头致谢、电话致谢、书面致谢、由他人转达谢意等，总而言之，我们应学会并习惯向别人致谢，这将有助于创造一种乐于助人的良好的校园风气。

(2) 道歉。向人致谢是有礼貌的行为。做错了事主动向人道歉同样也是有修养的表现。俗话说："智者千虑必有一失。"学会道歉是消除误会、弥补过错、化解矛盾的重要形式。

一般有下列几种情况应向别人道歉：

一是你不小心说错了话、做错了事或无意中损害了别人利益时，必须向对方道歉；二是有失礼貌，受到别人质问或指责时，应主动说明情况，并表示歉意；三是参加集体活动时，由于迟到、早退使大家等得着急或因其他过错影响了工作时，应主动表示歉意；四是在事先估计到可能会影响别人的学习、工作或休息时，应提前表示歉意。

表示道歉和谢罪的礼貌用语有："对不起""实在对不起""失礼了""请原谅""打扰您了""这是我的错""真过意不去""请您多包涵"等，道歉时的态度要诚恳。

当别人向自己致谢或道歉时，应回答："没关系""不必客气""这是我应该做的"等。总之，我们强调同学之间要讲礼仪，并不是说在一切情况下都要僵守不必要的烦琐的客套和热情，而是强调同学之间要相互尊重，不能过于随便，以免引起隔阂与冲突。

3. 同学间交谈的礼仪

同学间经常交谈，能促进相互间的沟通和了解。但交谈时要注意交谈的礼仪。

(1) 和同学谈话时，要本着平等的态度，不可口大气粗、盛气凌人，也不可装腔作势、故弄玄虚，而要诚恳、谦虚，语调平和。

(2) 自己发表议论、评论人和事时，要有根据，不可信口开河、妄加评论。

(3) 叙述或回忆事情经过时，要有顺序，不要颠三倒四，使人茫然。

(4) 闲聊乱侃时，要幽默风趣，不要使人厌倦。

(5) 交谈中要注意观察对方的兴趣和情绪，适时中断或改变话题。

(6) 听同学说话时，态度要认真，不要东张西望、心不在焉；不要表示倦怠，如打哈欠或焦急、频繁地看手表；不要轻易打断别人的话，插话或提问要先打招呼；如果同学说话欠妥或说错，要恳切委婉地指出。

（7）与同学交谈时，内容要真实、健康，应实事求是地说出自己的心里话，不说讨好、恭维的话，不说揭人之短、伤人自尊的话，也不说挑拨是非、引起矛盾的话，更不能说黄色污秽和政治上反动的话。（见图4-27、图4-28）

图4-27　同学交谈（1）

图4-28　同学交谈（2）

4．同学间相互借用钱物的礼仪

同学们离家住校，远离父母，相互之间借钱、借物是互帮互助、体现友情的表现。但是，如果不注重礼仪，可能会引起矛盾。

（1）古训有"人亲财不亲"之说，所以，即使是亲密无间的好友，在钱财上也不要过于随便。生活中许多例子表明，那种"花钱不分你我，用物不分彼此"的交往，长此以往，必生间隙，导致同学关系的疏远、友谊的淡化和恶化。因此，不要轻易向同学借钱或较贵重的物品。生活中较常用的物品，自己要备齐。如自己暂时没有，需向同学借用时，要向物主说明情况，待允许后再用；用时要爱惜物品，用后一定要及时归还，并向物主致谢，请物主验收。物主不在房间时，不要自行拿用，如自己急用，且与物主关系密切，可向在场的其他人打个招呼，讲清你借用物品的数量及完好程度，用后再向物主解释并致歉意。

（2）借用物品不能及时归还时，要向物主说明并经其允许，如有损坏或丢失，要照价赔偿。

（3）借用别人东西时要注意，与物主不太熟悉不要去借，贵重物品不要去借，物主心爱的物品不要去借。否则，会使物主为难，也是自己不礼貌的表现。

（4）我们大多数同学的家庭都不富裕，一般情况下不要向同学借钱。确实需借，可试探性地、委婉地向同学提出，如对方面露难色，应立即改变话题，切不可穷追不舍，更不能责怪、刁难、辱骂或威胁对方，这样会引起别人的反感和厌恶，也是极无礼仪修养的表现。

（5）向同学借钱时，要说明原因、数量、归还的时间。同学答应借给时，要主动写借条并真诚地致谢。借到的钱必须节约使用到关键地方，切不可挥霍浪费。如到期不能及时归还，要主动向同学说明原因，并承诺下次归还的时间，也可先归还部分。总之，"好借好还，再借不难"。

(6)当同学有困难时,自己要主动询问,并提供帮助。同学提出借用自己的钱物时,要热情、慷慨地给予,不要漠不关心或故意推辞。更不能趁人之"危",乱提条件。而应该人人都献出一点爱,使校园变成美好的"人间"。

5. 异性同学交往的礼仪

男女同学同在一个学校,共处一个班级,这是时代文明进步的表现。在男女交往中,我们既要反对"男女授受不亲"的封建观念,又要注意到"男女有别"的基本事实。男女同学应平等相处,互相尊重,以礼相待,反对那种言行随便、举止轻浮的不文明行为。

(1)言谈。开玩笑要注意方式,不要互相打逗,交谈中不讲粗话,不对异性同学评头论足或起绰号。

(2)举止。与异性同学在一起时,要讲究仪表,举止要大度得体,不忸怩作态或做一些不雅的小动作,如剔牙、抠鼻子、掏耳朵、伸懒腰等。双方态度要端庄、不轻浮,言语要客气、平和,不可嗲声嗲气、眉来眼去,更不能做行为不检点的越礼之事。

(3)交往。与异性同学交谈应选择在公开场合,不可秘密接触。只有两人交谈时,在室内应开着或半开着门,切记不可插门或锁门;在室外不可到较偏僻、隐蔽的地方;外出旅游、逛公园、看电影、转商场等不要两人单独行动,以免引起对方和旁人的误会,给自己带来不良的影响,产生不必要的麻烦。交谈的内容一般应是校园生活、学习、工作范围内的事情,自己和家庭的私事,尤其是自己内心情感方面的问题,一般不要也没有必要讲给异性同学听。否则,易使对方产生误解以及厌恶和反感;交谈时彼此的距离要适当。(见图4-29、图4-30)

图4-29 异性同学交往(1)

图4-30 异性同学交往(2)

(4)尊重。假如有异性同学以种种方式对自己表露出好感时,不应视而不见,要以恰当的语言或方式表达出自己的思想,或欣然接受或委婉谢绝;无论接受与否,都要注意不要伤害对方的自尊心,并保守秘密。当其直接提出要建立和保持一种不同于一般同学关系的特殊关系时,如不能接受,应当委婉地拒绝。不能奚落、挖苦、辱骂对方。但如果对方纠缠不休,应向老师汇报,由老师出面做工作,自己不得擅自行动,防止闹出更大的矛盾。

(5)儒雅。异性同学一般不要到对方寝室串门,如有事找异性同学,可请寝室值班人员或进出楼内的其他异性同学代叫。男女同学一起劳动、工作时,男生应主动帮助女生;上、下车时,应让女生先上、先坐;遇到脏、累、苦、重和危险的工作或事情时,男生要积极、主动地冲在前,照顾和保护女同学。这是合乎礼仪的文明举止,也是男子汉义不容辞的责任。

6. 同学交往的基本原则

同学们朝夕相处,交往甚广,而礼仪法则对我们的要求和约束也可谓入幽探微、无微不至。总而言之,不外乎以下一些基本原则:

(1) 三要。

一要真诚相待。同学间相处具有相近性、长期性、固定性,彼此都有较全面、深刻的了解。真诚相待,方能赢得同学的信任。信任是联结友谊的纽带,真诚是同学间交往的基础。同学学习落后、身体有病或遇到挫折和不幸时,要及时给予真诚的关心和帮助。平时在交往中,要宽以待人、与人为善,多替他人着想,就一定会获得同学们的友谊和赞赏。不能口是心非、阳奉阴违。

二要言必信,行必果。要向同学承诺办事时,就要考虑到责任,没有把握或做不到的事情,不要信口允诺。允诺了的事情,无论遇到多大困难,也要千方百计去完成。如果因为其他意外的原因而无法完成,应诚恳地向对方表示歉意,不能不了了之。

三要尊重他人。同学之间不管学习成绩和工作能力有多大差异,都要表现出必要的尊重。不要在学习比你好、能力比你强的同学面前表现出缺乏自尊和自信,也不要在学习比你差、能力比你低的同学面前表现得居高临下、盛气凌人。不要在同学面前说绝对话、过头话,事事表现自己、突出自己。不扫别人的兴,不以质问的口气对人说话,否则是不尊重人的表现。

(2) 三忌。

一忌口无遮拦。同学交往中,每说一句话之前,都要考虑一下你说的话是否合适,不要口无遮拦,想说什么就说什么。除亲密好友外,最好不要对个人卫生状况妄加评论。对钱财、个人隐私问题,别人不说,不要追问。也不要评论他人是非,更不能无事生非、捕风捉影,传播小道消息。俗话说:"良言一句三冬暖,恶语伤人六月寒。"因此,在同学交往中,应当尊重别人,温文尔雅,讲究语言美,而不要自以为是,出言不逊,说些肮脏污秽、奚落挖苦、刻薄侮辱一类的语言。口出恶语,不但伤人,而且有损自身形象。

二忌玩笑过度。同学之间适当开开玩笑,可以活跃气氛,融洽关系,增进友谊。但开玩笑一定要适度,要因人、因时、因环境、因内容而定。开玩笑要看对象。"人上千百,形形色色",人的性格各不相同,和宽容大度的人开点玩笑,可调节气氛;和女同学开玩笑要适可而止;和性格内向、多思善虑的人尽量少开或不开玩笑。开玩笑要看时间、地点,"人逢喜事精神爽",开玩笑最好选择对方心情舒畅时,或者对方因小事生气时,通过玩笑把对方的情绪扭转过来。在图书馆、医院等要求保持肃静的场合,不要开玩笑,在别人心情悲哀或情绪低落、心烦时,不宜开玩笑。开玩笑时一定要注意内容健康，风趣幽默，情调高雅。不可利用开玩笑揭人之短，讥笑他人，说污言秽语。

三忌随便发怒。达尔文说："脾气暴躁是人类较为卑劣的天性之一，人要是发脾气，就等于在人类进步的阶梯上倒退了一步。"可见，动辄发怒是不文明的表现。在同学们的交往中，大家都愿意和性格豪爽的人交往。交往中，除非是原则问题，不要争得面红耳赤。不要为一些鸡毛蒜皮的小事生气，勃然大怒，甚至翻脸，而要表现出有气量、有涵养。俗话说："气大伤身。"发怒者既伤身体，又影响自身的形象。动辄发怒生气的人，将会失去朋友。

问 题 讨 论

看图4-31、图4-32中的场景，讨论：同学之间如何友好相处？异性同学之间如何交往？

图4-31　异性同学间的交往（1）

图4-32　异性同学间的交往（2）

（九）恋爱礼仪

小资料

爱情的悲剧其实是恋爱观的悲剧。恋爱失败，不会一生失败，但恋爱观失败，一生的恋爱都会失败。

爱情是人生中的瑰宝，它需要人们正确地定位。只有这样，才能在爱情礼仪的交响曲中，鸣奏出高雅、动人的旋律。

多用理智，勿滥用感情。

知识导航

爱情，这一千百年来被人们普遍赞颂、普遍追求的感情，不仅是诗人和艺术家讴歌的永恒主题，也是每个热爱生活的人所向往的美好感情。爱情会带给人什么？喜悦和幸福、痛苦和悲伤？这值得我们每一个人去思考。

1．大学生恋爱的主要原因

经历了高考，走进了大学的校门，终于摆脱了家人的管教，加之周围环境的影响，不少人开始谈恋爱，其心理有如下几种：

（1）大家都在谈，我怎么不谈？

（2）为了在花季年龄留下美好的回忆，必须谈一次恋爱；

（3）上了大学，事业逐步有了方向，又遇到了喜欢的人，心动了，再也止不住；

（4）认为这是人生必经之路。

2．大学生恋爱的利与弊

大学生谈恋爱是利是弊，不同的人有不同的见解，针对目前大学生的现状，谈恋爱，弊大于利，这是不容置疑的事实。不可否认，在现实中有一见钟情的现象，但概率应该很小，而大学中相识不过几周便恋爱的大有人在。这也是大学谈恋爱的潮流，所以双方都想恋爱，一拍即合。这种爱情对学习和生活是毫无益处的，他们眼里的爱情是洗衣服、逛街，还有花钱、花时间，都认为对方是为自己而存在的。也许有不赞同者，但是过来人不会否定此种说法。当然，也不可否认纯真爱情的存在。

可以说，初上大学时大家的心理年龄很小，思想也不成熟，没有能力去处理爱情带来的诸多问题。所以，在爱之前应该考虑清楚，要知道爱并不是一种收获，更多的是付出，是责任。有的时候不去爱也是一种爱。如果爱了，就要为真挚的爱情付出，毕竟，爱情价更高。

3．大学生的爱情观与恋爱行为礼仪

大学生应树立正确的恋爱观，培养健康的恋爱心理与行为，这对于个人的发展、世界观的形成都有重要意义。

（1）树立正确的恋爱观。首先，提倡志同道合的爱情，在恋人的选择上，最重要的条件应该是志同道合，思想品德、事业理想和生活情趣等大体一致。应该是理想、道德、义务、事业的有机结合。一般情况下，异性感情的发展是沿着熟人——朋友——好朋友——知己——恋人这一线索发展的。在分享快乐和痛苦、共同成长的过程中，爱情也在产生和发展。其次，摆正爱情与事业的关系，大学生应该把事业放在首位，摆正爱情与事业的关系，不能把宝贵的时间都用于谈情说爱而放松了学习。最后，懂得爱情是相互理解、相互信任的一份责任和奉献。理解对方是为个人和对方营造一种轻松和快乐的氛围，相互信任是自信的表现，责任和奉献则意味着个人道德的修养，它是获得崇高的爱情的基础。

（2）发展健康的恋爱行为。首先，恋爱言谈要文雅，讲究语言美，行为大方。交谈中要诚恳、坦率、自然，不要为了显示自己而装腔作势，矫揉造作；不能出言不逊，污言秽语，举止粗鲁；相互了解，不要无休止地盘问对方，使对方自尊心受损。其次，亲昵动作要高雅，避免粗俗化。高雅的亲昵动作发挥爱情的愉悦感和心理效应，而粗俗的亲昵动作往往有损于爱情的纯洁与尊严，有损于大学生的形象，同时对旁人也是一种不良的心理刺激。最后，要善于控制感情，理智行事。一方面要注意克制和调节；另一方

面要注意转移和升华，参加各种文娱活动，与恋人多谈谈学习和工作，把恋爱行为限制在社会规范内，不致越轨，要使爱情沿着健康的道路发展。

（3）培养爱的能力与责任。

首先，要有迎接爱的能力。包括施爱的能力和接受爱的能力。一个人心中有了爱，在理智分析之后，要敢于表达、善于表达，这是一种爱的能力。大学生要具有迎接爱的能力，就应懂得爱是什么，有健康的恋爱价值观，知道自己喜欢什么、需要什么、适合什么。对万事保持敏感和热情，主动关心他人。当别人向你表达爱时，能及时准确地对爱的信息作出判断，坦然地作出选择。能承受求爱拒绝或拒绝求爱所引起的心理扰乱。

其次，要有拒绝爱的能力。自己不愿或不值得接受的爱应有勇气加以拒绝。拒绝爱要注意两个方面：一是在并不希望得到的爱情到来时，要果断、勇敢地说"不"，因为爱情来不得半点勉强和将就。如果优柔寡断或屈服于对方的穷追不舍，发展下去，对双方都是不利的。二是要掌握恰当的拒绝方式，虽然每个人都有拒绝爱的权利，但是珍重每一份真挚的感情是对他人的尊重，也是一种自珍，同时是对一个人道德情操的检验。不顾情面，处理方法简单轻率，甚至恶语相加，结果使对方的感情和自尊心受到伤害，这些做法是很不妥当的。

最后，要有发展爱的能力，培养爱的责任。发展爱的能力，并不是非要具体到对某一异性的爱，可以是更广泛意义上的爱。发展爱的能力，就是要培养无私的品格和奉献精神，要培养善于处理矛盾的能力，有效地化解消除恋爱和家庭生活中的矛盾纠纷。

（4）提高承受恋爱挫折的能力。大学生的恋爱受多种因素的制约，因而在追求爱情的过程中遇到各种波折是在所难免的。如果承受能力较强，就能较好地应付挫折，否则就有可能造成不良后果。因此，提高承受恋爱挫折的能力对大学生的心理健康是非常重要的。当爱情受挫后，用理智来驾驭感情，通过增强理智感，分析原因，总结经验教训，通过适当的情绪调节、宣泄和转移来减轻痛苦。在新的追求中确认和实现自己的价值，从而提高自己的心理承受能力和思想水平。

爱情始终是纯洁高尚的代名词，相信每一位大学生都能享受到沐浴阳光般的爱情，更好地完成自己的学业，为祖国奉献青春与才智。

问 题 讨 论

刚刚入学不久，男女学生就谈起了恋爱，这种现象在历届学生中时有发生，我们暂且不说结果如何，请同学们以班级或寝室为单位，讨论一下大学生该如何谈恋爱？谈恋爱的利与弊有哪些？应怎样正确处理恋爱与学习的关系？

（十）出入老师办公室的礼仪

 小资料

处处有礼，方不失学生本色。

与老师谈话，声音要轻，以免影响其他老师办公。

有问题请教老师，应事先准备好问题，时间不宜过长，以免影响老师办公或休息。

 知识导航

办公室是老师工作的地方，由于工作的需要，老师与学生在办公室经常取得联系，以便于师生之间的交流。作为学生，进入老师办公室应注意必要的礼仪。（见图4-33）

图4-33　出入老师办公室

1．进入老师办公室要敲门

办公室是老师们工作和休息的地方，因此，学生有事进出时要有礼貌。进入办公室前，应首先轻轻敲门，得到允许后，方可进去。切不要不敲门就轻轻推开门，探进脑袋四处张望，然后悄悄地进去或退出，这样做是非常不文明的行为。

2．进入老师办公室要打招呼

进门见到自己要找的老师，应先称呼"××老师"，然后再介绍自己的班级姓名，并讲明自己要谈的事情。如果是应邀而来，也要先称呼，然后再询问："老师您找我有事？"如果你要找的或邀你来的老师不在办公室，可以有礼貌地向其他老师询问，你想等待时，要经其他老师允许，离开时要向其他老师道别，如："老师再见！"不要一声不响，扭头便走。

3．进入老师办公室要注意礼节

进入办公室后，一般不用与正在伏案工作或专心于某项工作的其他老师打招呼，如果其他老师看到自己，就应主动地用礼貌用语打招呼或微笑点头致意。如果你找的老师正在谈话、打电话，或正专心于某个事情时，应在旁边静候一会，如有急事，可以说："打扰一下行吗？"老师允许后再与老师交谈。谈话中，如其他人有较重要的事情要找与你谈话的老师，应主动中断谈话，让他人先谈，或者退出办公室，另约时间。如果自己暂时占用了其他老师的桌椅，见老师来了要主动归让，用了老师的个别文具，离开时应放回原处，并向老师致谢。另外，到老师办公室一般不宜逗留过久。

4．进入老师办公室不要随意翻阅老师的物品

老师办公室里有些东西是保密的，如试卷、会议记录、笔记本、信件、日记、对学生的思想分析和学生交来的思想汇报，等等，所以，在老师办公室，切勿乱翻乱看上述东西，更不要随便打开老师的抽屉和柜子。

5．不能随便进入老师办公室拿东西

在办公室接受和递送东西时要用双手，到办公室借东西或替老师到办公室取东西时，应向在场的老师说明，如果东西不在明处，应请其他老师帮忙找，不要自己乱翻。

问 题 讨 论

讨论如何出入老师办公室？应注意哪些礼仪？图4-34中告诉了我们什么？请分组，以不同的方式、不同的时间出入老师办公室（如送作业、取作业、帮老师拿教具等），并注意文明举止。

(a)

(b)

图4-34 师生礼仪

（十一）与老师相遇和交往时的礼仪

 小资料

良好的师生关系离不开师生在交往中对过错的谅解和宽容态度。

有礼有节，方显学生本色。

"金无足赤，人无完人"，老师不是完美的化身，理解万岁。

良好的师生关系，要靠师生共同营造。

 知识导航

与老师交往要虚心诚实，言行有礼，尊重老师的人格和习惯。要特别注意在下列几种情况下与老师交往的礼仪：

1．学生在校园内与老师相遇时

要主动向老师问候，问候的语言要因所处的环境不同而异。（见图 4-35、图 4-36）对不知姓名的老师和校内其他工作人员也应称老师。校领导可尊称职务（或姓加职务）。有的同学只是在与老师走个正面时才打招呼，有的同学只是与正在给自己上课的老师打招呼，这些做法都是缺乏修养的表现。

图 4-35　校园内与老师相遇

图 4-36　教学楼内与老师相遇

2．学生在阅览室、餐厅、汽车上、火车上等场所与老师相遇时

除问候外，要主动给老师提供方便，如让座，进出门、上下楼梯也应让老师先行。

3．遇见几位或众多老师时

应目视全体老师说声"老师们好"，然后可再与较熟悉的老师个别交谈。切记不要对其他老师置之不理。当遇见老师同客人或家人在一起时，应先与老师打招呼，再向其他人问好。在节日或老师个人取得成就受到表彰时，与老师相遇或打电话，要首先问候"节日好"或表示祝贺。

4．学生骑车路遇老师时

应减速下车，向老师打招呼。

5．遇见老师身体不适或负重时

学生应主动帮助并请求为老师送行，不可扬长而去或视而不见、有意躲避，或绕道而行。

6．老师询问时

学生应按学校规定携带相关证件，进出校门和寝室楼要服从老师和值班人员的检查，如忘记携带或已损坏或丢失相关证件，要主动说明，服从老师的处理，老师询问时，态度要诚实，说话要和蔼，切勿撒谎、狡辩甚至于顶撞老师，否则就会错上加错。

7．探望、拜访老师时

老师工作较辛苦，为了老师休息好，一般情况下不必去老师家中探望、拜访老师。如果确有必要到老师家里时，应先打电话约好，当不速之客是不礼貌的表现，给老师打电话一般不要在中午打。因为老师大多都有午休的习惯，到老师家里时，不必带礼物，逗留时间不宜过长；举止、言谈、进退要按照做客的礼仪行事。当听说老师生病在家时，可视病情，打电话问候或去探望，如病情较重或住医院时，应该派代表前去探望、问候，可带少量礼物，如鲜花、水果之类。

8．不要在老师面前批评或表扬其他老师

在老师面前批评或表扬其他老师不管是贬还是扬，都会引起老师的敏感反应。批评会让老师想到你是否在别的老师面前同样表现；赞扬会使老师怀疑自己在此方面有所不足，会怀疑你的意见。

9．与老师相处要以诚相待

不要以为自己很聪明，可以"哄骗"老师，而应以诚相待。

10．其他

学生一般不要主动提出去老师家里吃饭、看电视、放录像等，更不要向老师借钱借物，因为老师已是成年人，携家带口，经济负担较重，接待也不方便；另外，学生很多，老师不能人人都帮，一旦处理不好，反而会影响师生关系。学生有困难，老师主动提出给予帮助时，要婉言谢绝；接受了老师的帮助，一定要及时表示真诚的谢意。

问 题 讨 论

讨论：如何与老师交往？怎样营造和谐的氛围？探望老师、请教问题（见图4-37、图4-38）、沟通感情时，应注意哪些礼仪？在校园内、校园外与老师相遇时应注意哪些礼仪？

图 4-37 向老师请教问题（1）

图 4-38 向老师请教问题（2）

（十二）活动礼仪

小资料

活动贵在参与，实现共赢。

不要忽视你在各种活动中所做的任何小事，因为一个人的公众形象是在一点一滴中积累和形成的。

知识导航

俗话说："没有规矩，不成方圆。"做任何事情都要有一定的礼仪和规则。集体活动也不能例外。集体活动泛指在校期间由班级、学校统一组织的由全部成员参加的关于德、智、体、美、劳诸方面内容的活动。集体活动是扩大了的课堂，对于培养学生的集体主义观念、提高各方面素质，促使学生健康成长、成才具有很好的促进作用。同学们应在集体活动中顾全大局，遵守礼仪。要积极参加学校各级组织的各项集体活动。要遵守集体活动的纪律要求。听从集体活动组织者的指挥，扮演好自己在活动中的角色。

1. 登台发言礼仪

学生登台发言，往往会由于羞怯紧张，致使脸红心跳，此时应注意控制情绪，可在心里暗暗地给自己找不必要紧张的理由；上台时，仪态自然、步履轻捷、神态自如，衣着要整洁、得体、大方，符合学生的身份。（见图 4-39）

登台步入台口时应停步，先向主席台行鞠躬礼，表示对国旗、师长和来宾的敬意；再转向与会观众行礼，然后到发言席发言。

发言时要说普通话，要吐字清晰、声音洪亮、语调自然、语速适当。感情要真挚，表情要自然。有讲稿时，要注意适时抬头目视听众，不要只顾低头看稿，更不要在发言时摇头晃脑、摇晃身子。双腿或单腿抖动、看不清稿子、忘记台词时，不要抓耳挠腮，这些不文雅的动作，往往会引起听从的哄笑和反感。

发言结束时，先向听众行礼，再向主席台行礼。然后落落大方地轻步走下发言席。

图4-39 登台发言

2．升降旗礼仪

国旗是神圣而庄严的。升降国旗，都应该在一种严肃、庄重的气氛和场合中进行。在升降国旗的仪式中，同学们要按照一定的礼仪进行。

（1）升旗礼仪。举行升旗仪式时，全体师生都应面向国旗，肃立致敬。

升旗仪式的整个程序是：

列队：在仪式开始前，全体师生面向国旗列队站好。旗手、护旗手、主持人等做好准备。

出旗：主持人宣布开始，全体肃立；旗手持旗，扛在肩上或举至肩，护旗手站在旗手两侧，齐步走向旗杆，悬挂完毕，做好升旗准备。

升旗：当国歌奏响时，升旗手与国歌同步将国旗徐徐升起至旗杆顶。师生行注目礼，唱国歌：礼毕后，由主持人宣布，全体师生共同高唱《国歌》。

宣誓：由主持人带领，同学们举右手进行宣誓。

国旗下演讲：可由校长或其他教师、先进同学等作简短而有教育意义的讲话。

（2）降旗礼仪。按降旗仪式的有关规定，一般在每日傍晚前进行。由旗手和护旗手按《国旗法》第16条的规定降旗。其仪式不限，学校可自行安排。降旗时，所有经过现场的师生员工都应面对国旗，自觉肃立，待降旗完毕时，方可自由行动。当然，降旗时也不一定每次都要将学生集中起来，也可以在放学以后，由旗手和护旗手直接将国旗降下来，但在降旗时态度要严肃、认真、恭敬，然后将旗叠好，不能将国旗落地弄脏。国旗切不可随手乱放，以免弄脏弄皱，亵渎其严肃性，要收交给负责保管的老师。

（3）升降旗时需注意的问题。升降国旗和奏国歌时对国旗和国歌的尊重，实际上就是对我们伟大祖国的尊重。作为学生，我们每人都应懂得尊重和热爱国旗和国歌。在升降国旗和奏国歌时，同学们应做到如下几点：

升降旗仪式要规范，参加升降国旗仪式，仪表要规范，仪态要庄重，穿着要干净，要脱帽肃立。（见图4-40）

图 4-40　升旗仪式

在升降国旗时，队列要整齐，所有的人都要保持安静，切忌喧哗、走动、嬉闹，不要东张西望、心不在焉。

要端正肃立。在整个仪式过程中，全体师生都要保持肃立的姿态，并行注目礼。当同学们来晚时，恰逢升旗奏国歌，要立即停止走路，严肃立正，等待升旗仪式完毕后，方可继续行走。

神态庄严。全体师生和旗手、护旗手要树立起严肃的使命感和光荣感，神态严肃庄重。唱国歌要有激情，曲调准确，声音洪亮。

升国旗和奏国歌，本身是一种爱国主义的教育。当五星红旗徐徐升起时，象征着我们祖国蒸蒸日上，欣欣向荣，所以，在场的人应该仰视，让以天下为己任的使命感在心头油然而生。

3．出早操

听到起床号响时，要立即起床，并招呼和督促同室其他同学迅速到操场集合，站到本班的位置，活动身体，做操前准备。

做广播操时，队列要前后对正，左右看齐；要紧跟广播的节拍，动作认真到位，不可边做边说话，或者敷衍了事，动作不规范。当有老师或学生干部清点人数时，体委或班长要主动配合，如实汇报。早操结束时，要有秩序地退场，不要故意拥挤。这是集体活动中应有的礼貌。

4．班会和主题班会

班会或主题班会是学校实施教育的重要形式之一。开班会或主题班会时，同学们应按规定时间提前几分钟进入教室坐好，恭候老师或主持人上台。对于老师或主持人讲的主要观点要做记录；轮到个人上台发言或完毕时，要鼓掌，如同学在台上发言内容不精彩或观点有错时，台下的同学不要鼓倒掌；自由发言时，要主动举手，积极踊跃参加；发言内容观点要明确，不要批评、攻击别人的观点，意见不同时，可以用商榷、讨论的口气进行。自始至终使班会保持积极、热烈、有序的气氛。（见图 4-41）

图 4-41　歌唱我的祖国大合唱主题班会

5．开学典礼

开学典礼是学校为祝贺新生入学、新学期开学而举行的隆重的庆典仪式。举行开学典礼，是对学生进行入学教育的第一课，不仅可以使新生了解学校的历史、现状，而且可以使新生明确学校的培养目标和管理制度，明确学校学习生活的特点，为尽快适应在校学习和生活做好思想准备。同时，对老生来说，开学典礼也起到教育规范的作用，让学生明白本学期的学习任务、学校的要求和开展的活动等。

开学典礼仪式的程序一般是：先进行升国旗仪式；然后主持人宣布典礼开始；接着领导讲话，老师代表讲话，学生代表讲话。

开学典礼是新生入学后参加的第一项大型集体活动，因此，无故不要缺席，不要迟到，应随班集体提前到达会场，到指定位置就座。在主持人宣布开学典礼开始或介绍学校各级领导和来宾时，在领导及教师、学生代表发言时，应适时地报以热烈掌声。奏国歌时，要听从主持人的指挥，原地起立，呈立正姿势。整个过程，要注意认真听讲，不要交头接耳讲话，不要干与典礼无关的事情。不要随地吐痰，乱扔杂物，保持会场的清洁卫生。开学典礼结束时，应等主席台上的领导、来宾退席后再按顺序退场。（见图4-42）

图 4-42　在开学典礼暨表彰大会上学生上台领奖

6. 毕业典礼

毕业典礼是学校为毕业生举行的隆重的毕业庆典仪式，是学校对学生进行毕业教育的最后环节。通过毕业典礼，毕业生可以牢记学校老师的希望和嘱托，信心百倍地投入到新的工作、学习环境中去。

毕业典礼是同学们在校期间参加的最后一次学校性集会，在即将离开母校之际，你的心情将是如何呢？首先，我们一定要认真对待，积极参加，不要无故缺席。要严格遵守会场纪律，切不可因为即将离开学校就随随便便，无所顾忌，破坏良好的会场秩序，要给母校、给老师留下一个美好的印象。在典礼上，校领导、教师和学生代表发言时，在毕业生代表接过校领导授予的毕业证书、荣誉证书时，在毕业生先进个人、先进集体代表登台领奖时，都要适时地鼓掌表示祝贺。要以留恋、严肃、认真的态度开好毕业典礼。在结束时，要等主席台成员退席后，按照要求有秩序地退场。

7. 集会礼仪（以集体为单位）

学校里召开集体大会，一般规模比较大，好比是在一个特大的课堂上授课。由于参加的人数多、班级多，为了保证大会的顺利进行，客观上要求每位同学都更加严格地遵守纪律，顾全大局，遵守礼仪。

（1）会前准时到场。最好能提前几分钟到场，以保证大会准时开始。到场后，快速把队伍整理好，保持良好的精神面貌。与会者不得勾肩搭背、任意谈笑、相互嬉闹。

（2）服从会场工作人员的安排，不可鱼贯而入，要按指定地点入座，切不可争抢座位。班级之间要发扬风格，互谅互让。

（3）集会开始后，与会者不可随便走动和发出声响，以免影响报告人的情绪，影响其他人听讲，影响班级的集体荣誉。如迟到会场，应悄悄入场，坐在后排的座位上，切不可大摇大摆地走到前面。总之，要尽量避免分散别人的注意力。若因上厕所等原因必须暂时离开会场，应弯腰悄悄出去，尽量减少对别人的干扰。

（4）在开会的过程中，不能打瞌睡，没有特殊的原因，也不能中途退席。否则，便是对大会的组织者与报告人的不尊敬。即使会议的内容再枯燥，出于礼貌和纪律，与会者也须等到会散时方可离去。（见图4-43）

图4-43 听报告会

(5)集会结束离开会场时,要服从会场工作人员的指挥,按顺序退场,切忌一哄而散、争先恐后,使门口拥挤堵塞,造成混乱和事故。

8.校庆礼仪

校庆对一个学校来说是一种盛大的仪式。一般都很隆重热烈,对学校的发展有着深远的影响。校庆可加强学校与校友及社会各界的联系,扩大学校的影响和知名度;可以振奋师生精神,提高爱校意识,增强凝聚力,使广大师生和校友更加了解学校,热爱学校,促进学校全面发展。

校庆的一般程序:大会开始、奏乐;领导就位;全体肃立唱国歌;介绍来宾;校长、主席致词;贵宾致词;表彰有特殊贡献的校友、教师和其他人员;参观学校;观看文艺节目、师生成果展。

参加校庆更应注意礼仪,在校庆期间,学校会邀请许多贵宾、校友,在校学生的一言一行都代表着学校的风貌。所以语言要文明有礼貌,举止要得当,积极参与主动做事,把对母校的爱化为实际行动。

9.参加会议礼仪(以个人为单位)

在学校生活中,我们经常有机会出席各种类型的会议。出席会议,务必遵守有关的会议礼仪。这样既表明自己态度认真,也表明对会议的重视。

(1)参加会议时,特别是作为主持人、报告人参加会议,宜着正装,不要穿便装。

(2)遵守会议纪律和公德。准时出席,不要迟到、早退,要在指定的位置就座,不任意离席。不要自由散漫,要保持肃静,全神贯注。不要闭目养神、听"随身听"、玩手机、发微信、看书、吃小食品,不乱扔瓜果皮核,不吸烟,不随地吐痰、吐口香糖。也不要与身边之人交头接耳、窃窃私语或高声谈话,不传阅书报或讨论私人问题。

(3)听讲时,双手放在两膝上,聚精会神,认真作笔记。(见图4—44)

图4—44 学生在听学术报告

(4)登台发言时,向领导、师长、来宾行礼,最后向观众行礼。遵守会议程序及规定,言简意赅,不要超过规定的时间。发言完毕,首先向听众行礼,再向领导、师长、来宾行礼。

（5）讨论时应尊重对方意见，针对事情以理争辩，不可伤和气，不可做人身攻击。

（6）要严格遵守关于会议时间、议程的规定。

（7）会议结束后，应以热烈掌声表示感谢和赞美；退场时不乱拥乱挤，应让领导、老师、客人先走，然后男同学让女同学先行，互相谦让。

（8）如果是表彰会需要上台领奖时，要注意如下几点：听到宣布后要整理好自己的着装，衣服整洁，头发不要乱。上台时步子轻快，大大方方，不能跑，也不能慢腾腾的。上台后要微笑地走向授奖人，立正站好，行鞠躬礼，双手接过奖品，并再次行礼。然后转过身，向台下有礼貌地展示奖品，按秩序走下台去。

10．运动会礼仪

运动会是学校重要的活动之一。在运动会上，作为学生，无论你是观众还是运动员，都要遵守纪律，注意礼仪。运动会的程序一般如下：

开幕式程序：大会主持人宣布开幕；运动员入场；奏国歌、领导致词；运动员、裁判员发言；运动员退场；团体操表演；进行比赛。（见图4-45）

图4-45　入场式

闭幕式程序：主持人宣布开始；运动员入场；领导讲话，宣布比赛成绩、颁奖；主持人宣布闭幕。

（1）开幕式象征着运动会的开始，是激发鼓舞运动员的热情和斗志的，是宣传吸引观众的，因此要按时进场，不随意中途离席。无论是观众还是运动员，都要听从大会指挥，严肃认真，使开幕式气氛隆重热烈。

（2）当观众不要过分大声喧哗，或施以嘘声讪笑、粗言辱骂之失礼行为，要适时、适度鼓掌，不起哄，不喝倒彩，不吃零食，要当文明观众。勿随意投掷空罐、纸屑、果皮、垃圾至比赛场地，影响比赛。也不要在观众台看书报，对比赛漠不关心。

（3）运动员要保持良好的精神状态，不要过分计较得失，要尊重裁判判决，不与裁判直接发生争吵，正确对待输赢，观众要鼓舞选手志气，不偏袒己方，不敌视对手，应以公平竞技的态度观赏。

（4）要维护集体利益，要有荣誉感和集体主义精神。运动会丰富了学生的体育生活，同时也活跃了学生的身心。要提倡竞赛者的友谊精神和观众的集体荣誉感。通过运动会，增强组织纪律性，培养勇敢、顽强、进取的精神。

11. 演讲礼仪

（1）讲前准备。"有备无患""不打无准备之仗"，这些原为兵家之常谈，可对于想提高演讲效果的人来说，不能不说是有益的启发。演讲不能没有准备，而准备又不能不讲方法。有人说，即兴演讲是无准备的，其实，这只是相对而言。因为即兴演讲需要日常的积累，这也是一种准备。就常规来说，演讲的准备主要有这样两种：

第一，撰写演讲稿。撰写演讲稿要注意场合。场合就是一定的时间、地点和现实情况的总称。从演讲活动看，场合就是讲话的时间、环境（包括讲话的场所和社会背景）和听众对象。场合，对人们的讲话总是起制约作用的，它左右着话题的选择、结构的组织、语言的运用、音量的大小、称呼的使用，等等。"到什么山唱什么歌"很能说明问题。

第二，心理调整。演讲前的心理调整，目的是在培养登台演讲必能成功的自信心。调整心理状态有三个步骤：

一要熟悉讲稿。但并非死记硬背，而是通过认真、反复的思考去把握演讲的内容和讲稿的结构。首先，想想自己要讲的内容涉及几方面的问题，哪个问题是中心，演讲稿中先说什么，后说什么，哪里详，哪里略，心中要有讲稿的大体框架。其次，想想临场的情况，作些必要的设想。比如，现场发生了出乎意料的情况，应该怎样应变，怎样一上台就控制场面，吸引听众。有经验的演讲者，常常要设计一个或几个开场白，供临场选用。

二要作好讲练。讲练也应有适当的方式方法。根据个人的情况，或不同的目的要求、不同的条件，可以自己一人单独预讲，也可以让几位朋友或有讲演经验的人当听众，请他们帮助你，指导你进行讲练。讲练过程中，有的人重"讲"，有的人重"态势"，有的人把重点放在培养感情上面。

三要克服紧张心理。登台前焦虑紧张的心理大多数人都会有，这是一种正常的反应。但如果太紧张，就会影响演讲的成功。克服方法：一要有取得成功的强烈欲望，要想到自己肯定能成功。用冷静乐观、无所畏惧的心理来控制焦虑不安。二不要太多关注个人得失。三借助松弛法。如可以不断地告诉自己"放松、放松……"，或者活动活动身子，以释放体内因紧张而剧增的多余热能；或者深深吸气，再均匀而缓慢地吐出。

（2）演讲仪态。作为一个老练的演讲者，除了精心预备演讲内容外，还要注意仪态。

演讲时要保持充沛的精力。在演讲之前，一定要充分休息，养精蓄锐。演讲时站立要稳，不要在演讲时经常左右移动，重心前后摇摆，这会使人认为你心神不定。目光要前视听众，不要飘浮不定、左躲右闪，那样会给人一种鬼鬼祟祟的感觉。更不要说话时眼望天空，这样给人目空一切或思想不集中的感觉。也不要习惯低头看稿、看地板，要注意与听众交流，要气宇轩昂、洒脱大方，表现出气度来。（见图4-46、图4-47）

图 4-46　演讲者　　　　　　　　图 4-47　演讲比赛现场

演讲人的声音要响亮。音量的大小根据会场的大小和人员的多少而定。既不要过高，也不要过低。过高，易失去自然和亲切感；过低，会使会场出现不应有的紊乱。

演讲者演讲时，双手尽量不要胡乱挥动，可以双手相握，放在身前或身后，或者放松垂在两侧。双手的姿势相当重要，并且有时能加强你的演说。可是要尽量避免一再重复同一动作。不要胡乱地挥动手臂以免分散听众的注意力。

演讲者的服饰应以整洁、朴实、大方，合乎演讲者身份为原则。不宜穿戴过于奇异、精细、艳丽的服饰，这样容易分散听众的注意力。

12．文体活动礼仪

开展丰富多彩的文体活动，有利于活跃学校气氛、陶冶学生情操。在文体活动中应注意以下礼仪要求：

学校组织开展文艺晚会或歌咏比赛时，有特长的同学要踊跃报名，服从班级和学校筛选。观看演出时，要遵守规则、服从安排，为班级荣誉争光。班里组织晚会时，自己尽量要出节目，注意内容要健康、积极向上，不要庸俗无聊。晚会前要积极主动地协助文艺委员和其他班干部布置场地。晚会结束后进行清扫。这是一个学生关心集体、工作积极的具体体现，也是老师观察和衡量学生表现如何的好时机。

学校组织体育比赛时，有特长的同学要积极报名，为班级荣誉刻苦训练，志在夺冠。比赛时，班级参赛队员之间要互相配合、互相尊重，不可有个人英雄主义表现，做到赢了不骄傲，个人不表功，输了不气馁，不互相埋怨；要本着"友谊第一，比赛第二"的原则，尊重对方队员，发现对方有不文明的动作行为时，要能够原谅、忍耐；双方发生矛盾时，要通过组织解决。比赛中要遵守规则，服从裁判，如觉裁判有错，应由己方领队在场下向组织者提出，并服从组织者的最后裁决；切不可大吵大闹。不参赛的同学都要到现场观看，除了给本班参赛同学加油助威外，还要当好后勤。当对方队员有精彩表现或成绩领先时，也要给予掌声鼓励，这是班级讲文明有礼仪的表现。（见图 4-48、图 4-49）

图4-48 秋季排球赛

图4-49 "模仿秀"大赛

13．郊游野炊

当春暖花开或秋高气爽时，同学们都喜欢进行郊游野炊活动，通过活动，能够增进友谊、交流思想、增强班级凝聚力。郊游应选择环境较安全、路程较近、费用较低的地方，尽量步行，不租用车辆。

到达目的地游玩时，要男女结合分组，上山下沟时，男生应注意给予女生和老师必要的搀扶。

野炊时要注意保护环境，不要乱扔垃圾，爱护农田和树木花草，不要引起火灾；大家都要抢着动手做饭，切不要干活看不见，吃饭抢在前；吃饭互相谦让些，让老师和女生优先。

野炊结束时，同学们都要主动地刷洗和整理炊具，把火完全熄灭，把垃圾清理干净。

问 题 讨 论

学校在各种活动中为每一位学生搭建了一座广阔的展示自我的平台，如主题班会、演讲、文艺演出、体育比赛、升旗等。作为一名学生，你组织、策划、参与过这些活动吗？对学校每学期的几次大型活动，你有何感想？

随 笔

公共场所礼仪 即人们在公共场所需要遵守的礼仪。人们共同活动、停留的场合就是公共场所。为了大家行事方便、提高公共场合活动效率，每个人都有必要约束自己的行为。

二、公共场所礼仪

 小资料

遵守社会公德的要求：
1. 热爱祖国（家庭是个人的港湾，国家是我们的母亲）；
2. 遵守法律（刚性规范，是每个人最基本的要求）；
3. 保护弱者（老弱病残孕，我们应该主动为他们提供方便）；
4. 维护秩序（如不要在公共场合高声喧哗，排队讲究先来后到）；
5. 为人诚信（"以和为贵、与人为善、诚信为本"——中国的传统美德）；
6. 保护环境（环境是我们的生存空间）；
7. 讲究卫生（无异味、无异物，讲究良好的个人生活卫生习惯）；
8. 爱护公物（有意无意损坏公物都是不应该的）。

 小资料

从某种意义上讲，用餐的吃相更能反映出一个人教养的程度。

喝咖啡，最忌讳大口吞咽，喝得响声大作，或一饮而尽。唯有一小口一小口细细地品味，方可悟出饮咖啡的真谛。

我国旧时有再三请客人喝茶是提示客人告辞的作法，因此，若无意让客人离开，主人最好不要再三请客人喝茶。

 知识导航

公共场所礼仪即人们在公共场所需要遵守的礼仪。人们共同活动、停留的场合就是公共场所。为了大家行事方便、提高公共场合活动效率，每个人都有必要约束自己的行为。

（一）社会公德礼仪

社会公德是一切礼仪的基础。社会公德包括三部分：

1. 家庭美德

孝敬父母、赡养老人、教养儿女、关心后代是一个人的天伦之乐，是一个人的天职。

2．职业道德

如爱岗敬业、诚实无欺、履行承诺。

3．个人公德

讲究社会公德我们要有紧迫的意识、自我的意识、主动的意识。

我们要爱我们自己，爱我们的国家，爱我们的家庭，爱我们的生活。大家要从我做起，从现在做起，做一个讲社会公德的人、文明的人。（见图4-50）

图4-50　向不文明行为告别签字仪式

（二）用餐礼仪

1．用餐姿势礼仪规范

良好的餐桌礼仪习惯，应当从小培养。在某种意义上，用餐的姿势更能反映出一个人教养的程度。下列几点，我们应该注意：

（1）在餐桌上保持良好的坐姿。入席不要捷足先登，随意乱坐，一般要等待安排或主人的招呼。如果请柬上写明了桌次和席位，也不要着急，要等主人或主宾入座后，才由椅子的左边入席。就座时要向其他宾客礼让。（见图4-51）

图4-51　餐前坐姿

就座后，坐姿应端正，不要用手托腮或双臂肘放在桌子上。不要随意摆弄餐具和餐巾，要避免一些不合礼仪的举止体态，例如随意脱下上衣，摘掉领带，卷起衣袖；说话时比比画画，频频离席，或挪动座椅；再如头枕椅背打哈欠，伸懒腰，揉眼睛，搔头发等。

（2）暂停用餐时，双手可以放在桌面上，以手腕底部抵住桌子边缘；或者把手放在桌面下的膝盖上，双手保持静止不动。

（3）吃东西时，手肘不要压在桌面上。在上菜空档，把一只手或两只手的手肘撑在桌面上，并无伤大雅，因为这是正在热烈与人交谈的人自然而然会摆出来的姿势。不过，吃东西时，手肘最好还是离开桌面。

（4）用餐时，自用餐具不可伸入公用餐盘取菜舀汤，应使用公筷公勺。

（5）如为身边客人布菜，应使用公勺或公筷。

2．用餐中应避免的不雅举止

（1）大家共同用餐时，不可只顾自己吃饱；（见图4-52）

（2）如果和别人一起用餐，要检查手的清洁；

（3）不要喝得满嘴淋漓；

（4）不要吃得啧啧作声；

（5）不要啃骨头；

（6）不要把咬过的鱼肉又放回盘碗里；

（7）不要把肉骨头扔给狗；

（8）不要专据食物；

（9）不要簸扬热饭；

（10）不可以大口囫囵地喝汤；

（11）不要当着主人的面调和菜汤；

（12）不要当众剔牙齿。（见图4-53）

图4-52　起身夹菜

图4-53　当众剔牙

3．中餐礼仪

中餐礼仪是中华饮食文化的重要组成部分。学习中餐礼仪，需要掌握用餐方式、时间地点的选择、菜单安排、席位排列、餐具使用、用餐举止六个方面的规则和技巧。

（1）几种常见的用餐方式。常见的主要用餐方式有宴会、家宴、便餐、工作餐（包括自助餐）等。

① 宴会。通常指的是以用餐为形式的社交聚会。可以分为正式宴会和非正式宴会两种类型。正式宴会，是一种隆重而正规的宴请。它往往是为宴请专人而精心安排的，在比较高档的饭店或是其他特定的地点举行，是讲究排场、气氛的大型聚餐活动。对于到场人数、穿着打扮、席位排列、菜肴数目、音乐演奏、宾主致词等，往往都有十分严谨的要求和讲究。非正式宴会，也称为便宴，也适用于正式的人际交往，但多见于日常交往。它的形式从简，偏重于人际交往，而不注重规模、档次。一般来说，它只安排相关人员参加，不邀请配偶，对穿着打扮、席位排列、菜肴数目往往没有过高要求，而且也不安排音乐演奏和宾主致词。

② 家宴。也就是在家里举行的宴会。相对于正式宴会而言，家宴最重要的是要制造亲切、友好、自然的气氛，使赴宴的宾主双方轻松、自然、随意，彼此增进交流，加深了解，促进信任。

通常，家宴在礼仪上往往不作特殊要求。为了使来宾感受到主人的重视和友好，基本上要由女主人亲自下厨烹饪，男主人充当服务员；或男主人下厨，女主人充当服务员，来共同招待客人，使客人产生宾至如归的感觉。

如果要参加宴会，那么你就需要注意，首先必须把自己打扮得整齐大方，这是对别人也是对自己的尊重。

还要按主人邀请的时间准时赴宴。除酒会外，一般宴会都请客人提前半小时到达。如因故在宴会开始前几分钟到达，不算失礼。但迟到就显得对主人不够尊敬，非常失礼了。

喝酒的时候，一味地给别人劝酒、灌酒、大声喊叫，特别是给不胜酒力的人劝酒、灌酒，都是失礼的表现。

如果宴会没有结束，但你已用好餐，不要随意离席，要等主人和主宾餐毕先起身离席，其他客人才能依次离席。

③ 便餐。也就是家常便饭。用便餐的地点往往不同，礼仪讲究也最少。只要用餐者讲究公德，注意卫生、环境和秩序，在其他方面就不用介意过多。

④ 工作餐。是在商务交往中具有业务关系的合作伙伴，为进行接触、保持联系、交换信息或洽谈生意而采用的一种用餐形式，如进行商务聚会。它不同于正式的宴会和亲友们的会餐。它重在一种氛围，意在以餐会友，创造出有利于进一步接触的轻松、愉快、和睦、融洽的氛围。是借用餐的形式继续进行的商务活动，把餐桌充当会议桌或谈判桌。工作餐一般规模较小，通常在中午举行，主人不用发正式请柬，客人不用提前向主人正式进行答复，时间、地点可以临时选择。出于卫生方面的考虑，最好采取分餐制或公筷制的方式。

在用工作餐的时候，还会继续商务上的交谈。但这时候需要注意的是，这种情况下不要像在会议室一样，进行录音、录像，或是安排专人进行记录。非有必要进行记录的时候，应先获得对方首肯。千万不要随意自行其是，好像对对方不信任似的。发现对方对此表示不满的时候，更不可以坚持这么做。

工作餐是主客双方的"商务洽谈餐"，所以不适合有主题之外的人加入。如果正好遇到熟人，可以打个招呼，或是将其与同桌的人互作一下简略的介绍。但不要擅作主张，将朋友留下。万一有不识相的人"赖着"不走，可以委婉地下逐客令"您很忙，我就不再占用您宝贵时间了"或是"我们明天再联系。我会主动打电话给您"。

⑤ 自助餐。是近年来借鉴西方的现代用餐方式。它不排席位，也不安排统一的菜单，是把能提供的全部主食、菜肴、酒水陈列在一起，根据用餐者的个人爱好，自己选择、加工、享用。

采取这种方式，可以节省费用，而且礼仪讲究不多，宾主都方便；用餐的时候每个人都可以悉听尊便。在举行大型活动，招待为数众多的来宾时，这样安排用餐，也是最明智的选择。

(2) 慎重选择时间、地点。中餐特别是中餐宴会具体时间的安排，根据人们的用餐习惯，依照用餐时间的不同，分为早餐、午餐、晚餐三种。确定正式宴请的具体时间，要遵从民俗惯例，而且主人不仅要从自己的客观能力出发，更要讲究主随客便，要优先考虑被邀请者，特别是主宾的实际情况，不要对这一点不闻不问。如果可能，应该先和主宾协商一下，力求两厢方便。至少，也要尽可能提供几种时间上的选择，以显示自己的诚意，并要对具体时长进行必要的控制。

另外，在社交聚餐的时候，用餐地点的选择也非常重要。

首先要环境优雅，宴请不仅仅是为了"吃东西"，也要"吃文化"。要是用餐地点档次过低，环境不好，即使菜肴再有特色，也会使宴请大打折扣。在可能的情况下，一定要争取选择清静、优雅的地点用餐。

其次是卫生条件要良好，在确定社交聚餐的地点，一定要看卫生状况怎么样。如果用餐地点太脏、太乱，不仅卫生问题让人担心，而且会破坏用餐者的食欲。

还要充分考虑到，聚餐者来去交通是不是方便，有没有公共交通线路通过，有没有停车场，是不是要为聚餐者预备交通工具等一系列的具体问题，以及该地点设施是否完备。

(3) 席位的排列。中餐的席位排列，关系到来宾的身份和主人给予对方的礼遇，所以是一项重要的内容。中餐席位的排列，在不同情况下有一定的差异。可以分为桌次排列和位次排列两个方面。

① 桌次排列。在中餐宴请活动中，往往采用圆桌布置菜肴、酒水。排列圆桌的尊卑次序，有两种情况。

第一种情况，是由两桌组成的小型宴请。这种情况，又可以分为两桌横排和两桌竖排的形式。

当两桌横排时，桌次是以右为尊，以左为卑。这里所说的右和左，是由面对正门的位置来确定的。

当两桌竖排时，桌次讲究以远为上，以近为下。这里所讲的远近，是以距离正门的远近而言。

第二种情况，是由三桌或三桌以上的桌数所组成的宴请。在安排多桌宴请的桌次时，除了要注意"面门定位""以右为尊""以远为上"等规则外，还应兼顾其他各桌距离主桌的远近。通常，距离主桌越近，桌次越高；距离主桌越远、桌次越低。

在安排桌次时，所用餐桌的大小、形状要基本一致。除主桌可以略大外，其他餐桌要保持一致。

为了确保在宴请时赴宴者及时、准确地找到自己所在的桌次，可以在请柬上注明对方所在的桌次、在宴会厅入口悬挂宴会桌次排列示意图、安排引位员引导来宾按桌就座，或者在每张餐桌上摆放桌次牌（用阿拉伯数字书写）。

② 位次排列。宴请时，每张餐桌上的具体位次也有主次尊卑的分别。每张餐桌上通常用特殊的口布花突出主人的位置。排列位次的基本方法有四条，它们往往会同时发挥作用。（见图 4-54、图 4-55）

图 4-54　位次排列（1）

图 4-55　位次排列（2）

方法一，主人大都应面对正门而坐，并在主桌就座。

方法二，举行多桌宴请时，每桌都要有一位主桌主人的代表在座。位置一般和主桌主人同向，有时也可以面向主桌主人。

方法三，各桌位次的尊卑，应根据距离该桌主人的远近而定，以近为上，以远为下。

方法四，各桌距离该桌主人相同的位次，讲究以右为尊，即以该桌主人面向为准，右为尊，左为卑。

另外，每张餐桌上所安排的用餐人数应限在 10 人以内，最好是双数。比如，6 人、8 人、10 人。人数如果过多，不仅不容易照顾，而且也可能坐不下。

根据上面四个位次的排列方法，圆桌位次的具体排列可以分为两种具体情况。它们都是和主位有关。

第一种情况：每桌一个主位的排列方法。特点是每桌只有一名主人，主宾在右首就座，每桌只有一个谈话中心。

第二种情况：每桌两个主位的排列方法。特点是主人夫妇在同一桌就座，以男主人为第一主人，女主人为第二主人，主宾和主宾夫人分别在男女主人右侧就座。每桌在客观上形成了两个谈话中心。

如果主宾身份高于主人，为表示尊重，也可以安排在主人位子上坐，而请主人坐在主宾的位子上。

为了便于来宾准确无误地在自己位次上就座，除招待人员和主人要及时加以引导指示外，应在每位来宾所属座次正前方的桌面上，事先放置醒目的个人姓名座位卡。举行涉外宴请时，座位卡应以中、英文两种文字书写。我国的惯例是，中文在上，英文在下。必要时，座位卡的两面都书写用餐者的姓名。

排列便餐的席位时，如果需要进行桌次的排列，可以参照宴请时桌次的排列进行。位次的排列，可以遵循四个原则：

一是右高左低原则。两人一同并排就座，通常以右为上座，以左为下座。这是因为中餐上菜时多以顺时针方向为上菜方向，居右坐的因此要比居左坐的优先受到照顾。

二是中座为尊原则。三人一同就座用餐，坐在中间的人在位次上高于两侧的人。

三是面门为上原则。用餐的时候，按照礼仪惯例，面对正门者是上座，背对正门者是下座。

四是特殊原则。高档餐厅里，室内外往往有优美的景致或高雅的演出，供用餐者欣赏。这时候，观赏角度最好的座位是上座。在某些中低档餐馆用餐时，通常以靠墙的位置为上座，靠过道的位置为下座。

(4) 中餐餐具使用的注意事项。和西餐相比较，中餐的一大特色就是餐具有所不同。我们主要介绍一下平时经常出现问题的餐具的使用。

① 筷子。筷子是中餐最主要的餐具。使用筷子，通常成双使用。用筷子取菜、用餐的时候，要注意下面几个小问题：

一是不论筷子上是否残留着食物，都不要去舔。用舔过的筷子去夹菜，有失礼仪。

二是和人交谈时，要暂时放下筷子，不能一边说话，一边像指挥棒似的舞着筷子。

三是不要把筷子竖插放在食物上面。因为这种插法，只在祭奠死者的时候才用。

四是严格遵守筷子的职能。筷子只是用来夹取食物的。用来剔牙、挠痒或是用来夹取食物之外的东西都是失礼的。

② 勺子。它的主要作用是舀取菜肴、食物。有时，用筷子取食时，也可以用勺子来辅助。尽量不要单用勺子去取菜。用勺子取食物时，不要过满，免得溢出来弄脏餐桌或自己的衣服。在舀取食物后，可以在原处暂停片刻，汤汁不会再往下流时，再移回来享用。

暂时不用勺子时，应放在自己的碟子上，不要把它直接放在餐桌上，或是让它在食物中"立正"。用勺子取食物后，要立即食用或放在自己碟子里，不要再把它倒回原处。如果取用的食物太烫，不可用勺子舀来舀去，也不要用嘴对着吹，可以先放到自己的碗里等凉了再吃。不要把勺子塞到嘴里，或者反复吮吸、舔食。

③ 盘子。稍小点的盘子就是碟子，主要用来盛放食物，在使用方面和碗略同。盘子在餐桌上一般要保持原位，而且不要堆放在一起。

需要着重介绍的，是一种用途比较特殊的被称为食碟的盘子。食碟的主要作用，是用来暂放从公用的菜盘里取来享用的菜肴的。用食碟时，一次不要取放过多的菜肴，看起来既繁乱不堪，又像是饿鬼投胎。不要把多种菜肴堆放在一起，弄不好它们会相互"串味"，不好看，也不好吃。不吃的残渣、骨、刺不要吐在地上、桌上，而应轻轻取放在食碟前端，放的时候不能直接从嘴里吐在食碟上，要用筷子夹放到碟子旁边。如果食碟放满了，可以让服务员换。

④ 水杯。主要用来盛放清水、汽水、果汁、可乐等软饮料时使用。不要用它来盛酒，也不要倒扣水杯。另外，喝进嘴里的东西不能再吐回水杯。

⑤ 湿毛巾。中餐用餐前，比较讲究的话，会为每位用餐者上一块湿毛巾。它只能用来擦手。擦手后，应该放回盘子里，由服务员拿走。有时候，在正式宴会结束前，会再上一块湿毛巾。和前者不同的是，它只能用来擦嘴，却不能擦脸、抹汗。

⑥ 牙签。尽量不要当众剔牙。非剔不行时，用一只手掩住口部，剔出来的东西，不要当众观赏或再次入口，也不要随手乱弹，随口乱吐。剔牙后，不要长时间叼着牙签，更不要用来扎取食物。（见图4-56）

图4-56 不当剔牙

（5）用餐的得体表现。任何国家的餐饮，都有自己的传统习惯和寓意，中餐也不例外。比方说，过年少不了鱼，表示"年年有余"；和渔家、海员吃鱼的时候，忌讳把鱼翻身，因为那有"翻船"的意思。

用餐的时候，不要吃得摇头摆脑，宽衣解带，满脸油汗，汁汤横流，响声大作。不但失态欠雅，而且会影响别人的食欲。可以劝别人多用一些，或是品尝某道菜肴，但不要不由分说，擅自作主，主动为别人夹菜、添饭。这样做不仅不卫生，而且会让人勉为其难。

取菜的时候，不要左顾右盼，翻来覆去，在公用的菜盘内挑挑拣拣。要是夹起来又放回去，就显得缺乏教养。多人一桌用餐，取菜要注意相互礼让，依次而行，取用适量。不要好吃多吃，争来抢去，而不考虑别人用过没有。够不到的菜，可以请人帮助，不要起身甚至离座去取。

用餐期间,不要敲敲打打,比比画画。还要自觉做到不吸烟。用餐时,如果需要清嗓子、擤鼻涕、吐痰,尽早去洗手间解决。

用餐的时候,不要当众修饰。比如,不要梳理头发,化妆补妆,宽衣解带,脱袜脱鞋等。如必要,可以去化妆间或洗手间。用餐的时候不要离开座位,四处走动。如果有事要离开,也要先和旁边的人打个招呼,可以说声"失陪了""我有事先行一步"等。(见图4-57~图4-59)

图4-57 与同餐桌的人打招呼

图4-58 问候

图4-59 文明用餐

4.西餐礼仪

西方人用餐,一是讲究吃饱,二是享受用餐的情趣和氛围。为在初次吃西餐时举止更加娴熟,熟悉一下西餐礼仪是非常必要的。

(1)用餐场合及注意事项。被邀请参加的早餐、午餐、晚宴、自助餐、鸡尾酒会或茶会,通常只有两种:一种是正式的,一种是随意的。如果去的是高档餐厅,男士要穿着整洁的上衣和皮鞋,女士要穿套装和有跟的鞋子。如果指定要求穿正式服装,男士必须打领带。

下面介绍几种最具代表性的场合及注意事项:

① 自助餐。自助餐(也是招待会上常见的一种)可以是早餐、中餐、晚餐,甚至是茶点,有冷菜也有热菜,连同餐具放在菜桌上,供客人用。一般在室内或院子、花园里举行,宴请不同人数的宾客。如果场地太小或是没有服务人员,招待比较多的客人,自助餐就是最好的选择。

自助餐开始的时候，应该排队等候取用食品。取食物前，自己先拿一个放食物用的盘子。要坚持"少吃多跑"的原则，不要一次拿得太多吃不完，可以多拿几次。用完餐后，再将餐具放到指定的地方。不允许"吃不了兜着走"。如果在饭店里吃自助餐，一般是按就餐的人数计价，有些还规定就餐的时间长度，而且要求必须吃完，如果没有吃完的话，需要自己掏腰包"买"你没吃完的东西。

② 鸡尾酒会。鸡尾酒会的形式活泼、简便，便于人们交谈。招待品以酒水为重，略备一些小食品，如点心、面包、香肠等，放在桌子、茶几上或者由服务生拿着托盘，把饮料和点心端给客人，客人可以随意走动。举办的时间一般是下午5点到晚上7点。近年来，国际上各种大型活动前后往往都要举办鸡尾酒会。

这种场合下，最好手里拿一张餐巾，以便随时擦手。用左手拿着杯子，好随时准备伸出右手和别人握手。吃完后不要忘了用纸巾擦嘴、擦手。用完了的纸巾丢到指定位置。（见图4-60）

图4-60 鸡尾酒会

③ 晚宴。晚宴分为隆重的晚宴和便宴两种。

西方的习惯，隆重的晚宴也就是正式宴会，基本上都安排在晚上8点以后举行，中国一般在晚上6点至7点开始。举行这种宴会，说明主人对宴会的主题很重视，或为了某项庆祝活动等。正式晚宴一般要排好座次，并在请束上注明对着装的要求。其间有祝词或祝酒，有时安排席间音乐，由小型乐队现场演奏。

便宴是一种简便的宴请形式。这种宴会气氛亲切友好，适用于亲朋好友之间，有的在家里举行。服装、席位、餐具、布置等不必太讲究，但仍然有别于一般家庭晚餐。（见图4-61）。

西方的习惯，晚宴一般邀请夫妇同时出席。如果你受到邀请，要仔细阅读你的邀请函，上面会说明是一个人还是先生或夫人陪同，或者携带伴侣。在回复邀请时，你最好能告诉主人他们的名字。

④ 其他注意事项。就座时，身体要端正，手肘不要放在桌面上，不要跷腿，和餐桌的距离以便于使用餐具为佳。餐台上摆好的餐具不要随意摆弄。女主人拿起餐巾时

（没女主人就看男主人），表示开始用餐，把餐巾铺在双腿上，如果餐巾很大，就对折放腿上，盖住膝盖以上的双腿部分。

图 4-61　便宴

在正规的晚餐，要等女宾放好餐巾后，男士再放餐巾。最好用双手打开餐巾，切忌来回抖动地打开餐巾。不要将餐巾别在领口上、皮带上或夹在衬衣的领口。用餐的时候，头要保持一定高度，不能太低，不能过多地移动头。

就餐期间，如果暂时离开座位，可以把餐巾放在椅子上。千万不要把餐巾放在桌上，否则就意味着你不想再吃，让服务员不再给你上菜。

很多主人并不愿意客人在家里吸烟。如果你想吸烟，可以在上甜点之后，征得男主人或女主人的同意，去指定的地方吸烟。不要坐在用餐的座位上，让身边的客人和你一同享受"仙境"。

（2）西餐餐桌礼仪。西餐的一个特点就是餐具多，有各种大小杯子、盘子、银器具等。（见图 4-62、图 4-63）

图 4-62　西餐桌的摆放（1）　　　　图 4-63　西餐桌的摆放（2）

餐具是根据一道道不同菜的上菜顺序精心排列起来的。座位最前面放展示盘，左手放叉，右手放刀。汤匙也放在展示盘右边。食盘上方放吃甜食用的匙和叉、咖啡匙，再往前略靠右放酒杯。右起依次是：葡萄酒杯、白葡萄酒杯、香槟酒杯、啤酒杯（水杯）。餐巾叠放在啤酒杯（水杯）里。面包盘放在左手，上面的黄油刀横摆在盘里，刀刃一面要向着自己。正餐的刀叉数目要和菜的道数相等，按上菜顺序由外到里排列，刀口向内，用餐时按顺序由外向中间排着用，依次是吃开胃菜用的、吃鱼用的、吃肉用的。

① 西餐点菜及上菜顺序。西餐菜单上有四个或五个分类，其分别是开胃菜、汤、沙拉、海鲜、肉类、点心等。

应先决定主菜。主菜如果是鱼，开胃菜就选择肉类，在口味上就比较富有变化。除了食量特别大的外，其实不必从菜单上的单品菜内配出全餐，只要开胃菜和主菜各一道，再加一份甜点就够了。可以不要汤，或者省去开胃菜，这也是很理想的组合（但在意大利菜中，意大利面被看成是汤，所以原则上这两道菜不一起点）。正式的全套餐点上菜顺序如下：

第一，头盘。西餐的第一道菜是头盘，也称为开胃品。开胃品的内容一般有冷头盘和热头盘之分，常见的品种有鱼子酱、鹅肝酱、熏鲑鱼、鸡尾杯、奶油鸡酥盒、焗蜗牛等。因为是要开胃，所以开胃菜一般都有特色风味，味道以咸和酸为主，而且数量少，质量较高。

第二，汤。和中餐不同的是，西餐的第二道菜就是汤。西餐的汤大致可分为清汤、奶油汤、蔬菜汤和冷汤4类。品种有牛尾清汤、各式奶油汤、海鲜汤、美式蛤蜊汤、意式蔬菜汤、俄式罗宋汤、法式焗葱头汤。冷汤的品种较少，有德式冷汤、俄式冷汤等。

第三，副菜。鱼类菜肴一般作为西餐的第三道菜，也称为副菜。品种包括各种淡、海水鱼类、贝类及软体动物类。通常水产类菜肴与蛋类、面包类、酥盒菜肴品都称为副菜。因为鱼类等菜肴的肉质鲜嫩，比较容易消化，所以放在肉类菜肴的前面，名称也和肉类菜肴主菜有区别。西餐吃鱼菜肴讲究使用专用的调味汁，品种有鞑靼汁、荷兰汁、酒店汁、白奶油汁、大主教汁、美国汁和水手鱼汁等。

第四，主菜。肉、禽类菜肴是西餐的第四道菜，也称为主菜。肉类菜肴的原料取自牛、羊、猪、小牛仔等各个部位的肉，其中最有代表性的是牛肉或牛排。牛排按其部位又可分为沙朗牛排（也称西冷牛排）、菲利牛排、"T"骨型牛排、薄牛排等。其烹调方法常用烤、煎、铁扒等。肉类菜肴配用的调味汁主要有西班牙汁、浓烧汁精、蘑菇汁、白尼斯汁等。

禽类菜肴的原料取自鸡、鸭、鹅，通常将兔肉和鹿肉等野味也归入禽类菜肴。禽类菜肴品种最多的是鸡，有山鸡、火鸡、竹鸡，可煮、炸、烤、焖，主要的调味汁有黄肉汁、咖喱汁、奶油汁等。

第五，蔬菜类菜肴。蔬菜类菜肴可以安排在肉类菜肴之后，也可以和肉类菜肴同时上桌，所以可以算为一道菜，或称为一种配菜。蔬菜类菜肴在西餐中称为沙拉。和主菜同时提供的沙拉，称为生蔬菜沙拉，一般用生菜、西红柿、黄瓜、芦笋等制作。沙拉的主要调味汁有醋油汁、法国汁、千岛汁、奶酪沙拉汁等。

沙拉除了蔬菜之外，还有一类是用鱼、肉、蛋类制作的，这类沙拉一般不加味汁，在进餐顺序上可以作为头盘。

还有一些蔬菜是熟的，如花椰菜、煮菠菜、炸土豆条。熟食的蔬菜通常和主菜的肉食类菜肴一同摆放在餐盘中上桌，称为配菜。

第六，甜品。西餐的甜品是主菜后食用的，可以算做是第六道菜。从真正意义上讲，它包括所有主菜后的食物，如布丁、煎饼、冰淇淋、奶酪、水果等。

第七，咖啡、茶。西餐的最后一道是饮料，如咖啡或茶。喝咖啡一般要加糖和淡奶油。茶一般要加香桃片和糖。

② 位次问题。在来宾中有地位、身份、年纪高于主宾的，在排定位次时，要请其紧靠主人就座。男主人坐主位，右手是第一重要客人的夫人，左手是第二重要客人的夫人，女主人坐在男主人的对面。她的两边是最重要的第一、第二位男客人。现在，如果不是非常正规的午餐或晚餐，这样一男一女的间隔坐法就显得不重要了。

③ 刀叉的使用。使用刀叉时，从外侧往内侧取用刀叉，要左手持叉，右手持刀；切东西时左手拿叉按住食物，右手拿刀切成小块，用叉子往嘴里送。用刀的时候，刀刃不可以朝外。进餐中途需要休息时，可以放下刀叉并摆成"八"字形状摆在盘子中央，表示没吃完，还要继续吃。每吃完一道菜，将刀叉并排放在盘中，表示已经吃完了，可以将这道菜或盘子拿走。如果是谈话，可以拿着刀叉，不用放下来，但不要挥舞。不用刀时，可用右手拿叉，但需要作手势时，就应放下刀叉，千万不要拿着刀叉在空中挥舞摇晃，不要一手拿刀或叉，而另一只手拿餐巾擦嘴，也不要一手拿酒杯，另一只手拿叉取菜。任何时候，都不要将刀叉的一端放在盘上，另一端放在桌上。

④ 餐桌上的注意事项。不要在餐桌上化妆，用餐巾擦鼻涕。用餐时打嗝是大忌。取食时，拿不到的食物可以请别人传递，不要站起来。每次送到嘴里的食物别太多，在咀嚼时不要说话。就餐时不可以狼吞虎咽。对自己不愿吃的食物也应要一点放在盘中，以示礼貌。不应在进餐中途退席。确实需要离开，要向左右的客人小声打招呼。饮酒干杯时，即使不喝，也应该将杯口在唇上碰一碰，以示敬意。当别人为你斟酒时，如果不需要，可以简单地说一声"不，谢谢！"或以手稍盖酒杯，表示谢绝。进餐过程中，不要解开纽扣或当众脱衣。如果主人请客人宽衣，男客人可以把外衣脱下搭在椅背上，但不可以把外套或随身携带的东西放到餐台上。

(3) 西餐的吃法。西餐的具体吃法和中餐有很大区别。

① 面包和黄油。通常是小圆面包和包条，自己拿面包和黄油，然后用手把面包掰成几小块，抹一块，吃一块。

吃三明治，小的三明治和烤面包是用手拿着吃的，大点的吃前先切开。配卤汁吃的热三明治需要用刀和叉。

② 肉类。西方人吃肉（指的是羊排、牛排、猪排等）一般都是大块的。吃的时候，用刀、叉把肉切成一小块，大小刚好是一口。吃一块，切一块，不要一下子全切了，也千万不要用叉子把整块肉夹到嘴边、边咬、边咀嚼、边吞咽。

吃牛肉（牛排）的场合，由于可以按自己爱好决定生熟的程度，预定时，服务员或主人会问你生熟的程度。

吃有骨头的肉，比如吃鸡的时候，不要直接"动手"，要用叉子把整片肉固定（可

第四章 社交情感礼仪

以把叉子朝上，用叉子背部压住肉），再用刀沿骨头插入，把肉切开，边切边吃。如果骨头很小时，可以用叉子把它放进嘴里，在嘴里把肉和骨头分开后，再用餐巾盖住嘴，把它吐到叉子上然后放到碟子里。不过需要直接"动手"的肉，洗手水往往会和肉同时端上来。一定要时常用餐巾擦手和嘴。

吃鱼时不要把鱼翻身，吃完上层后用刀叉剔掉鱼骨后再吃下层。

③ 沙拉。西餐中，沙拉往往出现在这样的场合里：作为主菜的配菜，比如说蔬菜沙拉，这是常见的；作为间隔菜，比如在主菜和甜点之间；作为第一道菜，比如说鸡肉沙拉。

如果沙拉是一大盘端上来，就使用沙拉叉。如果是和主菜放在一起，则要使用主菜叉来吃。

如果沙拉是间隔菜，通常要和奶酪、炸玉米片等一起食用。先取一两片面包放在沙拉盘上，再取两三片玉米片。奶酪和沙拉要用叉子吃，而玉米片可以用手拿着吃。

如果主菜沙拉配有沙拉酱，可以先把沙拉酱浇在一部分沙拉上，吃完这部分后再加酱。直到加到碗底的生菜叶部分，这样浇汁就容易了。

沙拉习惯的吃法应该是：将大片的生菜叶用叉子切成小块，如果不好切，可以刀叉并用。一次只切一块，吃完再切。

④ 喝汤。喝汤时不要啜，吃东西时要闭嘴咀嚼。不要舔嘴唇或咂嘴发出声音。即使是汤菜很热，也不要用嘴吹。要用汤匙从里向外舀，汤盘里的汤快喝完时，可以用左手将汤盘的外侧稍稍翘起，用汤匙舀净就行了。吃完后，将汤匙留在汤盘里，匙把指向自己。

⑤ 意大利面。吃意大利面，要用叉子慢慢地卷起面条，每次卷四五根最方便。也可以用调羹和叉子一起吃，调羹可以帮助叉子控制滑溜溜的面条。不能直接用嘴吸，不然容易把汁溅得到处都是。

⑥ 水果。在许多国家，水果通常作为甜点或随甜点一起送上。通常是许多水果混合在一起，做成水果沙拉，或做成水果拼盘。

吃水果关键是怎样去掉果核。不能拿着整个去咬。有刀叉的情况下，应小心地使用，用刀切成四瓣再去皮核，用叉子叉着吃。要注意别把汁溅出来。没有刀或叉时，可以用你的两个手指把果核从嘴里轻轻拿出，放在果盘的边上。把果核直接从嘴里吐出来，是非常失礼的。

⑦ 西式快餐和小吃。汉堡包和热狗是用手拿着吃，但一定要用餐巾纸垫住，让酱汁流到餐巾上，而不是流到你的手或衣服上。为防止万一，可以一只手拿餐巾垫住，另一只手准备一两张餐巾备用。

比萨饼可以用手拿着饼块，把外边转向里，防止上面的馅掉出来。但一般晚宴的餐桌上是看不到比萨饼的。

玉米薄饼是一种普遍的用手拿着吃的食物。可以蘸上甜豆或番茄酱等混合酱后吃。

职业礼仪与形象设计

油煎食品和薯片，可以用手拿着吃，也可以用叉子吃。如果在户外，当然可以用手拿着吃了。

女士还要注意，吃东西的时候，每次都要少放一些到嘴里。小口嚼，避免制造噪声和弄坏唇膏。吃一般的菜时，如果把手指弄脏了，可以请服务员端洗手水来。

(4) 五种特殊情况的处理。

① 碰到主人做感恩怎么办。有的主人会在进餐前感恩祷告，或坐或立，来宾都应和主人一样。感恩祷告前，不要吃喝任何东西，安静地低着头。直到祷告结束，再把餐巾放在膝上，开始用餐。

② 塞牙或异物入口时。如果你的牙缝里塞了蔬菜叶子或沙粒式的东西，不要在餐桌上用牙签剔，可以喝口水试试看；如果不行，就去洗手间，这样你就可以用力地漱口，也可以用牙签。

如果遇到不好吃的食物或异物入口时，必须注意不要引起一起吃饭人的不快，但也不必勉强把不好的东西吃下去。可以用餐巾盖住嘴，赶紧吐到餐巾上，让服务员换块新的餐巾。如果食物中有石子等异物时，可用拇指和食指取出来，放在盘子的一旁。

即使有只虫子从你的沙拉里神气活现地爬出来（这是锻炼你的勇气和风度的最佳时机），也要心平气和地要求换掉，只要和主人或服务员使个眼色就行，不要大吵大闹、鬼哭神嚎，让所有人都知道以至于都不敢吃了。

③ 吃了蒜或洋葱后怎么办。吃饭的时候吃了蒜或葱，不管是在家里、办公室还是聚会，都不会太受欢迎。我们介绍几种解决的方法：

一是用水漱口；

二是嚼口香糖；

三是用一片柠檬擦拭口腔内部和舌头；

四是嚼几片茶叶或是咖啡豆。

④ 在餐桌上弄洒了东西怎么办。如果在餐桌上泼洒了东西，而且在洒了很多的情况下，做主人的要叫服务员来清理你弄脏的地方，万一不能清除干净，他会给你再铺上一块新的餐巾，把脏东西盖住，然后再上下一道菜。如果在家里，只要用清洁用品清除就行了。

如果你的座位弄上了大量的污渍，就向主人再要一块餐巾盖在弄脏的地方，同时向主人和其他客人表示道歉。如果你或你的家人弄坏了主人的任何东西，你应安排把弄坏的东西收在一起，并且清除干净或修好它们，在主人方便的时候再送回去。

⑤ 刀叉掉到地上怎么办。用餐的时候，刀叉不小心掉到地上，如果弯腰下去捡，不仅姿势不雅观，影响身边的人，也会弄脏手。可以示意服务生来处理并更换新的餐具。

(5) 怎样得体地告辞。

正餐之后的酒会告辞时间按常识而定,如果酒会不是在周末举行,那就意味着告辞时间应在晚间 11 点至午夜之间。如果在周末,就可以更晚一些。告辞应不宜过早或过迟。

各种(除了最大型的)酒会上,离开前都要向女主人当面致谢,这是礼貌。致谢时,该说的事交代完就可离开,不要说个不停,否则对方既无法做自己的事也不能招呼别人。如果你因故必须早点告辞,致谢时不要太引人注目,以免让其他客人认为他们也该走了。

如果是主宾,就要先于其他客人向主人告辞。一般来说,主宾应在用完点心后的 20 分钟到 40 分钟之间相机告辞。一般客人不要先于主宾告辞,否则是对主人和主宾的不敬。如果确实有事需要先走,也要诚恳地说明情况。

出席鸡尾酒会的客人应按请帖上写明的时间起身告辞。如果接到的是口头邀请(可能没说明时间),应该认为酒会进行两个小时。如果有一位客人迟迟不走,而女主人又另有晚餐之约,那她就应该婉转说明。她可以友好地说:"我得跟您分手了,因为我不得不……"

另外,参加了一次鸡尾酒会或非正式的正餐、酒会之后,写信或是打个电话表示谢意,都是非常得体的。如果过不了多久又要见面的话,也可以面谢。

5．自助餐礼仪

自助餐礼仪,泛指人们安排或享用自助餐时所需要遵守的基本礼仪规范。具体来讲,自助餐礼仪又分为安排自助餐的礼仪与享用自助餐的礼仪两个部分。以下,对其分别予以介绍。

(1) 安排自助餐的礼仪。

安排自助餐的礼仪,指的是自助餐的主办者在筹办自助餐时规范性的做法,一般而言,它又包括备餐的时间、就餐的地点、食物的准备、客人的招待四个方面的问题。

① 备餐的时间。在商务交往之中,依照惯例,自助餐大都被安排在各种正式的商务活动之后,作为其附属的环节之一,而极少独立出来,单独成为一项活动。不过,它很少被安排在晚间举行,而且每次用餐的时间不宜长于一个小时。

在整个用餐期间,用餐者可以随到随吃。在用自助餐时,也不像正式的宴会那样,必须统一退场,不允许"半途而退"。用餐者只要自己觉得吃好了,在与主人打过招呼之后,随时都可以离去。通常,自助餐是无人出面正式宣告其结束的。

② 就餐的地点。选择自助餐的就餐地点,大可不必如同宴会那般正式。重要的是,它既能容纳下全部就餐之人,又能为其提供足够的交际空间。

按照正常的情况,自助餐安排在室内外进行皆可。通常,它大多选择在主办单位所拥有的大型餐厅、露天花园之内进行。有时,亦可外租、外借与此相类似的场地。

③ 食物的准备。在自助餐上,为就餐者所提供的食物,既有其共性,又有其个性。

它的共性在于，为了便于就餐，以提供冷食为主；为了满足就餐者的不同口味，应当尽可能地使食物在品种上丰富而多彩；为了方便就餐者进行选择，同一类型的食物应被集中在一处摆放。

一般而言，自助餐上所备的食物在品种上应当多多益善。具体来讲，一般的自助餐上所供应的菜肴大致应当包括冷菜、汤、热菜、点心、甜品、水果以及酒水等几大类型。

在准备食物时，务必要注意保证供应。同时，还须注意食物的卫生以及热菜、热饮的保温问题。

④ 客人的招待。招待好客人，是自助餐主办者的责任和义务。

一是要照顾好主宾。主人在自助餐上对主宾所提供的照顾，主要表现在陪同其就餐，与其进行适当的交谈，为其引见其他客人，等等。只是要注意给主宾留下一点供其自由活动的时间，不要始终伴随其左右。

二是要充当引见者。在用餐期间，主人一定要尽可能地为彼此互不相识的客人多创造一些相识的机会，并且积极为其牵线搭桥，充当引见者，即介绍人。应当注意的是，介绍他人相识，必须了解彼此双方是否有此心愿，而切勿一厢情愿。

三是要安排服务者。在自助餐上，直接与就餐者进行正面接触的，主要是侍者。它的主要职责是：为了不使来宾因频频取食而妨碍了同他人所进行的交谈，而主动向其提供一些辅助性的服务。比如，推着装有各类食物的餐车，或是托着装有多种酒水的托盘，在来宾之间巡回走动，而听凭宾客各取所需。再者，他还可以负责补充供不应求的食物、饮料、餐具等。

（2）享用自助餐礼仪。

所谓享用自助餐的礼仪，在此主要是指在以就餐者的身份参加自助餐时，所需要遵循的具体礼仪规范。一般来讲，在自助餐礼仪之中，享用自助餐的礼仪对绝大多数人而言，往往显得更为重要。通常，它主要涉及下述八点：

① 要排队取菜。在取菜之前，先要准备好一只食盘。轮到自己取菜时，应用公用的餐具将食物装入自己的食盘之内，然后即应迅速离去。切勿在众多的食物面前犹豫再三，让身后之人久等，更不应该在取菜时挑挑拣拣，甚至直接下手或以自己的餐具取菜。

② 要循序取菜。在自助餐上，如果想要吃饱吃好，那么在具体取用菜肴时，就一定要首先了解合理的取菜顺序，然后循序渐进。按照常识，参加一般的自助餐时，取菜时标准的先后顺序，依次应当是：冷菜、汤、热菜、点心、甜品和水果。因此在取菜时，最好先在全场转上一圈，了解一下情况，然后再去取菜。

③ 要量力而行。参加自助餐时，遇上了自己喜欢吃的东西，只要不会撑坏自己，完全可以放开肚量，尽管去吃。不限数量，保证供应，这正是自助餐大受欢迎的地方。

不过，应当注意的是，在根据本人的口味选取食物时，必须量力而行。切勿为了吃得过瘾而将食物狂取一通，结果是自己"眼高手低"，力不从心，从而导致了食物的浪费。严格地说，在享用自助餐时，多吃是允许的，而浪费食物则绝对不允许。这一条，被世人称为自助餐就餐时的"少取"原则。有人亦称为"每次少取"原则。

④ 要多次取菜。"多次"就是用餐者在自助餐上选取某一种类的菜肴，允许其再三再四地反复去取。"多次"的原则与"少取"的原则其实是同一个问题的两个不同侧面。"多次"是为了量力而行，"少取"也是为了避免造成浪费。所以，二者往往也合称为"多次少取"的原则。

⑤ 要避免外带。所有的自助餐，不论是以之待客的由主人亲自操办的自助餐，还是对外营业的正式餐馆里所经营的自助餐，都有一条不成文的规定，即自助餐只许就餐者在用餐现场里自行享用，而绝对不许用餐者在用餐完毕之后携带回家。

⑥ 要送回餐具。自助餐，既然强调的是用餐者以自助为主，那么用餐者在就餐的整个过程之中，就必须将这一点牢记在心，并且认真地付诸行动。在自助餐上强调自助，不但要求就餐者取用菜肴时以自助为主，而且要求其善始善终，在用餐结束之后，自觉地将餐具送至指定之处。

⑦ 要照顾他人。商界人士在参加自助餐时，除了对自己用餐时的举止表现要严加约束之外，还须对他人多加照顾。对于自己的同伴，特别需要加以关心，若对方不熟悉自助餐，不妨向其扼要地进行介绍。在对方乐意的前提下，还可向其具体提出一些有关选取菜肴的建议。对于在自助餐上碰见的熟人，亦应如此加以体谅。不过，不可以自作主张地为对方直接代取食物，更不允许将自己不喜欢或吃不了的食物"处理"给对方。

在用餐的过程中，对于其他不相识的用餐者，应当以礼相待。在排队、取菜、寻位以及行动期间，对于其他用餐者要主动加以谦让，不要目中无人，蛮横无理。

⑧ 要积极交际。一般来说，参加自助餐时，商务人员必须明确，吃东西往往属于次要之事，而与其他人进行适当的交际活动才是自己最重要的任务。在参加由商界单位所主办的自助餐时，情况就更是如此。所以，不应当以不善交际为由，只顾自己躲在僻静之处一心一意地埋头大吃，或者来了就吃，吃了就走，而不同其他在场者进行任何形式的正面接触。

（三）茶道礼仪

1. 中国茶道

茶道发源于中国。中国茶道兴于唐，盛于宋、明，衰于近代。宋代以后，中国茶道传入日本、朝鲜，获得了新的发展。今人往往只知有日本茶道，却对作为日、韩茶道的源头、具有1 000多年历史的中国茶道知之甚少。这也难怪，"道"之一字，在汉语中有多种意思，如行道、道路、道义、道理、道德、方法、技艺、规律、真理、终极实在、宇宙本体、生命本源等。因"道"的多义，故对"茶道"的理解也见仁见智，莫衷一是。

中国茶道是以修行得道为宗旨的饮茶艺术，其目的是借助饮茶艺术来修炼身心、体悟大道、提升人生境界。

中国茶道有三义：饮茶之道、饮茶修道、饮茶即道。饮茶之道是饮茶的艺术，且是一门综合性的艺术。它与诗文、书画、建筑、自然环境相结合，把饮茶从日常的物质生活上升到精神文化层次；饮茶修道是把修行落实于饮茶的艺术形式之中，重在修炼身心、了悟大道；饮茶即道是中国茶道的最高追求和最高境界，煮水烹茶，无非妙道。

在中国茶道中，饮茶之道是基础，饮茶修道是目的，饮茶即道是根本。饮茶之道，重在审美艺术性；饮茶修道，重在道德实践性；饮茶即道，重在宗教哲理性。

中国茶道集宗教、哲学、美学、道德、艺术于一体，是艺术、修行、达道的结合。在茶道中，饮茶的艺术形式的设定是以修行得道为目的的，饮茶艺术与修道合二而一，艺之为道，道之为艺。

中国茶道既是饮茶的艺术，也是生活的艺术，更是人生的艺术。（见图4-64）

图4-64　中国茶道

茶艺表演需注意以下几个方面的问题：

（1）容貌。

人的容貌不是自己可以选择的，天生丽质是靠父母的遗传之福，但并不一定能做到艺美。正如俗话说："聪明面孔笨肚肠。"有的人由于动作的协调性及悟性水平很低，给人的感觉是紧张，并不觉得美。而有的人虽相貌平平，但因为有较高的文化修养、得体的行为举止，靠自己的勤奋，以神、情、技动人，显得非常自信，灵气逼人。茶艺更看重的是气质，所以表演者应适当修饰仪表。如果真正是天生丽质，则整洁大方即可。一般的女性可以淡妆，表示对客人的尊重，以恬静素雅为基调，切忌浓妆艳抹，有失分寸。来自内心世界的美才是美的最高境界。（见图4-65）

图 4-65 茶艺师

（2）姿态。

姿态是身体呈现的样子。从中国传统的审美角度来看，人们推崇姿态的美高于容貌之美。古典诗词文献中形容一位绝代佳人，用"一顾倾人城，再顾倾人国"的句子，顾即顾盼，是如秋波一转的样子。或者说某一女子有林下之风，就是指她的风姿迷人，不带一丝烟火气。茶艺表演中的姿态也比容貌重要，需要从坐、跪、站、行等几种基本姿势练起。

① 坐姿。坐在椅子或凳子上，必须端坐中央，使身体重心居中，否则会因坐在边沿使椅（凳）子翻倒而失态；双腿膝盖至脚踝并拢，上身挺直，双肩放松；下颌微敛，舌抵下颚，鼻尖对肚脐；女性双手搭放在双腿中间，右手放在左手上，男性双手可分搭于左右两腿侧上方。全身放松，思想安定、集中，姿态自然、美观，切忌两腿分开或跷二郎腿还不停抖动、双手搓动或交叉放于胸前、弯腰弓背、低头等。作为客人，也应采取上述坐姿。若被让坐在沙发上，由于沙发离地较低，端坐使人不适，则女性可正坐，两腿并拢偏向一侧斜伸（坐一段时间累了可换另一侧），双手仍搭在两腿中间；男性可将双手搭在扶手上，两腿可架成二郎腿但不能抖动，且双脚下垂，不能将一腿横搁在另一腿上。

② 跪姿。在进行茶道表演的国际交流时，日本人和韩国人习惯采取席地而坐的方式。对于中国人来说，特别是南方人极不习惯，因此特别要进行有针对性训练，以免动作失误，有伤大雅。

跪坐：日本人称之为"正坐"。即双膝跪于座垫上，双脚背相搭着地，臀部坐在双脚上，腰挺直，双肩放松，向下微收，舌抵上颚，双手搭放于前，女性左手在下，男性反之。

盘腿坐：男性除正坐外，可以盘腿坐，将双腿向内屈伸相盘，双手分搭于两膝，其他姿势同跪坐。

单腿跪蹲：右膝与着地的脚呈直角相屈，右膝盖着地，脚尖点地，其余姿势同跪坐。客人坐的桌椅较矮或跪坐、盘腿坐时，主人奉茶则用此姿势。也可视桌椅的高度，采用单腿半蹲式，即左脚向前跨一步，膝微屈，右膝屈于左脚小腿肚上。

③ 站姿。在单人负责一种花色品种冲泡时，因要多次离席，让客人观看茶样、奉茶、奉点等，忽坐忽站不甚方便，或者桌子较高，下坐操作不便，均可采用站式表演。另外，无论用哪种姿态，出场后，都得先站立后再过渡到坐或跪等姿态，因此，站姿好比是舞台上的亮相，十分重要。站姿应该双脚并拢，身体挺直，下颌微收，眼平视，双肩放松。女性双手虎口交叉（右手在左手上），置于胸前。男性双脚呈外八字微分开，身体挺直，下颌微收，眼平视，双肩放松，双手交叉（左手在右手上），置于小腹部。

④ 行姿。女性为显得温文尔雅，可以将双手虎口相交叉，右手搭在左手上，提放于胸前，以站姿作为准备。行走时移动双腿，跨步脚印为一直线，上身不可扭动摇摆，保持平稳，双肩放松，头摆正，下颌微收，两眼平视。男性以站姿为准备，行走时双臂随腿的移动可以身体两侧自由摆动，余同女性姿势。转弯时，向右转则右脚先行，反之亦然。出脚不对时可原地多走一步，待调整好后再直角转弯。如果到达客人面前为侧身状态，需转身，正面与客人相对，跨前两步进行各种茶道动作，当要回身走时，应面对客人先退后两步，再侧身转弯，以示对客人尊敬。

（3）风度。

泛指美好的举止姿态。在茶道活动中，各种动作均要求有美好的举止，评判一位茶道表演者的风度良莠，主要看其动作的协调性。茶道中的每一个动作都要圆活、柔和、连贯，而动作之间又要有起伏、虚实、节奏，使观者深深体会其中的韵味。练成自己美好的举止姿态，可参加各种形体训练、打太极拳、跳民族舞、做健美操、练静气功等。

（4）礼仪。

心灵美所包含的内心、精神、思想等均可从恭敬的言语和动作中体现出来。表示尊敬的形式（礼节）和仪式即为礼仪，应当始终贯穿于整个茶道活动中。宾主之间互敬互重，美观和谐。（见图4-66、图4-67）

图4-66 茶艺的传播（1）

图4-67 茶艺的传播（2）

① 鞠躬礼。茶道表演开始和结束，主客均要行鞠躬礼，有站式和跪式两种，且根据鞠躬的弯腰程度可分为"真礼""行礼""草礼"三种。"真礼"用于主客之间，"行礼"用于客人之间，"草礼"用于说话前后。

站式鞠躬："真礼"以站姿为预备，然后将相搭的两手渐渐分开，贴着两大腿下滑，手指尖触至膝盖上沿为止，同时上半身由腰部起倾斜，头、背与腿呈近90°的弓形（切忌只低头不弯腰，或只弯腰不低头），略作停顿，表示对对方真诚的敬意，然后，慢慢直起上身，表示对对方连绵不断的敬意，同时手沿脚上提，恢复原来的站姿。鞠躬要与呼吸相配合，弯腰下倾时作吐气，身直起时作吸气，使人体背中线的督脉和脑中线的任脉进行小周天的循环。"行礼"时的速度要尽量与别人保持一致，以免尴尬。"行礼"要领与"真礼"同，仅双手至大腿中部即行，头、背与腿约呈120°的弓形。"草礼"只需将身体向前稍作倾斜，两手搭在大腿根部即可，头、背与腿约呈150°的弓形，余同"真礼"。

坐式鞠躬：若主人是站立式，而客人是坐在椅（凳）上的，则客人用坐式答礼。"真礼"以坐姿为准备，"行礼"时，将两手沿大腿前移至膝盖，腰部顺势前倾，低头，但头、颈与背部呈平弧形，稍作停顿，慢慢将上身直起，恢复坐姿。"行礼"时将两手沿大腿移至中部，余同"真礼"。"草礼"只将两手搭在大腿根，略欠身即可。

跪式鞠躬："真礼"以跪坐姿为预备，背、颈部保持平直，上半身向前倾斜，同时双手从膝上渐渐滑下，全手掌着地，两手指尖斜相对，身体倾至胸部与膝间只剩一个拳头的空档（切忌只低头不弯腰或只弯腰不低头），身体呈45°前倾，稍作停顿，慢慢直起上身。同样，"行礼"时动作要与呼吸相配，弯腰时吐气，直身时吸气，速度与他人保持一致。"行礼"方法与"真礼"相似，但两手仅前半掌着地（第二手指关节以上着地即可），身体约呈55°前倾；行"草礼"时仅两手手指着地，身体约呈65°前倾。

② 伸掌礼。这是茶道表演中用得最多的示意礼。当主泡与助泡之间协同配合时，主人向客人敬奉各种物品时都简用此礼，表示的意思为"请"和"谢谢"。当两人相对时，可伸右手掌对答表示，若侧对时，右侧方伸右掌，左侧方伸左掌对答表示。伸掌姿势就是：四指并拢，虎口分开，手掌略向内凹，侧斜之掌伸于敬奉的物品旁，同时欠身点头，动作要一气呵成。

③ 寓意礼。茶道活动中，自古以来在民间逐步形成了不少带有寓意的礼节。如最常见的为冲泡时的"凤凰三点头"，即手提水壶高冲低斟反复三次，寓意是向客人三鞠躬以示欢迎。茶壶放置时壶嘴不能正对客人，否则表示请客人离开；回转斟水、斟茶、烫壶等动作，右手必须逆时针方向回转，左手则以顺时针方向回转，表示招手"来！来！来！"的意思，欢迎客人来观看，若相反方向操作，则表示挥手"去！去！去！"的意思。另外，有时请客人选点茶，有"主随客愿"之敬意；有杯柄的茶杯在奉茶时要将杯柄放置在客人的右手面，所敬茶点要考虑取食方便。总之，应处处从方便别人考虑，这一方面的礼仪有待于进一步发掘和提高。

2．日本茶道——和、敬、清、寂

从唐代开始，中国的饮茶习俗就传入日本，到了宋代，日本开始种植茶树，制造茶叶。但一直到明代，才真正形成独具特色的日本茶道。其中集大成者是千利休（1522—1592年）。他明确提出"和、敬、清、寂"为日本茶道的基本精神，要求人们通过在茶室中饮茶进行自我反省，彼此沟通思想，于清寂之中去掉自己内心的尘垢和彼此的芥蒂，以达到和敬的目的。（见图4-68、图4-69）

图4-68 日本茶具（1）

图4-69 日本茶具（2）

"和、敬、清、寂"被称为日本"茶道四规"。

"和、敬"是处理人际关系的准则，通过饮茶做到和睦相处，以调节人际关系；"清、寂"是指环境气氛，要以幽雅清静的环境和古朴的陈设，造成一种空灵静寂的意境，给人以熏陶。但日本茶道的宗教（特别是禅宗）色彩很浓，并形成严密的组织形式。它是通过非常严格、复杂甚至到了烦琐程度的表演程式来实现"茶道四规"的，较为缺乏一个宽松、自由的氛围。

在日本，茶道是一种通过品茶艺术来接待宾客、交谊、恳亲的特殊礼节。茶道不仅要求有幽雅自然的环境，而且规定有一整套煮茶、泡茶、品茶的程序。日本人把茶道视为一种修身养性、提高文化素养和进行社交的手段。

日本茶道发展到今天，已有一套固定的规则和一个复杂的程序和仪式。与中国茶道相比，日本仪式的规则更严格，这是经过精心提炼后形成的最周到、最简练的动作。如入茶室前要净手，进茶室要弯腰、脱鞋，以表谦逊和洁净。日本有一句格言："茶室中人人平等。"从前，把象征阶级和地位的东西留在茶室外，武士的宝剑、佩刀、珠宝等都不能带进茶室。现在虽不强调这些，但进茶室不能交头接耳，因为茶会必须保持"和谐、尊重、纯净、安宁"的环境。茶室除了讲究室外的幽雅环境，还很讲究室内的布局与装饰。通常壁上挂一幅古朴的书画，再配上一枝或几枝鲜花装饰，虽简单，却显得高雅幽静。茶客进入茶室后，应安静、恭谨地跪在榻榻米上，身穿和服的茶人也跪在榻榻米上，先打开绸巾擦茶具、茶勺；用开水温热茶碗，倒掉水，再擦干茶碗；之后用竹刷子拌沫茶，并斟入茶碗冲茶。茶碗小而精致，一般使用黑色陶器，日本人认为幽暗的色彩自有朴素、清寂之美。

3．朝鲜茶道——清、敬、和、乐

朝鲜与中国自古关系密切，中国儒家的礼制思想对朝鲜影响很大。

儒家的中庸思想被引入朝鲜茶道之中，形成"中正"精神。创"中正"精神的是草衣禅师张意恂（1786—1866），他在《东茶颂》里提倡"中正"的茶道精神，指的是茶人在凡事上不可过度也不可不及的意思。后来韩国的茶道归结为"清、敬、和、乐"或"和、敬、俭、真"几个字，也折射了朝鲜民族积极乐观的生活态度。

4．英国茶道

英国人爱好饮茶。从英格兰的多佛到苏格兰的阿伯丁，几乎全英国都有喝茶的风俗。（见图4-70）

图4-70　英国茶具

1657年以后，茶叶从中国传到欧洲，英国人逐渐了解到茶是一种很好的饮品，喝茶可以延年益寿，明目健体。其后的200年，由于茶叶价格昂贵，饮茶没有在社会上盛行起来。直到1826年，英国人在印度北部山区偶然发现了漫山遍野的野茶树，大喜过望的英国商人和东印度公司，开始在印度东部地区大面积种植茶树，并加工装运回国。英国下午茶的普及便从那时开始，至今约有180年的历史。

英国的早餐和下午茶，无论是色彩和花样都比英国晚餐丰富。丰盛的早餐必佐以一壶咖啡或茶，才算是最好的享受。英国人将茶叶与牛奶调制成"英国茶"，其味道非常特殊，既有茶的清香，又有牛奶的可口。英国人认为这是两种文化的融合。英国的下午茶非常流行且有品位。下午茶一般配以可口的糕点，边吃糕点边品味英国茶。

全英国最著名的茶室约有125间。茶室环境优雅，文化气息浓郁，布置装潢精美。茶室一般都挂有茶历史的图片。伦敦的酒店和百货公司也均设有茶座，其中以皮卡迪利的老百货店福登梅生及对面的皇家咖啡屋最为著名。福登梅生的茶座设在维多利亚式装潢的糖果部后面，四周画有巨大的淡彩画，描绘着维多利亚时代印度和埃及的风景。当你一边品茶，一边听着轻音乐，一定别有一番感受。如果碰巧遇到一位帝国情结非常浓厚的英国绅士，他可能会喋喋不休地向你讲述大英帝国的历史或茶文化的故事。

英国人饮茶，不仅重视茶的味道和品质，也很讲究饮茶的形式。一般来说，要有一套很讲究的茶具。比如，配备一套维多利亚古瓷杯、盘和纯银茶壶、茶匙。饮茶的时候，还要备有各式各样的蛋糕、点心，放在塔形的碟架上，花样繁多，干净整洁，十分讲究。饮茶实际上成了一种文化享受。在饮茶的时候，英国人也尽情展现自己的文化气质和个人修养。绅士在阳光下戴着墨镜，行为稳重，举止得体。茶具都轻拿轻放，室内比较安静。女士则谈吐优雅，举止从容，当有人从面前经过时，都要礼貌地轻轻挪动身姿，报以微笑。年长的女士在外面喝茶的时候，相互交谈声音很小，动作轻缓。

英国茶发展到现在,可以说品种繁多。除了传统的英国茶外,如今,英国人又在红茶中添加了各类鲜花、水果及名贵香料,配制成当今非常流行的花茶、果茶和香料茶。这些茶都非常受欢迎。比如,玫瑰香茶色泽艳丽,香气四溢;樱桃梅子果茶、橘子柠檬果茶,果香浓郁,饮后令人回味无穷,十分惬意。

(四)服饰礼仪

公务场合:要庄重保守、端庄大方、严守传统,不能强调个性、过于时髦,显得随便,最好穿套装、套裙或制服,不允许穿夹克衫、牛仔装、运动装、健美裤、背心、短裤、旅游鞋、凉鞋,尤其不能穿拖鞋。衣服不能显得肮脏、褶皱、残破、暴露、透视、过大、过小或紧身。

正式场合:接待人员穿着要正确得体,所有衣扣要扣严,不得挽起袖管或裤角;衣袋或裤兜里不宜装过多的东西;衣服上的商标要先行拆除;穿西装最好内着白色衬衣,穿深色袜子、黑色皮鞋,打领带。全身上下衣着应保持在三种色彩之内。

社交场合:主要指应酬交际场合,服装应突出时尚个性,可穿时装、礼服或民族服装,最好不要穿制服或便装。

休闲场合:穿着应舒适自然,忌正正规规。

工作场合:按工作单位及工作性质的不同要求,着各种不同的工作装。

(五)会议礼仪

1. 参会者礼仪

参会人员应严格遵守会场纪律,出席会议应提前15～20分钟进场,不迟到,不提前离会;不在场内随意走动、讲话;关闭手机(或调至振动),不做任何与会议无关的个人事务(如看报纸、聊天、发信息等);端正坐姿,不打瞌睡,保持良好的精神状态。

开会时要尊重会议主持人和发言人。当别人讲话时,应认真倾听,可以准备纸笔,记录下与自己工作相关的内容或要求。

不要在别人发言时说话、随意走动、打哈欠等,这是失礼的行为。

2. 汇报者礼仪

主要是指要遵守约定,谦虚谨慎,认真负责,尊重汇报对象。汇报时的神态、表情,要大方而自然,不要诚惶诚恐、腼腆木讷、面红耳赤、噘嘴皱眉、手舞足蹈、语无伦次、走调失声,否则都可能使汇报对象感觉不佳。

(六)交通礼仪

所谓交通礼仪,是指我们在使用车辆、船只、飞机时,所需要遵守的礼仪规范。

旅行中的交通礼仪对塑造形象和职业活动的顺利展开,都具有积极的意义。不管以何种方式外出,都必须有秩序意识、自律意识、互助意识、礼让意识。自觉遵守交通礼仪是我们每一个人最起码的常识。

1. 乘坐公交车的礼仪

（1）排队候车，先下后上。候车人多时，应自觉在站台上排队等候，不要涌入车道以妨碍交通。车辆进站停稳后，应待车内乘客下车后再依次上车，切勿推拉、挤撞他人。对行动不便者，则应主动提供帮助，并礼让其优先上车，不要口有微辞。下车时若人多，应先礼貌示意，如"对不起，请让一下"，不要猛挤乱冲。遇无人售票车辆，应遵守前门上、后门下的规定。

（2）文明乘车。上车后，尽量往里走，不要堵在车门口。如果车上还有座位，应先让老、弱、病、残及带小孩的人士坐，不要抢先占据座位。若已经坐下，遇到上述人员也应主动让座。一般汽车上都有区别于其他座位颜色的"老、弱、病、残、孕"专用席位，健康人士不应占用。坐在座位上不要高跷二郎腿，妨碍别人通行。当在公共汽车上提较大的包或袋子的时候，应尽可能放在车辆最前边或最后边，以免妨碍他人。也不要把携带的东西放在旁边的座位上，妨碍他人乘坐。上车后应主动买票或出示月票。下车前要提前做好下车准备。如果自己不靠近车门，应礼貌地询问前面的乘客是否下车，如果不下，设法与其调换一下位置。

（3）尊老爱幼，主动礼让。遇年迈、患病、残疾、怀孕、幼童及怀抱婴儿的乘客，应主动让出自己的座位，如果自己是站着的，也要把有扶手的或空间大的地方让出来，让他们站稳，切勿熟视无睹。当他人为自己让座时，应立即道谢。

（4）遵守规则，注意安全。为了乘客安全，公共汽车上规定不能吸烟。也不要随地吐痰、乱扔废弃物；更不要将废弃物扔向车外，以免砸伤行人，破坏环境。雨雪天乘车，应把雨伞、雨衣等雨具放入塑料袋中，或提前抖掉身上的雨水和雪花，以免弄湿他人，并保持车内清洁。不要携带有安全隐患的物品上车。车辆行进途中不要大声交谈或随意喧闹，以免分散司机的注意力或使其他乘客感到不悦。不得将身体的任何部位伸到车窗外面，以免发生危险。（见图4-71、图4-72）

图4-71 文明乘车（1）

图4-72 文明乘车（2）

2. 骑自行车的礼仪

要严格遵守交通规则，不闯红灯。骑车时不撑雨伞，不互相追逐或曲折竞驶，不骑车带人。遇到老、弱、病、残、动作迟缓者，要给予谅解，主动礼让。

3．乘坐火车的礼仪

保持候车室卫生。废弃物应主动扔到果皮箱内，不随地吐痰。检票时自觉排队，不乱拥乱挤，有秩序地上车。

要爱护车厢内的公共设施，不大声喧哗。携带的物品应放在座位下或座位前，不要挂在衣帽钩上；不强占或多占座位，不躺在座位上使人无法坐下休息。

所有行李应放在行李架上或座位下边，不能放在过道或小桌上。站在座位上放、取行李时，应脱掉鞋子或垫上废纸，以免踩脏座位。自己的行李要摆放整齐，尽量不压在别人的行李上，如果不得不压，应征得别人的同意。

不在车厢内吸烟，不毫无顾忌地打喷嚏，没有特别原因，不在车厢狭窄的过道上走来走去，坐在座位上不要把脚伸到车厢过道上。不要把果皮、残渣及废弃物抛向窗外或在车厢内随地乱扔。不随地吐痰。有吸烟习惯的人，要到列车的吸烟区或两节车厢间的过道去吸烟。

与邻座的旅客交谈应先看清对象，与不喜交谈者谈话是不明智的，和正在思考者谈话也是失礼的。谈话不要自顾自喋喋不休，看到对方有倦意，就应立即停止谈话。注意谈话中不要问对方的姓名、住址及家庭情况。休息时间应自觉保持安静，不要大声聊天。

如果阅览别人的报刊或使用邻座的物品，应先征得对方同意；别的乘客看报时，不能凑在旁边看。

到达目的地后，拿好自己的物品，有序下车，不抢道拥挤。

4．乘坐飞机的礼仪

乘坐飞机至少应在飞机预定起飞前一个小时到达机场，在这段时间里办理登机牌、行李装运手续、通过安检。飞机预定起飞前半个小时将停止办票手续。

国际国内航班对行李的重量均有严格的限制，尽量少带为宜。随身携带的行李，登机后可放到置物架上，也可放在座椅下面。

飞机飞行期间，乘客应严格遵守机上宣布的有关规定。当"系好安全带"的信号灯亮时，要迅速系好安全带；如恰好正在盥洗室，应尽快回到座位上去；尤其为了飞行安全，起飞后和落地前应关闭手机，电子设备的使用要严格遵照机上规定；不允许在飞机上抽烟。

在飞机上不要大声聊天，以免妨碍他人；如果有事确需乘务员帮助时，可按头顶上方的呼叫按钮，不可大声呼叫；用餐时要将座椅复原，为后排旅客提供方便；不贪图小便宜，阅读用的书刊、洗手间的卫生纸、座位底下的救生衣、座位上的氧气面罩，均不可取走；另外，要等飞机完全停稳后再站起拿行李，并排队按顺序走出去。

乘飞机时，大家坐得非常近。因此很多不当的举动都可能惹恼其他的乘客，如：大声喧哗，收录机开得太响，灯开关得太勤，调整椅背或是调整小托桌过频。这些行为都会影响到别人。所以，在飞机上事事都要考虑到别人的感受。在飞机上使用洗手间时，不要时间过长，而且要注意保持卫生。

5．乘坐轿车的礼仪

（1）要了解座位的尊卑。应该强调的是，嘉宾坐在哪里，哪里就是上座。即便嘉宾不明白座次，坐错了位置，也不要纠正。

（2）要了解上下车的先后顺序。同女士、长者、上司或嘉宾乘双排座轿车时，应主动打开车后排的右侧门，请女士、长者、上司或嘉宾在右座上就座，然后把车门关上，自己再从车后绕到左侧打开车门，在左座坐下。

（3）到达目的地后，若无专人负责开启车门，则应先从左侧下车后绕至右侧门，把车门打开，请女士、长者、上司或嘉宾下车。由主人亲自驾车时，出于对乘客的尊重，主人可以最后一个上车，最先一个下车。

（4）注意在车内的谈吐举止。车辆在行驶的过程中，乘车人之间可适当交谈，但不宜过多与司机交谈，以免司机分神。

（5）举止要文明，不在车内吸烟。女士不在车内化妆。男女之间不在车内打打闹闹或表现得过分亲热，否则与商务人员的形象有悖。

（6）不在车内乱吃东西、喝饮料，不在车内吐痰或向车外吐痰，不通过车窗向车外扔废弃物。

（7）乘出租车的时候，刚上车时，应该先和司机确认好要去的具体地点。要注意保持车内的整洁。如果制造了垃圾，要自觉用袋子装起来，准备扔到垃圾箱里，而不要扔到车窗外。在车上，不要乱蹬、乱踏。禁止在车内接打电话。

6．在街上行走的礼仪

所有大城市的主要街道都有斑马线，行人只允许从这里横过马路，而且要遵守交通警察或是信号灯的指令。

几个人一起在街上行走，记住不能并排走。因为这样会妨碍其他行人行走。

如果你不小心碰到别人或是踩到别人的脚，即便不是你的错，也要客气地说声"对不起"。

（七）公共场所礼仪

1．广场散步时的礼仪

（1）注重仪表，举止文明。自觉恪守礼仪，行为适度，不能在广场草坪穿行，不多人携手并行，不尾随围观，否则，会扰乱广场秩序，妨碍他人。与异性同行时，不应表现得过分亲密，否则，既有碍观瞻，又有不自重之嫌。

（2）互帮互助，互谅互让。遇问路者应尽力相助，不要不予理睬。通过狭窄路段，应礼让他人先行，不要争先恐后。在拥挤之处不小心碰到他人，应立即致歉。

（3）爱护公物，保护环境。对于广场上的各种设施设备，要自觉爱护，不做毁坏公物之事，如攀折树木、采摘花卉、蹬踏雕塑、信手涂鸦、划痕或践踏绿地、草坪等。此外，还应注意不得随地吐痰或乱扔废弃物品，以维护环境卫生。

2．排队等候的礼仪

（1）调整心态，耐心等候。排队时，应尽快调整好心态，自觉按照先来后到的顺序排列成行，耐心等候，不要起哄、拥挤。

（2）遵守秩序，依次行事。队列秩序需众人共同维护。排队的基本秩序为：先来后到，依次而行。不仅自己要做到不插队，而且要做到不让自己的任何熟人插队。

（3）间距适当，互惠互利。在排队时，大家均应缓步前行，两人间的距离尽量保持在一臂左右。前后间距过窄，会让人局促不安，比如在自动提款机上取钱时，排在身后的人若与自己挨靠过近的话，就极易让人心生戒备，产生恐慌。

3．快餐店用餐的礼仪

（1）友好征询，礼貌就座。用餐找座，应礼貌地征询邻座客人的意见，如"请问你身旁的这个座位有人坐吗？"或"如果不介意的话，我可以在这儿用餐吗？"对方同意后方可落座，不得贸然抢占空位。

（2）举止规范，吃相文雅。用餐时应注意坐姿稳端，双肘不要张开过大，以免碰及邻座。双腿切勿随意乱伸或抖动。要小口进食、闭嘴咀嚼，口内如有食物，应避免交谈。尽量避免在餐桌上打喷嚏、咳嗽；但如果忍不住，就应及时侧身掩面，并说声"对不起"。欲取摆在同桌其他客人面前的食物，如调味品等，应请邻座客人帮忙传递，不可伸手横越。切忌用手指剔牙，应用牙签取而代之，并以手加以遮掩。

（3）切勿浪费，保持洁净。在外用餐应尽量根据自己的食量点菜、取食，以免所剩过多而造成不必要的浪费。在厉行节约的今天，用餐适量尤为重要。若口中有难以下咽之物，应妥善放入盘内，不得随处乱吐，以免弄脏餐桌。食用完毕，餐具务必摆放整齐，不可凌乱放置。

4．超市购物的礼仪

（1）慎重选取，物归原位。在超市购物，选取后又决定不要的商品，应及时放回到货架上，尤其是那些冷冻商品。选购水果等食用商品时，不要随手乱翻、乱捏，那样会让水果过早腐烂。使用超市提供的手推车，要注意停放的位置，不要妨碍他人，结账后应将其推放到指定的地方。

（2）诚实消费，损物赔付。若因不慎而损坏超市的物品，则需如实说明，主动承担责任并照价赔偿，不应若无其事，溜之大吉。趁人不备的"顺手牵羊"、小偷小摸或多拿少付等卑劣行径更是文明社会所不容的。

（3）耐心说明，自觉排队。选购商品时若遇纠纷，应以事实为依据，心平气和地耐心说明，不要发生无谓的争执。结账之际，遇顾客人数较多时，应自觉依次排队。

5．游乐园的礼仪

（1）安全至上，规范操作。游乐园是深受广大青少年朋友喜爱的现代休闲娱乐场所之一。游乐场里的设施一般以动态项目为多，每位游客在使用游乐设施之前都应认真倾听相关的安全知识讲解和安全事项说明，并接受必要的使用指导和培训，以掌握基本的操作要领。活动中则应严格按规程行事，绝不可掉以轻心。

（2）爱护设施，遵守秩序。对于游乐场里的任何设施，游客都有爱护的责任。为保障游乐场内各种游乐设施的安全运营，游客应自觉遵守各项活动规则，不随意争抢。

若遇恶劣天气或设施出现故障时，应对工作人员所采取的应急措施予以积极的配合，尤其是当因违规而出现危情时，应虚心接受工作人员的提示和纠正，不得胆大妄为。

（3）举止文明，共创愉悦。在游乐场内，同样须注意个人的行为举止，即便游兴颇高，也不得随心所欲。参加游乐项目，应自觉排队等候，切勿随意插队或争抢，以免发生拥挤，造成混乱。在活动过程中，应文明使用各类设施，不乱踩乱踏供游客所坐之处，如滑梯面、秋千座、休憩椅等；不得长时间独占活动器具，尤其在有人等候时；不得出现猛晃、乱敲活动设施之类的动作。

6．影剧院的礼仪

观众应尽早入座。如果自己的座位在中间，应当有礼貌地向已就座者示意，请其让自己通过。通过让座者时要与之正面相对，切勿让自己的臀部正对着人家的脸，这是很失礼的。这时你应与邻座的人说声"抱歉，劳驾让一让"，然后等别人让你过去。当通过时，你要记得道谢。如果你是个女性，入座或离座时要留意手袋不要碰到前排观众的头。还应注意衣着整洁，即使天气炎热，袒胸露腹，也是不雅观的。在影剧院万不可大呼小叫，更不可笑语喧哗，演出结束后，观众应有秩序地离开，不要推搡。

在放映厅里，电影开演后，以下行为都是不妥的：

（1）与同伴说话或是对着银幕评头论足。

（2）踢你前排的椅背。

（3）把脚搭在前排的椅背上。

（4）不关掉手机或是接听电话。

（5）在影剧院里可以吃东西、喝饮料，但不要弄出声响而影响他人。比如，把食品袋弄得哗哗响，嚼泡泡糖，用吸管出声地啜饮料，这些行为都不妥。

7．旅游观光的礼仪

（1）游览观光：凡旅游观光者，应爱护旅游观光地区的公共财物。对公共建筑、设施和文物古迹，甚至花草树木，都不能随意破坏；不能在柱、墙、碑等建筑物上乱写、乱画、乱刻；不要随地吐痰、随地大小便；不要乱扔果皮纸屑、杂物。

（2）宾馆住宿：旅客在任何宾馆居住，都不要在房间里大声喧哗或举行大型的聚会，以免影响其他客人。对服务员要以礼相待，对他们所提供的服务表示感谢。

（3）饭店进餐：尊重服务员的劳动，对服务员应谦和有礼，当服务员忙不过来时，应耐心等待，不可敲击桌碗或喊叫。对于服务员工作上的失误，要善意提出，不可冷言冷语，加以讽刺。

8．商场购物的礼仪

在自选商场，你可以尽情地试穿各式喜爱的衣服，没有人要求你一定要买什么。但你起码要懂得保持所试穿过的衣服的整洁，不能随手将他们扔在衣架旁或是扔在试衣间里。另外，也要注意不要长时间占用试衣间，免得其他顾客没有地方试穿想买的衣服。

商场里的售货员通常都很热情，他们总是尽量帮助顾客找到所需要的物品，作为顾客，不要忽视自身的礼貌表现。每次要求售货员帮忙时要用"请"；而接受他们的帮助后要说声"谢谢"。如果你觉得给售货员添了不少麻烦，也可以加一句表达心意的话："真不好意思，给您添麻烦了。"

9．欣赏音乐会的礼仪

要按照音乐会类型选择不同的服装。

欣赏古典音乐会时，男士应当穿深色西装，女士应当穿长裙（晚礼服）或庄重的套装，以显示对音乐及演出者的尊重。欣赏流行音乐，则应穿得比较时尚。

音乐会会场对时间要求都很严格。一般只要音乐会开始，即会关闭所有进出口之大门，等到演奏完序曲后才会再开。当协奏曲开始时，进出口大门再度关闭，直到中场休息时才会再次开启。尽管你只迟到了一分钟，也必须在外面等候，直到中场休息、大门打开时才能入内。

演出开始之前，关闭手机或将其调至"静音"状态，不要在演出期间交谈。尽量避免携带那些容易发出干扰噪声的物品入场，比如塑料袋、汽水瓶、购物袋，大部分音乐厅入口大厅里都有免费寄存处。

如果有急事必须离开，也一定等到中间休息时退场。

与邻座的人尽管关系很好，也不要把头靠在一起窃窃私语，这样做会挡住后面的人。不管有多冷，也不能戴着帽子听音乐。

欣赏交响乐作品或组曲时，不要在乐章之间鼓掌。

假如你判断不清何时应当鼓掌，比别人慢半拍鼓掌可以避免"出洋相"。全部作品结束时要鼓掌，这是显示你的欣赏力和热情的时候，演奏者有可能因为热烈的掌声而返场并加演曲目。

照相时不能使用闪光灯，以免分散演奏者的注意力，干扰演奏者的情绪。一旦有这种情况出现，演奏者有权利选择退场罢演。

退场时同样要注意礼貌，只要乐队首席（坐在指挥左手第一位置的那一位）没有起身退场，观众最好不要匆忙起身退场。退场的时候，不要遗忘随身物品以及寄存的物品。

10．观看体育比赛的礼仪

要根据比赛项目及场馆情况着装。

观看台球、围棋等项目时，应该穿比较正式的服装，即使天气很热，也不能穿背心、短裤、超短裙出席。观看一般的项目，应当穿运动装或休闲装出席，显然此时西装革履就不合适了。

提前入场。如果迟到，应当等到中场休息时再入场；有急事要提前离开，也应当等中场休息时退场。

不要把饮料、食品等带入场内。尤其不能看到激动之处就往运动场内扔东西。观看台球、围棋、桥牌、网球等比赛时，不要吃吃喝喝，此举极为不雅。

观看室内场馆举行的比赛禁止吸烟。

有些项目比如跳水，运动员在做一个难度系数很高的翻腾动作之前，会在跳台或跳板上先酝酿一番，让精神高度集中起来。此时如果观众突然大声喧哗、鼓掌或者来回走动，就会对运动员造成严重干扰。再比如网球、射击、围棋等项目，在比赛进行到非常紧张激烈的时候，任何一点儿声响都可能干扰运动员的正常发挥。因此，观众应该在座位上坐好并保持最大限度的安静，等运动员完成所有动作后再给予掌声鼓励。

为运动员加油、助威时要热情而文明，尤其在观看足球比赛、拳击比赛时要文明地释放你的热情，不要忘了你的身旁还有他人。如果你观看比赛时无法控制自己的情绪，最好不要安排与别人同看，而应当自己单独观看。

每当你去观看体育比赛时，如果演奏国歌，应肃立，停止与他人交谈，当然你可以跟大家一起唱国歌。演奏结束后，你就可以坐下，继续交谈。体育比赛的每个精彩场面都可能令你雀跃狂呼，但注意不要把手中的饮料和小食品泼洒到邻座观众的身上。在激动人心的时刻，你当然可以随大家一起站起来喝彩，但要记得尽快坐下，免得挡住后排观众的视线。比赛结束、观众退场的时候，要记住走向最近的出口处，不要乱跑。如果你不喜欢人挤人，那么可以提前一点退场。（见图4-73和图4-74）

图4-73　观看体育比赛（1）

图4-74　观看体育比赛（2）

11．参加体育比赛的礼仪

在赛场上耍脾气是不成熟的表现，这样不会增加你的魅力。如果有人在比赛时动不动就摔球拍或者动不动就跟裁判员争吵，你会怎样想？要热情饱满地投入比赛，如果你没精打采的，试想，有谁还愿意跟你竞争。自己没发挥好或是有失误，不要找一大堆的借口，更不能一蹶不振。如果是集体比赛，这时你可以向队友耸耸肩或是说声"对不起"，然后继续全力投入比赛。

比赛时要注意语言文明。有些话，如"真是糟透了""太臭了"，会破坏队友或是对手的比赛情绪。

当你获胜的时候，要主动与对手握手致意，可以说声"今天我是险胜"，或者说"今天你发挥得不错"。

但若你输了比赛，也要与赢家握握手，并表示诚恳的祝贺，可以说声"你发挥得真好"。怨天尤人或是与裁判争辩，只会带给你麻烦。运气相当重要，但通常情况下，输就是技不如人,既然是别人的"手下败将",就要面对现实。比赛可以输,但风度不能失。如果你已经尽力而为,就应该乐在其中。要记住:一定要发自内心地祝贺获胜者。(见图4-75)

图4-75 足球比赛

12. 宗教场所礼仪

在宗教场所,不但要求你有礼貌,更要求你有敬畏神的心态。如果你不知道这种场合的意义和程序,你可以保持安静,与大家一样严肃。别人站起来,你也随着站起来;别人坐下,你也随着坐下;别人敬拜,你也要随着敬拜。

参加聚会时记得带些钱,奉献往往是宗教聚会时的规定内容之一。

服饰要整洁,但穿着打扮不可让人觉得你是去参加晚会。

聚会开始后,与人交谈或是耳语,吃东西或是嚼口香糖,或是随意进进出出,都是不礼貌和不尊重他人的表现。

如果有时间规定,要按时到场,活动结束后才能走。散会时,要按顺序安静地走出会场。有些宗教团体认为在聚会厅里寒暄,是对神的不敬。

在基督教中,为了纪念耶稣基督,教会定期会举行圣餐礼拜。圣餐礼拜是基督教的一种特殊礼拜,它让大家重温当年耶稣与门徒共进"最后的晚餐"时的话语。这个礼拜是专为基督徒而设的,非基督徒不能参与,但可以静静地坐在座位上观看。

13. 住宿礼仪

出差在外,多下榻宾馆、饭店。因此,要遵守宾馆饭店的规章制度,做一个文明礼貌的客人。绝不能因为外出而使你的举止有失水准。

爱护房内设施。宾馆客房内备有供旅客生活使用的各种常用物品,如桌、椅、灯具、电视、空调,以及盥洗和卫生洁具、浴具等设施,使用时应予以爱护,不应用力拧、砸、敲,如不慎损坏,应主动赔偿。故意破坏房内物品或损坏了物品不声不响,甚至把房内不属于自己的东西拿走等,都是违背社会公德的不文明行为。

宾馆不提倡在客房内会见来访的客人。必要的话,宾馆大堂与咖啡厅是接待访客的最佳场所。当然，偶尔在客房里会见来访的客人，也是允许的。但必须注意，接待的客人人数不宜过多。否则，人声嘈杂会破坏宾馆的肃静，影响他人休息；不允许来访客人在客房留宿，或使用客房内的各项设备；不要在客房内接待普通关系的异性客人；不要邀请刚刚结识的人到自己所住的房间作客，以免造成不必要的麻烦或损失。

在酒店房间内着装可相对随便。走出房间，则应衣着整齐，不可穿背心、短裤、睡衣、拖鞋等在走廊或宾馆、饭店内外的公共场所游逛。不可窥视他人居住的房间。如同室还有其他客人，出入房间应随手关门，不要将房门大开，让别人一览无余。休息的时候，可在门外悬挂"请勿打扰"的牌子。

不要将小件物品，如钱包、钢笔、电子记事簿等乱扔在桌子上，或放在枕头下面、毛毯之中。这样很有可能被客房服务员当做无用的物品清理掉。脱衣休息时，衣服、鞋袜应分别放好，不要信手乱抛、乱丢。废弃物应投入垃圾桶内，也可放在茶几上，让服务员来收拾，千万不要扔进马桶里，以免堵塞，影响使用。吸烟者不要乱弹烟灰、乱抛烟头，以免烧坏地毯或家具，甚至引起火灾。

到别人房间找人，应按门铃或敲房门，不可重击房门或高声喊叫，开、关门时，动作要轻，声音要小。不在房间内大声喧哗或举行吵闹声较大的聚会。晚间不在房间里打牌，看电视也应尽可能放小音量，以免影响其他客人。在走廊里说话、走路应注意不要发出太大的声音，夜深之时更应如此。

当服务人员来房间送水或打扫卫生时，要起身相让，不可无动于衷。服务人员离去时，应表示感谢。当遇到一些特殊情况，比如有客人来访而服务人员恰好也在这时来打扫房间，如果觉得不便，可有礼貌地请服务人员稍过一会儿再来打扫。

14．游泳礼仪

在游泳池旁，首先要保证自身的安全，然后要注意不能打扰别人。

（1）要走，不能跑。

（2）不要使用玻璃或其他易碎物品，免得打破后扎到脚。

（3）不要大声喧闹，因为有人可能在睡着晒太阳。

（4）当你在游泳池中戏水时，要察看一下周围有没有带着婴儿的母亲或是晒日光浴的人，以免水溅到他人。

15．网络礼仪

（1）记住人的存在。互联网给予来自五湖四海的人们一个共同聚集的地方，这是高科技的优点，但往往也使得我们面对着电脑屏幕忘了我们是在跟其他人打交道，我们的行为也因此容易变得更粗劣和无礼。当面不应说的话，在网上也不要说。

（2）网上网下行为一致。在现实生活中大多数人都是遵纪守法的，在网上也同样如此。网上的道德和法律与现实生活是相同的，不要以为在网上交往就可以降低道德标准。

（3）入乡随俗。同样是网站，不同的论坛有不同的规则。在一个论坛可以做的事情在另一个论坛可能不能做。比方说在聊天室打哈哈发布传言和在一个新闻论坛散布传言是不同的。最好的建议：先爬一会儿墙头再发言，这样你可以知道坛子的气氛和可以接受的行为。

（4）尊重别人的时间和带宽。在提问题以前，先自己花些时间去搜索和研究。很有可能同样的问题以前有人已经问过多次，现成的答案随手可及。不要以自我为中心，别人为你寻找答案需要消耗时间和资源。

（5）给网上的朋友留个好印象。因为网络的匿名性质，别人无法从你的外观来判断你，因此你的一言一语将成为别人对你印象的唯一判断。如果你对某个方面不是很熟悉，找几本书看看再开口。同样，发帖以前仔细检查语法和用词。不要故意挑衅和使用脏话。

（6）分享你的知识。除了回答问题以外，还包括当你提了一个有意思的问题而得到很多回答，特别是通过电子邮件得到答案以后，你更应该写份总结与大家分享。

（7）平心静气地争论。争论与大战是正常的现象。要以理服人，不要进行人身攻击。

（8）尊重他人的隐私。别人与你用电子邮件或其他方式（ICQ/QQ）私聊的记录应该是隐私的一部分。如果你认识某个人用笔名上网，在论坛未经同意将他的真名公开也不是一个好的行为。如果不小心看到别人打开电脑上的电子邮件或秘密，也不应该到处广播。

（9）不要滥用权利。管理员版主比其他用户有更多权利，应该珍惜使用这些权利。游戏室内的高手应该对新手枪下留情。

（10）宽容。我们都曾经是新手，都会有犯错误的时候。当看到别人写错字、用错词、问一个低级问题或者写篇没必要的长篇大论时，不要在意。如果你真的想给他建议，最好用电子邮件私下提议，人都是爱面子的。

16．上公共洗手间的礼仪

欲去洗手间，要注意只需通过低声打招呼或者暗示的方式向身旁的人或同行的人表示自己去哪里即可。出入洗手间，无论开门或关门，都不可用力过大。在洗手间里一般不适宜与人交谈，不要长时间阅读，不可吸烟和向他人让烟。遇到熟人，只需点头致意或悄声打个招呼即可。在洗手间要文明使用卫生设备，不要损坏物品，人多要排队等候。洗手间里备用的手纸不要乱拉乱用或拿走，不要乱吐、乱扔其他东西。使用洗手间之后，要自觉冲洗干净。洗完手后要自觉关好水龙头。在洗手间等候的时候，不宜站在门对面或站得太近，最好站得稍微远一点，这样于人于己都方便。

使用洗手间时应尽量小心，如果有污染，也应尽可能加以清洁。用后及时冲洗。

每次用完洗手间后，都要放水冲洗干净再走。洗完手后最好用纸巾把手和弄湿的洗手池台面擦干净。不要一边走路一边甩动双手，弄得到处是水，甚至甩到其他人身上。把湿手往自己身上抹，也是失礼的表现。

17．公共秩序礼仪

在公共场合，保持安静是文明的表现。在公共场所维护秩序是必要的。

在有多人同时需要服务的情况下，排队等候是具有修养的表现。在银行、机场值

第四章　社交情感礼仪

机柜台等处均设有"一米线",在没有轮到你时,应在此线外耐心等候。

城市的交通法则对行人和各种车辆的行驶均有严格的规定,我们每一个人应自觉遵守。如果需要穿行马路,一定要走人行横道,注意避让来往车辆,确保安全。在有信号指示或交通警察指挥的地方,一定要听从指挥。走路的时候,不要不自觉地走在路中间,应尽量靠右,乘坐自动扶梯也要靠右站立,将左侧让给急于赶路之人。在拥挤或狭窄的路段上行走,应自觉礼让,特别对年长者、妇女、儿童、病患体弱者,一定要主动让路。几个人一起走的时候,千万不要为了"保持团结"而并排走,迫使后面的人只能乖乖地跟在你们后面慢慢走。应自觉排成单行或双行。在人多的地方,不可以横冲直撞。如果碰了别人、踩了别人的脚,应该诚恳道歉。同样,如果别人不小心碰了你或踩了你的脚,也应该谅解别人。

行走的时候,应该请受尊重的人走在马路的里侧。男女同行时,通常男士应走在人行道靠公路的一侧,需要调换位置时,男士应从女士的背后绕过,不要胳膊相挽而行,不要亲热地拥在一起行走。当一名男士和两名以上的女士结伴而行时,男士不应走在女士的中间,而应走在女士的外侧。女士穿高跟鞋,走在不太平的路段或阶梯上的时候,男士可以伸手搀扶,而女士也应该愉快地接受并表示感谢。

需要问路时,首先,应选择合适的对象,最好不要去问正在急行的人或正在与人交谈的人以及正忙碌的人。其次,问路时要礼貌地称呼对方,可根据对方的年龄、性别和当地的习惯来称呼,绝对不能用"喂""哎"等一些不礼貌的语气呼叫对方。最后,当别人给予解答后,要诚恳地表示感谢,若对方一时答不上你的提问,也应礼貌地道别。

路上遇到熟人,应主动打招呼。不要说个没完,通常应是点点头走过或进行些简单的问候,或提出改日再约。如果需要简短交谈,应站在不碍事的路边。如果两个人相距较远,又需要打招呼,可以挥手示意,或者紧走几步到他附近再喊,不要隔着很远就大喊大叫。

在公共场合,包括在公共汽车上,不论是夫妻还是恋人,都不可以表现得过分亲昵,否则既不雅观又有伤风化。

应该养成把果皮、果核、烟蒂以及其他垃圾扔进垃圾箱的习惯,需要处理痰、鼻涕的时候,应该用纸先包起来,再扔进垃圾箱。

18. 公共场所十大禁忌行为

(1) 不当使用手机。不将铃声调为振动而惊动其他人。

(2) 不控制自己说话的音量。在车里、餐桌上、会议室、电梯等公共场所大声说话干扰他人。

(3) 随地吐痰。这是非常没有礼貌而且绝对影响环境、影响人们身体健康的不良行为。如果吐痰,把痰吐到纸巾里,丢进垃圾箱,或去洗手间吐痰,并注意别留下污迹。

(4) 随手扔垃圾。这是应受到谴责的最不文明的举止之一。

(5) 当众嚼口香糖。必须嚼口香糖时,应当注意不发出声音,并把嚼过的口香糖用纸包起来,扔到垃圾箱。

(6) 当众挖鼻孔或掏耳朵。尤其在餐厅或茶坊，别人正在进餐或喝茶时，这种不雅的小动作往往令旁人感到非常厌恶。

(7) 当众挠头皮。

(8) 在公共场合抖腿。

(9) 当众打哈欠。打哈欠给他人的感觉是：你对他不感兴趣，表现出很不耐烦了。如果你控制不住要打哈欠，一定要马上用手盖住你的嘴，紧接着说声"对不起"。

(10) 开十分粗俗的玩笑或讲无聊下流的段子。

问 题 讨 论

图 4-76 中的不文明行为，在你身边发生过吗？列举现实生活中你所遇到的在公共场合不符合礼仪要求的举止行为，指出正确的做法。

图 4-77 中饭后餐具摆放正确吗？图 4-78 和图 4-79 有错吗？

图 4-76　乘车

图 4-77　饭后餐桌

图 4-78　观音捧玉液

图 4-79　高山流水

随 笔

同事交往礼仪是指在单位与领导及同事在工作中相处时应遵循的礼仪。同事是与自己一起工作的人,与同事相处得如何,会直接关系到自己的工作、事业的进步与发展。

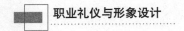

三、同事交往礼仪

同事交往应有礼有节、真诚相待，互敬、互信、互助、互让，团结协作，共同进步。与异性同事交往，要自重，不要过于亲密，要保持一定的心理距离和空间距离。

同事是与自己一起工作的人，与同事相处得如何，直接关系到自己的工作、事业的进步与发展。

如果同事之间关系融洽、和谐，人们就会感到心情愉快，有利于工作的顺利进行，从而促进事业的发展；反之，同事关系紧张，相互拆台，经常发生摩擦，就会影响正常的工作和生活。阻碍事业的正常发展。

虽然，我们不能说一个具有良好人品的人就一定拥有良好的人缘，但我们可以肯定的是，一个道德品质低下、人品低劣的人绝对不会拥有好人缘。俗话说："物以类聚、人以群分。"一个正常的人，谁愿意与人品低下的人为伍呢？所以，人品好坏是决定人缘好坏的决定因素，当然，同事之间交往还必须掌握一些交际艺术，才能与同事友好相处，促进事业的发展。

（一）必须确立一个观念：和为贵

在中国的处世哲学中，中庸之道被奉为经典之道，中庸之道的精华之处就是以和为贵。同事作为你工作中的伙伴，难免有利益上的或其他方面的冲突，处理这些矛盾的时候，你第一个想到的解决方法应该是和解。毕竟，同处一个屋檐下，抬头不见低头见，如果让任何一个人破坏了你的心情，说不定将来吃亏的是你，而不是别人。与同事和睦相处，在上司眼中，你的分量将会又上一个台阶，因为人际关系的和谐处理不仅仅是一种生存的需要，更是工作上、生活上的需要。和谐的同事关系会让你和你周围同事的工作和生活都变得更简单、更有效率。

要想拥有和谐的同事关系，还必须记住一句话："君子之交淡如水。"

大家在同一个公司里工作，个人的交情肯定大不相同，远近亲疏自然是存在的。问题的关键就在于应该如何处理这远近亲疏的关系。

我们可以回想一下，平常我们容易对哪些人产生意见。其实我们并不会对谁与谁关系密切、谁与谁关系疏远产生什么异议，因为对于我们自己来讲，也存在着和有的人关系比较亲近，而和有的人关系比较一般的情况。甚至对于同事中为自己的好友找理由搪塞错误，我们也没有什么意见。但是当我们发现，这种远近亲疏的关系开始因为共同的利益扩大化，甚至出现了营私舞弊、相互倾轧的时候，我们就开始皱紧眉头了。

这种状况是一个优秀团队内部的大忌，甚至可以说是一个团队瓦解分化的开端，可能导致整个团队的瘫痪。

为了避免这样的事情发生，我们要做的就是控制好与同事之间远近亲疏的关系。我们应该这样想，无论你与一个同事的关系是亲还是疏，这都是私人之间的关系，而这种关系更是工作以外的关系，不应该对工作产生任何影响。

（二）必须学会尊重同事

在人际交往中，自己待人的态度往往决定了别人对自己的态度，因此，你若想获取他人的好感和尊重，必须首先尊重他人。

研究表明，每个人都有强烈的友爱和受尊敬的欲望。由此可知，爱面子的确是人们的一大共性。在工作上，如果你不小心，很可能在不经意间说出令同事尴尬的话，表面上他也许只是脸面上有些过意不去，但其实心里可能已受到严重的挫伤，以后，对方也许就会因感到自尊受到了伤害而拒绝与你交往。

一位哲人曾提出过这样的问题：将军和门卫谁摆架子？答案是门卫。因为将军有着雄厚的资本，他不需要架子作支撑。现实生活中也是如此，拥有优势的人常常胸怀大度，其自尊和面子足矣，无须旁人再添加。

而与你在同一阶层甚至某方面不如你的人，很可能因为自卑而表现出极强的自尊，他仅有的一点儿颜面是需要你细心呵护的，如果你能以平等的姿态与人沟通，对方会觉得受到尊重，对你产生好感。因此，要谨记，没有尊重，就没有友谊。

要做到尊重同事，就必须自觉保守同事的秘密。

我们知道有关同事的秘密，无非是两个渠道：一个是这个人亲自告诉我们的；一个就是除他亲自告诉我们以外的一切途径。

如果是别人亲自告诉我们的，我们可真的是"打死也不能说"。别人这么信赖我们，我们怎么可以把别人的隐私随便散布出去呢？

那么，如果是我们通过其他的途径得知了这样的消息呢？那就让消息在我们这里堵塞吧！让这些消息在我们这里终止，散布通道在我们这里彻底被截断。

（三）要尽量避免与同事产生矛盾

同事与你在一个单位中工作，几乎日日见面，彼此之间免不了会有各种各样鸡毛蒜皮的事情发生，各人的性格、脾气禀性、优点和缺点也暴露得比较明显，尤其每个人行为上的缺点和性格上的弱点暴露得多了，会引出各种各样的瓜葛、冲突。这种瓜葛和冲突有些是表面的，有些是背地里的；有些是公开的，有些是隐蔽的，种种的不愉快交织在一起，便会引发各种矛盾。

同事之间有了矛盾，仍然可以来往。

（1）任何同事之间的意见往往都是起源于一些具体的事件，而并不涉及个人的其他方面。事情过去之后，这种冲突和矛盾可能会由于人们思维的惯性而延续一段时间，但时间长了，也会逐渐淡忘。所以，不要因为过去的小意见而耿耿于怀。只要你大大方方，不把过去的事当一回事，对方也会以同样豁达的态度对待你。

（2）即使对方仍对你有一定的成见，也不妨碍你与他的交往。因为在同事之间的来往中，我们所追求的不是朋友之间的那种友谊和感情，而仅仅是工作。彼此之间有矛盾没关系，只求双方在工作中能合作就行了。由于工作本身涉及双方的共同利益，彼此间合作如何，事情成功与否，都与双方有关。如果对方是一个聪明人，他自然会想到这一点，这样，他也会努力与你合作。如果对方执迷不悟，你不妨在合作中或共事中向他点明这一点，以利于相互之间的合作。

同事之间有了矛盾并不可怕，只要我们能够面对现实，积极采取措施去化解矛盾，同事之间仍会和好如初，甚至比以前的关系更好。

要化解同事之间的矛盾，应该采取主动态度，你不妨尝试着抛开过去的成见，更积极地对待这些人，至少要像对待其他人一样地对待他们。一开始，他们会心存芥蒂，而且会认为这是个圈套而不予理会。耐心些，平息过去的积怨的确是件费功夫的事儿。你要坚持善待他们，一点点地改进，过了一段时间后，你们之间的问题就会解决了。

如果同事的年龄资格比你老，你不要在事情正发生的时候与他对质，除非你肯定你的理由十分充分。更好的办法是在你们双方都冷静下来后解决，即使在这种情况下，直接地挑明问题和解决问题都不太可能奏效。你可以谈一些相关的问题，当然，你可以用你的方式提出问题。如果你确实做了一些错事并遭到指责，那么要重新审视那个问题并要真诚地道歉，类似"这是我的错"这种话是可能创造奇迹的。

你做出以上努力以后，基本可以化解同事之间的矛盾。如果遇上一些顽固不化的人，在你做出努力后，他仍然不愿意和你和解，也不要难过，问题并不在你，你只管放心地去工作，别理会这类人就是了。

（四）要学会与各种类型的同事打交道

每一个人，都有自己独特的生活方式与性格。在公司里，总有些人是不易打交道的，比如傲慢的人、死板的人、自尊心过强的人等。所以，你必须因人而异，采取不同的交际策略。

1．应对过于傲慢的同事

与性格高傲、举止无礼、出言不逊的同事打交道，难免使人产生不快，但有些时候你必须和他们接触。这时，你不妨采取以下措施：

（1）尽量减少与他相处的时间。在和他相处的有限时间里，你尽量充分地表达自己的意见，不给他表现傲慢的机会。

（2）交谈言简意赅。尽量用短句子清楚地说明你的来意和要求。给对方一个干脆利落的印象，也使他难以施展傲气，即使想摆架子也摆不了。

2．应对过于死板的同事

与这一类人打交道，你不必在意他的冷面孔，相反，你应该热情洋溢，以你的热情来化解他的冷漠，并仔细观察他的言行举止，寻找他感兴趣的问题和比较关心的事进行交流。

与这种人打交道，你一定要有耐心，不要急于求成，只要你和他有了共同的话题，相信他的那种死板会荡然无存，而且会表现出少有的热情。这样一来，就可以建立比较和谐的关系了。

3．应对好胜的同事

有些同事狂妄自大，喜欢炫耀，总是不失时机地自我表现，力求显出高人一等的样子，在各个方面都好占上风，对于这种人，许多人虽是看不惯的，但为了不伤和气，总是时时处处地谦让着他。

可是在有些情况下，你的迁就忍让，他却会当做是一种软弱，反而更不尊重你，或者瞧不起你。对这种人，你要在适当时机挫其锐气。使他知道，山外有山，人外有人，不要不知道天高地厚。

4．应对城府较深的同事

这种人对事物不缺乏见解，但是不到万不得已，或者水到渠成的时候，他绝不轻易表达自己的意见。这种人在和别人交往时，一般都工于心计，总是把真面目隐藏起来，希望更多地了解对方，从而能在交往中处于主动的地位，周旋在各种矛盾中而立于不败之地。

和这种人打交道，你一定要有所防范，不要让他完全掌握你的全部秘密和底细，更不要为他所利用，从而陷入他的圈套之中而不能自拔。

5．应对口蜜腹剑的同事

口蜜腹剑的人，"明是一盆火，暗是一把刀"。碰到这样的同事，最好的应对方式是敬而远之，能避就避，能躲就躲。

如果在办公室里这种人打算亲近你，你应该找一个理由想办法避开，尽量不要和他一起做事，实在分不开，不妨每天记下工作日记，为日后应对做好准备。

6．应对急性子的同事

遇上性情急躁的同事，你的头脑一定要保持冷静，对他的莽撞，你完全可以采用宽容的态度，一笑置之，尽量避免争吵。

7．应对刻薄的同事

刻薄的人在与人发生争执时好揭人短，且不留余地和情面。他们惯常冷言冷语，挖人隐私，常以取笑别人为乐，行为离谱，不讲道德，无理搅三分，有理不让人。他们会让得罪自己的人在众人面前丢尽面子，在同事中抬不起头。

碰到这种同事，你要与他拉开距离，尽量不去招惹他。吃一点儿小亏，听到一两句闲话，也应装作没听见，不恼不怒，与他保持相应的距离。

(五）处理好同事关系，在礼仪方面应注意的问题

1. 尊重同事

相互尊重是处理好任何一种人际关系的基础，同事关系也不例外。同事关系不同于亲友关系，它不是以亲情为纽带的社会关系，亲友之间一时的失礼，可以用亲情来弥补，而同事之间的关系是以工作为纽带的，一旦失礼，创伤难以愈合。所以，处理好同事之间的关系，最重要的是尊重对方。

2. 物质上的往来应一清二楚

同事之间可能有相互借钱、借物或馈赠礼品等物质上的往来，但切忌马虎，每一项都应记得清楚明白，即使是小的款项，也应记在备忘录上，以提醒自己及时归还，以免遗忘，引起误会。向同事借钱、借物，应主动给对方打张借条，以增进同事对自己的信任。有时，出借者也可主动要求借入者打借条，这也并不过分，借入者应予以理解，如果所借钱物不能及时归还，应每隔一段时间向对方说明一下情况。在物质利益方面，无论是有意还是无意地占对方的便宜，都会在对方的心理上引起不快，从而降低自己在对方心目中的位置。

3. 对同事的困难表示关心

同事有困难，通常首先会选择亲朋帮助，但作为同事，你应主动问询。对力所能及的事应尽力帮忙，这样，会增进双方之间的感情，使关系更加融洽。

4. 不在背后议论同事的隐私

每个人都有"隐私"，隐私与个人的名誉密切相关，背后议论他人的隐私，会损害他人的名誉，引起双方关系的紧张甚至恶化，因而是一种不光彩的、有害的行为。

5. 对自己的失误或同事间的误会，应主动道歉说明

同事之间经常相处，一时的失误在所难免。如果出现失误，应主动向对方道歉，征得对方的谅解；对双方的误会应主动向对方说明，不可小肚鸡肠，耿耿于怀。

人际关系是我们生活中的一个重要组成部分。倘若搞不好人际关系，将对我们的工作、生活及心理健康产生不良的影响。在现实社会中，由于各人的性格、禀赋、生活背景及目的等不同会产生思想上的一定隔阂，这是正常的，也是可以理解的。倘若在工作或生活中和所有的人都合不来，那就不正常了，需要作自我调整并加以改变。

总之，搞好人际关系是一门艺术。所有的人都需要不断地学习和实践、才能臻于娴熟。真诚地希望我们每一个人根据自己的具体情况，作一个自我分析，从而冲破自我封闭的篱笆，虚怀若谷，去建立一个和谐的人际关系。

问 题 讨 论

当你走入社会时，设想一下，如何与各种类型的同事相处、交往？应注意哪些礼仪？

随 笔

朋友交往礼仪是指与不同性别、不同年龄、不同层次的朋友交往时需注意的交际原则。朋友,是人际关系中甚为重要的交际对象,有的人与朋友交际有始无终、半途而废;有的甚至反目成仇、相互暗算、攻讦。其实,说到底,这都是因为没有掌握与朋友成功交际的原则。

四、朋友交往礼仪

 小资料

朋友交往的问候语五忌：

一忌问收入；

二忌问职业；

三忌问健康（有病没病）；

四忌问婚姻；

五忌问职业及学历。

 知识导航

朋友，是人际关系中甚为重要的交际对象，有的人与朋友交际有始无终、半途而废；有的甚至反目成仇、相互暗算、攻讦。其实，说到底，这都是因为没有掌握与朋友成功交际的原则。

（一）倾听朋友的诉说

作为朋友，你要学会倾听。当你的朋友遇到挫折、碰上烦恼时，他便要找一个发泄情绪的对象，而你作为朋友，能够真诚、耐心地倾听对方的诉说，就是为朋友开了一个情绪的发泄口。朋友在向你诉说的过程中，你不仅要耐心地倾听，而且要时不时地插上一两句富有情感的安慰话，抑或为朋友出出点子、想想法子，朋友的情感就会因此而步出沼泽，他会觉得有你这样的朋友才是真正的依靠。这样，朋友的情感会加深，友谊更会与日俱增。

（二）朋友也要分亲疏

朋友，虽然都是交往中最为友好或可靠的交际对象，但是，人性复杂，与朋友交往，也要深思慎交，分出亲疏。根据常情，大凡成为朋友者，有的是趣味、性格相投，有的是抱负爱好相仿，有的是文化层次相近，有的是人格清高、心灵相通，等等。从交际的原因而言，有刎颈之交、莫逆之交、患难之交、君子之交、忘年之交、一面之交、市道之交、世交、故交等。无论是哪种类型朋友，经过一段时间的交往后，你应有所选择，应该有亲有疏。比如，有的朋友情感诚挚，冰清玉洁，自然可以真诚深交；但也有的是出于某种功利目的而投向你的，一旦利益达不到或者当你穷困潦倒对他已无利用价值时，他便离你而去，像这样的朋友，是不可深交的。

（三）在朋友最需要时到场

面对鱼龙混杂的社会、变化多端的自然，谁也不能保证自己万事不求人，谁也不敢夸口自己终身无危难。因此，人们遇到难处，总渴望得到别人的帮忙。所以，作为朋友，必要时要能帮朋友渡过难关。只要把握好这一交际原则，朋友与你的友谊将会日益加深。

（四）正确把握友情与爱情

男女之间除了爱情，应该有友情的一席之地。男女之间存在着性别差异，但是，只要注意把握好尺度，是可以建立健康、高雅、纯洁的友情的。也就是要求男女同事之间、男女同学之间，应该有友情关系的存在。前提就是要求男女之间把握友情与爱情关系：一是男士不要冒犯女士的尊严，应尊重女士的人格；二是男女双方都应该认清友情与爱情的区别，友情只是男女之间的一种友好往来，而爱情却要向对方负起责任，比如家庭婚姻等，它有一定的专一性、约束性。因此，友情与爱情之间有着一条不可逾越的鸿沟。

（五）朋友之间也要说"不"

朋友之间常常有事相托相求，这是正当的。但也有的人相托相求的事超出了你的承受能力，是你无能为力的；有的朋友托办的事是违背你的主观意愿的。如果遇到此类情况，作为朋友，你应该果断地说一声"不"。因为，首先，违反原则的事，你若干了，一旦东窗事发，你与朋友都将沦为阶下囚或违纪者；其次，超越你承受能力的事，你无能为力，如果不说明情况予以拒绝，反而会因为事办不成而伤害彼此的友谊；再次，有违你意愿的事不拒绝，会影响你与其交往的情绪，也会妨碍你与朋友之间的关系。向朋友说"不"应该讲究方式方法，不可态度生硬，冒冒失失。常用的方法：一是耐心劝阻，说明利害关系；二是可据实说明情况，让朋友理解你的难处；三是迂回婉转处置，巧借其他方法帮助完成朋友委托之事。

（六）给朋友留有自由的时空

人们跟朋友交际，是为了友谊，但朋友除你之外，还可能另有交际圈。因此，你首先要允许朋友跟你意见不合的人交际。当你发现朋友另外所交的人正是跟你曾有摩擦的人时，你应该宽宏大量。倘若你对此眼里容不得沙子，去责怪朋友，那么，朋友将左右为难。其次，不可将朋友的交际半径仅仅局限在你的空间里。如果你不管别人乐意不乐意，客观上允许不允许，都把朋友"缚"在你的身边，只能适得其反。因为，即使"缚"住了朋友的身，却"缚"不住朋友的心，朋友多半会由此怨而生恨，离你而去。

（七）不要单纯追求功利性交往

交友互利，是人之常情。但是，切勿把与朋友往来单纯作为功利交往，因为，朋友之间的交往，除了有事相互帮助之外，还有思想交流、知识互补、情感抚慰、怡情悦性等方面的作用，如果朋友之间一味地追求功利性交往，那么，这样的朋友是不会长久的。

（八）交际往来要有"度"

中国有句极富哲理的话叫"物极必反"。生活中，任何过头的东西都会走向它的反面，朋友之间的交际也是如此，过往甚密，就容易出现裂痕。而把握适中的度，才能使朋友的友谊成为永恒。这是因为，每个人无论在文化、道德、性格、处世态度、做事潜能及家庭情况等方面都会存在差异，这种差异的大小，会与朋友间的交际频率成正比，即交际越频繁，越过密，差距就会拉得越大。所以，朋友间的交往，无论是相处的时间、次数、距离等，都要保持一定的距离，才能达到"意犹未尽、情犹未了"的意境，才会因朋友的到来而欣喜，因朋友的离去而思念。

总之，交友得法，友谊长久，反之，朋友之间的友谊会如同昙花一现，稍纵即逝。但愿人人都能掌握科学的交友方法，进而使友谊地久天长，永葆青春。

只有一起走过，一起经历，才能感受朋友的真正含义，朋友可以是清茶，用心才能品出涩与香之外的味道；朋友还可以是白开水，口渴的时候，舒坦你的心；朋友还可以是冬天的火炉，收藏了几个季节，"冷"的时候你会不自觉地呼唤他的名字。所以，不在于把朋友比作什么，而在于在心灵深处有一片因朋友而永远充实的空间。

问 题 讨 论

君子之交淡如水，何况朋友，距离产生美。那么，朋友之间应如何友好相处？如何把握交往的原则？

随 笔

求职礼仪是指求职者在求职前、面试时、面试后需注意的一些基本礼仪。求职就业的经历,对于每一个人来说都是一笔宝贵的人生财富。我们有理由让它精彩一些,丰富一些,完美一些。

五、求 职 礼 仪

 **小资料**

在求职面试前，你要知道，只要看一眼就会被主考官否决的 9 类求职者如下：

1．纠缠不休者；
2．沟通不畅者；
3．开口言钱者；
4．面试迟到者；
5．穿着邋遢者；
6．自吹自擂者；
7．没有诚意者；
8．弄虚作假者；
9．简历啰唆者。

对考官大献殷勤，对报考单位极尽吹捧之能事，只会引起考官的反感。

面试时，斯文有礼、不卑不亢、大方得体、生动活泼的言谈举止，不仅可以提升你的形象，而且会增强你的成功机会。

面试后表示感谢十分重要，这不仅是礼貌之举，也会使主考官在做决定之时对你印象更深。

 知识导航

（一）求职礼仪的重要性

求职就业的经历，对于每一个人来说都是一笔宝贵的人生财富。我们有理由让它精彩一些，丰富一些，完美一些。参加毕业前的求职应聘时，同学们可能忧心忡忡，也可能信心百倍。

了解未来的工作岗位对于礼仪的规范，把握求职就业对仪容、衣着、举止、谈吐等各方面的礼仪要求，做到胸有成竹，便可以最大限度地把握成功的机会。

求职者在面试过程中表现出的礼仪水平，反映出的是求职者的人品与修养，因此，在求职面试时一定要注意自己的基本礼仪。

（二）求职面试应注意的问题

面试时要准备好求职记录笔记本、打印好的简历（多份）、个人身份证、毕业证等，所有准备好的文件都应该平整地放在一起，准时赴约，不要迟到，最好提前5～10分钟到达面试地点。

1．面试前五分钟，最后检查一下仪容仪表

需不需要补一下妆，看看发型有没有乱，口红及齿间有没有异物，衣着是否整齐等，用小镜子照一下。所需资料准备齐全，在一切准备就绪的状态下，才能从容地接受公司的面试。

2．检索简单常识

人们往往一紧张，就连平时挂在嘴边的话都想不起来，所以，需把一些常用词汇、时事用语、经济术语、专业用语等整理一下，面试前随手翻阅。所整理的词汇可根据具体应聘职务而有所不同。

3．走进房间时

走进房间的时候，自己的名字被喊到，就有力地答一声"是"，然后再进门。如果门关着的话，就要以里面听得见的力度敲门，听到回复后再进去。开门关门尽量要轻，向招聘方各位行过礼之后，清楚地说出自己的名字。

4．坐姿

在没有听到"请坐"之前，绝对不可以坐下。面试官还没有开口，就顺势让自己坐在椅子上的人，就已经被扣掉了一半的分数。从门口走进来的时候，要挺起胸膛堂堂正正地走。坐下时也不要在椅沿上轻坐，要舒服地坐进去。并拢双膝，挺胸，目视面试者。

5．使用敬语

使用过分夸张的敬语是一件令双方都很尴尬的事。所以，这一点可以在平时待人接物上下功夫，如习惯对长辈说敬语等。

6．视线处理

说话时不要低头，要看着对方的眼睛或眉间，不要回避视线，也不要直勾勾地盯着对方的眼睛，做出具体答复前，可以把视线投在对方身后的背景上，如墙上，用约两三秒钟做思考，不宜过长，开口回答问题时，应该把视线收回来。

7．要集中注意力

无论谈话投机与否，或者对方有其他的活动，如暂时处理一下文件，接个电话等，你都不要因此分散注意力。不要四处看，显出似听非听的样子。如果你对对方的提问漫不经心，或回答时言论空洞，或是随便解释某种现象，轻率下断语，借以表现自己的高明，或是连珠炮似的发问，让对方觉得你过分热心和要求太高，以至于难以对付，这都容易破坏交谈，是不好的交谈习惯。

8．诚实、实事求是

在面试场上，常会遇到一些不熟悉、曾经熟悉现在竟忘记或根本不懂的问题。面临这种情况，默不作声、回避问题是失策的；牵强附会、"不知为知之"更是拙劣，坦率地承认不知道为上策。（见图4-80和图4-81）

图4-80　面试

图4-81　求职面试模拟

9．面试时要留神的小地方

（1）前一天的表情练习。面试当天一早，做些简单的缓解脸部肌肉紧张的运动，可以从发"啊、噢、哦、呜"等音开始。

（2）小巧的耳环。佩戴小巧精致的耳环，不失为一种礼仪，而且也起到了亮点的作用，切忌佩戴夸张的首饰。

（3）整齐、干净的指甲。指甲看似很隐蔽，但据说观察指甲的面试官却比想象中多得多，所以，修饰整齐的指甲也是很有必要的。

（4）与旁人唠叨是禁忌。在接待室恰巧遇到朋友或熟人，就旁若无人地大声说话或笑闹，对刚才面试的过程大肆渲染，是不明智的行为。

（5）带口香糖、香烟要三思。走进公司的时候，口香糖和香烟最好都收起来，因为大多数的面试官都无法忍受你边面试边嚼口香糖或吸烟。

（6）要注意面试官可不止一人。有些应聘者对面试官彬彬有礼，走出门却对普通员工或其他工作人员傲慢无礼。不要忘记，进入公司的瞬间，就要接受所有人的面试，公司里的每个人都是你的面试官。

10．面试结束后注意的问题

在面试后的一两天内，你应该给某个具体负责人写一封短信。感谢他为你所花费的精力和时间，为你提供的各种信息。这封信应该简短地谈到你对公司的兴趣、你的有关经历和你可以成功地帮他们解决的问题。

如果两星期之内没有接到任何回音，你可以给主试人打个电话，问他"是否已经做出决定了"，这个电话可以表示出你的兴趣和热情。你还可以从他的口气中听出你是否有希望。如果面试看起来很成功，但结果你还是落选了，对此也不要大惊小怪。面试时，大多数的主试人都尽量隐藏他们的真正意图，不会轻易让你看出来。万一他们通知你落选了，你也应该虚心地向他们请教你有哪些欠缺，以便今后改进。一般来说，能够得到这样的反馈并不容易。

面试后表示感谢是十分重要的,因为这不仅是礼貌之举,也会使主考官在作决定之时对你有印象。据调查,十个求职者往往有九个人不回感谢信,你如果没有忽略这个环节,显得"鹤立鸡群",格外突出,说不定会使对方改变初衷。

11. 求职前就应建立正确的工作观

对于大多数刚刚走向工作岗位的大学毕业生而言,个人的心理准备都是不足的。虽然有为数不少的学生在校期间参加过社会实践,但由于所担任的角色不同,工作感受也是不同的。在即将工作之时,适时适度地做好较为充分的心理准备是非常必要的。

对待第一份工作的态度,在很大程度上决定着你是否能够顺利完成从一个校园人到社会人的转变。正确的工作观,有如人生路上的指明灯,不但会为你指引正确的方向,也会为你个人的职场生涯创造丰富的资源。因此,正确的工作观十分重要。那么,刚入社会的新人应该如何建立工作观?

(1) 作为一个新人,学习建立负责任的观念,会让主管、同事觉得孺子可教。抱着多做一点、多学一点的心态,你很快就会进入状态。新人进到公司,往往不知如何利用团队的力量完成工作。现在的企业很讲究团队工作,这不但包括依托团队,寻求资源,也包含主动帮助别人,以团体为荣。新人由于对自己的人生目标还不确定,常常三心二意,不知自己将来要做什么,设定目标是首先要做的功课,然后就是坚韧执着地前行。途中当然应该停下来检视一下成果,但变来变去的人,多半一事无成。

(2) 要有所追求,有发展的方向和目标,很多年轻人因为贪图一时的轻松,而放弃未来可能创造前景的挑战,要时时鼓励自己将目标放远。新人首先要学会分辨是非,懂得细心观察时势,脚踏实地,一步一个脚印地工作,累积雄厚的实力。切忌说得天花乱坠,却无法一一落实。脚踏实地的人会让别人有安全感,也愿意将更多的责任赋予你。

(3) 工作压力、人际关系,往往是新人无法承受之重。人生的路很漫长,要有负重的精神,才能安全地抵达终点。你可以像海绵一样吸取别人的经验,但职场不是补习班,没有人有义务教导你如何完成工作。要有感恩图报的心,工作会更愉快。大任务、新任务,对于新人是最好的磨炼,若有机会,应该勇敢接受挑战,借此积累别人得不到的经验。

(4) 工作中的流程有些往往是一成不变的,新人的优势在于不了解既有的做法,而能创造出新的创意与点子。能思考应变的人,才会学到方法的精髓。学会善解人意,常常问自己:如果我是主管,该怎么办?这有助于妥善处理事情。在工作上善解人意,会减轻主管、共事者的负担,也会让你更有人缘。

(5) 所有求职的新人,第一份工作不要太计较薪资,要将眼光放远,抱着学习的心态,才会有更光明的未来。重要的是,当你拥有了正确的工作观,继而在职场中发现别人的优点加以学习,观察别人的缺点予以警惕时,第一份工作会让你受用无穷。

职业礼仪与形象设计

问 题 讨 论

　　毕业季也是求职的高峰期,大学生涉世未深很容易上当受骗,下面的案例请同学们深思并讨论

　　1. 2005 年 7 月曾是高考状元的北大学子武小锋毕业,求职屡败,回家做糖葫芦;北大才子陆步轩,1989 年毕业,坐过机关,下过海,年近不惑,又当街卖起了肉,开了一家"眼睛肉店",日售 5 头大猪,戏称"屠夫状元"。从两个人的求职经历中,我们悟出了什么?在大学生活即将结束之时,面对求职,我们应以怎样的心态看待?你的求职观如何?请讨论一下,面对我国当前的就业难问题,你如何看待?并请模拟不同单位、不同岗位的招聘情景,策划你的求职经过,写出一份求职心得。

　　2. 马上就要毕业了,小李最近忙得四脚朝天,在各个招聘会上不断赶场,递出的简历大概有 100 多份,小李也陆续参加了一些面试,不过最终还是没有如愿找到工作。小李说:"很多参加招聘会的公司根本就不打算招人,有些小企业借机来做宣传,还有一些就是走个形式,我参加了好多场招聘会,经常能在招聘会上看到一些熟悉的面孔,每场招聘会都有很多学生投递简历,他们怎么可能一直招不到人呢?"我十分珍惜求学生涯的学习机会,一直努力学习专业知识,掌握专业技能,有较强的自学能力和解决问题的能力,小李的疑问也反映了当前招聘市场上所存在的一些问题,作为求职的大学毕业生,面对当下,应该做哪些准备,去面对未来的职场?

第五章　中外风俗礼仪

礼仪是人与人之间交流的规则，是一种语言、一种行为，也是一种工具。由于形成礼仪的重要根源——宗教信仰的不同，使得世界上信仰不同宗教的人们遵守着各不相同的礼仪。习俗是指一个国家或地区的民族在特定的历史、地理环境中，发展继承下来的一种文化形态的象征和体现。

中国是四大文明古国之一，中华民族是唯一传承千年文明的民族。中国的礼仪，始于夏商周，盛于唐宋，经过不断地发展变化，逐渐形成体系。西方社会，是几大古代文明的继承者，曾一直和东方的中国遥相呼应。经过中世纪的黑暗，最终迎来了文艺复兴，并孕育了资本主义和现代文明，产生了现代科技和文化。中西方有着截然不同的礼仪文化。

随着我国改革开放的步伐日益加快，跨国交际日益增多，中西方礼仪文化的差异更是越发明显，这种差异带来的影响也是不容忽视的，在中西方礼仪没有得到完美融合之前，我们有必要了解这些礼仪的差异。

随 笔

中国节日礼仪是在中国传统的节日，如春节、中秋节、国庆节等这些节日里，人们举行各种纪念、庆祝活动以表达我们的心情时所应遵循的礼仪。中国是礼仪之邦，从古至今，形成了许多传统的节假日。2007年，国务院办公厅公布了最新法定节假日，包括全体公民放假的节日和部分公民放假的节日和纪念日，其中全体公民放假的节日包括元旦、春节、清明节、劳动节、端午节、中秋节和国庆节；部分公民放假的节日和纪念日包括妇女节、青年节、儿童节和建军节。

一、中国内地传统与现代重要节日礼仪

中国是礼仪之邦,从古至今,形成了许多传统的节假日。在这些节日里,人们举行各种纪念、庆祝活动以表达我们的心情。2007年,国务院办公厅公布了最新法定节假日,包括全体公民放假的节日和部分公民放假的节日和纪念日,其中全体公民放假的节日包括元旦、春节、清明节、劳动节、端午节、中秋节和国庆节;部分公民放假的节日和纪念日包括妇女节、青年节、儿童节和建军节。

(一)全体公民放假的节日

1. 新年

新年又称"元旦",是全世界人民传统的新的一年的第一天。"元旦"这一名称,据说起自传说中三皇五帝之一。他以农历正月为元,初一为旦。"元"含有第一和开始之意,"旦"则是一轮红日从地面开始升起。"元"和"旦"合在一起,就是要人们以蓬勃朝气来迎接崭新的一年。1949年9月27日,新中国成立,在中国人民政治协商会议第一届全体会议上,通过了使用世界上通用的公历纪元,把公历的元月一日定为元旦,俗称阳历年。新年前后,为了表达思念和问候,国内外都很流行人们互致贺卡或书信。目前除传统的纸质贺卡外,最受人们欢迎的有邮政贺卡以及各式各样的电子贺卡。新年时,我国和其他国家一样召开新年音乐会以示庆祝。午夜钟声敲响之时,全世界的人们一起欢呼新的一年的到来。

2. 除夕和春节

传统意义上的春节是指从腊月初八的腊祭或腊月二十三的祭灶,一直到正月十五,其中以除夕和正月初一为高潮。除夕,俗称"年三十",指农历年的一年里的最后一天的晚上。除夕的"除"字,原意就是"除去",所以除夕又叫"岁除"。农历正月初一通常都在立春前后,因而把农历正月初一定为"春节",俗称"阴历年"或"农历年"。在春节这一传统节日,我国的汉族和大多数少数民族都要举行各种庆祝活动,这些活动大多以祭祀神佛、祭奠祖先、除旧布新、迎禧接福、祈求丰年为主要内容。活动形式丰富多彩,带有浓郁的民族特色。

在民间,旧称腊月二十三日为"灶日",要祭灶。腊月二十四日为"小年",从这天起直到除夕,家家都要打扫卫生,购置年货。农村里要杀猪宰羊,赶做米酒,磨糯米粉及做各种点心,各种腊味。另外还要贴上大红春联和喜庆吉祥的年画,城里人则往往买些水仙花、腊梅、天竺等插在瓶中以增添节日气氛。

除夕之夜,家家张灯结彩,户户燃放烟花爆竹,(有些国家和地区为了环保,现已禁止燃放烟花爆竹)把节日的夜空点缀得五彩缤纷。当夜幕降临时,合家团聚,吃年夜饭,也叫团圆饭,宴席十分丰盛。若有亲人在外,无法回家团聚,也要空出一个席位,以表思念。

除夕夜亲人互相赠送礼物，称为"馈岁"，这一习俗后来演变成长辈向晚辈送压岁钱。而除夕夜最常见的活动，要推"守岁"，即这晚要通宵不睡，深夜十二点整，当新年钟响时，霎时鞭炮齐鸣，迎接新春。

春节是我国民间最盛大、最热闹的传统节日。

正月初一，北方人吃饺子，南方人吃汤圆，几乎各地都吃年糕。因"年"字本来就是谷物成熟的意思，吃年糕就是取其谐音，预祝一年收成更比一年高。吃罢早饭，人们就换上新衣，到亲朋、邻舍和师长家里去拜年祝福。

春节期间，许多民间活动都体现了广大人民的生活面貌和美好的感情。如剪纸、贴窗花、贴年面、写春联、包饺子、点旺火、拜年等。

各少数民族的春节日期不尽相同，但都是庆祝一年之首，盼望五谷丰登，且有许多富有情趣的活动。

蒙古族过春节叫做过大年。过大年前先过小年，即农历腊月二十三，小年十分热闹，主要节目是送火神，人们把火视为财富与幸福的象征。三日为日火，一月为月火，一年叫年火，腊月二十三是送火神年火的日子，所以很隆重。全家人尽可能团聚在一起吃团圆饭。晚上家家堆火堆，向火堆投入物品，同时对着火堆祷告，望火神上天言好事，颇似汉族送灶王爷升天。

小年之后，全家忙于清扫，购置新年用品，裁制新衣，有条件的还换新蒙古包，准备过大年。除夕晚上彻夜不眠，全家喜气洋洋，围坐在桌旁，饮酒、弹唱、大吃大喝，酒肉剩得越多越好，象征新的一年里吃穿有余。新春之夜，蒙古包里灯火辉煌，通宵达旦。

初一拜年，晚辈给长辈叩头、敬酒、献哈达、祝老人长寿，老人要抱子孙，祝其幸福。有的还请喇嘛到家里念经，消除一年灾难，祈祷新年平安，或全家老幼到寺庙向喇嘛叩头，求活佛赠福。

白族的春节有两种。云南苍山洱海的白族人民，除夕前定要洗涤家具，打扫房屋和庭院，不许把灰尘留到新年。并写春联、贴春联，在天井里栽年松，除夕下午放鞭炮，用整株的大竹子装上火药点燃，让竹子发出巨响，崩出十来丈高，称为"放高升"。同时敬祖宗天地，晚上送岁。初一喝泡米花糖水，意在新年生活如糖似蜜。再用素食供奉天地祖宗，并上祖坟，向亲族长辈拜年。

住在碧江的白族人民在三月份过春节，具体日期由寨中各宗族老人商定。节日凌晨，全寨各宗族在德高望重的老人带领下，携酒和糯米粑粑到寨头大树下祭树，而后互敬年酒，返回寨中宰猪过年。

彝族年节由大家商议，在腊月十六至二十五日这几日内选一天举行。日子确定后，养猪的人家，统一在节日宰杀，但有先后次序。先为父母，次为叔伯，再次为大哥、二哥。杀猪后要先敬祖先，并从猪肝、胸膜和腰际各取一块肉煮熟后加上一块粑粑、一杯酒，再祭祖（即"送神"）。过年时，三五天内，任何人都不劳动，在家里玩个够。

朝鲜族人民在春节期间，载歌载舞，进行传统的民间活动，同时还到田间玩"四火戏"（点火娱乐）。

羌族每年过两次年节：一次在正月，称为春节；一次在十月，叫做"羌年"。但当年若有老人去世，则只过春节。

除以上传统的庆贺方式外，目前，除夕之夜拜年短信代替了上门拜访和电话问候，几乎每个有手机的人都能感受到短信带来的春节热情。有的人自编祝愿短信，也有专业写手专门编撰各种短信。随着手机的进一步普及，短信、微信拜年将向人们传达更多的快乐与祝福。

3．清明节

清明节是中国汉族和壮族、朝鲜族、苗族等数十个民族最重要的传统节日之一。它不仅是人们祭奠祖先、缅怀先人的节日，也是中华民族认祖归宗的纽带，更是一个远足踏青、亲近自然、催护新生的春季仪式。

清明节古时也叫"三月节"，已有2 500多年历史。公历4月5日前后为清明节，是二十四节气之一。在二十四个节气中，既是节气又是节日的只有清明。

清明节是中国重要的传统民俗节日之一，2006年被列入第一批国家级非物质文化遗产名录。它的活动主要有踏青、扫墓、放风筝和拔河等。现在往往把踏青与扫墓结合在一起，作为一个旅游项目。新中国成立后，人们还在这天祭扫烈士墓，缅怀革命先辈。

风筝又叫纸鸢，它的历史已超过2 000年。宋代及明清两代，风筝深入民间，制作日益精巧，式样也从单一的鸟类发展到了人物虫鱼等。最近几年清明前后，北京天安门广场上放风筝的人越来越多，山东潍坊市举办了国际风筝节，成为国内外风筝爱好者旅游观光、放飞风筝的盛大节庆活动。

4．劳动节

劳动节也叫"五一节"或"五一国际劳动节"，定在每年的5月1日。它是全世界无产阶级劳动人民的共同节日。

五一国际劳动节源于美国芝加哥城的工人大罢工。1886年5月1日，芝加哥的216 000余名工人为了反抗资产阶级对工人阶级的残酷剥削和压榨、争取实行8小时工作制而举行大罢工，经过艰苦的流血斗争，终于获得了胜利。这场斗争震撼了整个美国。为纪念这次伟大的工人运动，1889年7月由恩格斯领导的第二国际在巴黎举行代表大会，宣布将每年的5月1日定为国际劳动节，显示"全世界无产者联合起来！"的伟大力量。这一决定立即得到世界各国工人的积极响应。1890年5月1日，欧美各国的工人阶级率先走向街头，举行盛大的示威游行与集会，争取合法权益。从此，每逢这一天，世界各国的劳动人民都要集会、游行，以示庆祝。

中国人民庆祝劳动节的活动可追溯至1918年。这一年，一些革命的知识分子在上海、苏州、杭州、汉口等地向群众散发介绍"五一"的传单。1920年5月1日，北京、上海、广州、九江、唐山等各工业城市的工人群众浩浩荡荡地走向街市、举行了声势浩大的游行、集会。李大钊专门在《新青年》上发表了《"五一"运动史》，介绍"五一"节的来历和美法等国工人纪念"五一"的活动，号召中国工人把这年的"五一"作为觉醒的日期。陈独秀也为庆祝这个节日发表了《上海厚生纱厂湖南女工问题》一文，揭露资本家剥削工人剩余价值的真相。陈独秀又在上海船务栈房工界联合会作了《劳苦者的觉悟》的演说，阐明了"劳动创造世界""做工的人最有用最贵重"的观点。在北京，一些青年外出宣传，散发《五月一日劳工宣言》，唤起工人为反对剥削、争取自身权利而斗争。这是中国首次纪念"五一"国际劳动节的活动，也是中国历史上的第一个"五一"劳动节。

新中国成立以后，中央人民政府政务院于1949年12月将5月1日定为法定的劳动节，全国放假一天。每年的这一天，举国欢庆，人们换上节日的盛装，兴高采烈地聚集在公园、剧院、广场，参加各种庆祝集会或文体娱乐活动，并对有突出贡献的劳动者进行表彰。

1999年9月，国务院改革出台新的法定休假制度，每年国庆节、春节和"五一"法定节日加上倒休，全国放假7天。从此，3个"黄金周"掀起的旅游消费热成为我国经济生活的新亮点，假日经济成为人们津津乐道的新话题。从2007年11月9日开始，经过多方研究论证的国家法定节假日调整方案如下：春节放假起始时间由农历年正月初一调整为除夕；"五一"由3天调整为1天，减少2天；清明、端午、中秋增设为法定节假日，各放假1天。"五一"黄金周已成为历史。

5．端午节

农历五月初五是端午节。两千多年来，端午节一直是一个多民族的全民健身、防疫祛病、避瘟驱毒、祈求健康的民俗佳节。端午节又名端阳节、重午节，据传是中国古代伟大诗人、世界四大文化名人之一的屈原投汨罗江殉国的日子。两千多年来，每年的农历五月初五就成了纪念屈原的传统节日。史料记载，公元前278年农历五月初五，楚国大夫、爱国诗人屈原听到秦军攻破楚国都城的消息后，悲愤交加，心如刀割，毅然写下绝笔《怀沙》，抱石投入汨罗江，以身殉国。沿江百姓纷纷引舟竞渡前去打捞，沿水招魂，并将粽子投入江中，以免鱼虾蚕食他的身体。这一习俗绵延至今，已有两千多年。

千百年来，屈原的爱国精神和感人诗词，深入人心。人们"惜而哀之，世论其辞，以相传焉"。在民俗文化领域，中国民众从此把端午节的龙舟竞渡和吃粽子等与纪念屈原紧密联系在一起。随着屈原影响的不断增大，始于春秋战国的端午节也逐步传播开来，成为中华民族的节日。

中国的端午节还有许多别称，如：午日节、五月节、浴兰节、女儿节、蒲节、天中节、天长节、龙节、诗人节、龙日、五毒节等。虽然名称不同，但各地人们过节的习俗却大同小异。庆祝活动和习俗主要包括：赛龙舟，女儿回娘家，挂钟馗像，悬挂菖蒲和艾草，称为蒲剑和艾虎；佩香囊、赛龙舟、比武、击球、荡秋千；饮用菖蒲根和雄黄泡制的雄黄酒；给小孩的鼻子、耳朵涂雄黄酒，有的洒些酒在地上，起消毒作用；

吃咸蛋、粽子和时令鲜果等，北方地区还讲究吃樱桃、吃桑葚，妇女和孩子们用丝绸之类的东西缝制成小小的粽子、鸡心、小荷包、小虎、小猴等小玩意，挂在胸前。除了有迷信色彩的活动逐渐消失外，其余习俗至今已流传中国各地及邻近的国家。

6. 中秋节

"一年月色最明夜，千里人心共赏时""海上生明月，天涯共此时"，这些流传至今的优美诗句都与农历八月十五日的"中秋节"紧密相连的。天上明月，人间情怀，中秋明月这一特殊天象形成了中国人特有的月亮节、团圆节。中秋节正值秋季三月之中，并为望日，月色分外明亮。此时农家已获丰收，金风送爽，桂花飘香，柿子、白果、栗子、石榴、柚子等时鲜果品应市。中秋佳节皓月丽天，澄如玉宇，家家户户合家欢聚，分尝各式月饼，共赏明月以庆五谷丰登，富裕安康，圆满美好。

中秋节流传着嫦娥奔月及吴刚砍桂树等优美动人的神话传说，历久常新。陕西一带，过中秋节要赏桂花，男的划船、爬山；女的吃西瓜。安徽人民则玩"舞草龙"，到晚上插蜡烛、敲锣打鼓、燃放鞭炮、舞龙游街，深夜之后，将草龙抛于河中。苏州中秋之夜，许多妇女浓妆艳抹，结队出游，或访亲友，直到天明。广西一些地方要举办"歌座"，青年男女聚在月下，轻歌曼舞、互诉衷情。此外，各地还有不少赏月的胜地，著名的如杭州的"平湖秋月""三潭印月"、庐山的"月照松林"等。

7. 国庆节

1949年12月3日，中央人民政府委员会第四次会议接受全国政协的建议，通过了《关于中华人民共和国国庆日的决议》，决定每年10月1日为中华人民共和国宣告成立的伟大日子，为中华人民共和国国庆日。

国庆纪念日是近代民族国家的一种特征，是伴随着近代民族国家的出现而出现的，并且变得尤为重要。它成为一个独立国家的标志，反映这个国家的国体和政体。

国庆这种特殊纪念方式一旦成为新的、全民性的节日形式，便承载反映了这个国家、民族的凝聚力。同时国庆日上的大规模庆典活动，也是政府动员与号召力的具体体现。显示力量、增强国民信心、体现凝聚力，发挥号召力，即为国庆庆典的三个基本特征。

1949年10月1日中华人民共和国成立后，国庆的庆祝形式曾几经变化。

在新中国成立初期（1950—1959年），每年的国庆都举行大型庆典活动，同时举行阅兵。1960年9月，中共中央、国务院本着勤俭建国的方针，决定改革国庆制度。此后，自1960—1970年，每年的国庆均在天安门前举行盛大的集会和群众游行活动，但未举行阅兵。

1971—1983年，每年的10月1日，北京都以大型的游园联欢活动等其他形式庆祝国庆，未进行群众游行。1984年，国庆35周年，举行了盛大的国庆阅兵和群众庆祝游行。在此后的十几年间，均采用其他形式庆祝国庆，未再举行国庆阅兵式和群众庆祝游行。1999年10月1日，国庆50周年，举行了盛大国庆阅兵和群众庆祝游行。2015年10月1日，我国又举行盛大的阅兵仪式。

（二）部分公民放假的节日和纪念日

1．妇女节

"三八"国际劳动妇女节创始于 1910 年。第一次世界大战的前四年，战争的阴影笼罩着欧洲和世界，帝国主义企图重新瓜分殖民地，德国军国主义正在扩军备战。这年 8 月，第二次国际社会主义妇女代表会议在丹麦哥本哈根召开了。出席会议的有 17 个国家的代表。会议讨论的最主要的问题是反对军国主义扩军备战、如何保卫和平，同时还讨论了保卫妇女儿童的权利、争取 8 小时工作制和妇女选举权的问题。到会代表一致表示要"不惜辛劳和牺牲，为维护世界和平而斗争"。

领导会议的是德国社会主义革命家、国际妇女书记处的书记克拉拉·蔡特金。她想到要确定一个日子，每年在这一天各国妇女团结一致，起来反对压迫者和战争挑拨者。因为 1909 年 3 月 8 日，美国芝加哥女工为争取自己的权利，举行了大规模的罢工和示威，得到广大妇女的热烈响应，所以她向大会建议，以每年 3 月 8 日为世界妇女的斗争日，这个提议得到了代表们一致的拥护。从此，3 月 8 日就被定为国际劳动妇女的节日。

当 1911 年 3 月 8 日第一个国际劳动妇女节到来时，德、奥、美、瑞士、丹麦等国的劳动妇女都举行了示威游行。此后，纪念"三八"妇女节的活动就逐渐扩大到了全世界。

中国妇女第一次纪念"三八"妇女节的活动是 1924 年在广州举行的。当时正是第一次国共合作。中国人民反帝反军阀的革命运动正在蓬勃发展，广东成立了革命政府。就在这一年的 3 月 8 日，广东各界妇女在广州市召开了"三八"节纪念大会。大会由当时国民党中央妇女部部长何香凝主持。她在会上阐明了纪念"三八"节的意义，痛斥了封建主义、帝国主义对妇女的双重压迫，号召妇女奋起革命。大会提出了打倒帝国主义，打倒军阀，争取妇女解放，要求妇女的劳动、教育、工值、工作、参政等方面的平等权利；要求保护童工、孕妇；要求制定革除童养媳、多妻制，禁止蓄婢纳妾，废除娼妓制度等口号。会后举行了示威游行。一部分妇女站在汽车上跟随游行队伍沿途演讲，散发传单，游行队伍至晚方散。

新中国成立以后，全国年节及纪念日放假办法（1949 年 12 月 23 日政务院发布，1999 年 9 月 18 日国务院修订发布）规定"三八"节这一天给各条战线的妇女放假半天。全国各地都举行各种形式的纪念活动。

2．青年节

作为大学生，我们每年都要庆祝"五四"青年节。学校里一般都要举行各种庆祝活动，如演讲比赛、庆祝演出、纪念文章的征集评比等活动。"五四"精神的核心是伟大的爱国主义。青年要继续高举爱国主义旗帜，增加对祖国历史和现状的了解，增强国家观念，尊重自己的民族，为实现中华民族的全面振兴而继续奋斗；以主人翁的精神，努力创造更美好的明天。

"五四"青年节的来历如下：1918年11月11日，延续4年之久的第一次世界大战以英、美、法等国的胜利和德、奥等国的失败而告结束。1919年1月，获胜的协约国在巴黎凡尔赛宫召开和平会议。中华民国作为战胜国参加会议。中华民国代表在会上提出废除外国在华特权，取消二十一条等正当要求，均遭拒绝。会议竟决定日本接管德国在华的各种特权，对这丧权辱国的条约，中华民国代表居然准备签字承认。消息传来，举国震怒，群情激愤，以学生为先导的五四爱国运动就如火山爆发一般地开始了。

5月4日下午，北京3 000多名学生在天安门前集会游行，他们高呼"还我青岛、外争主权，内除国贼"等口号，呼吁各界人士行动起来，反对帝国主义的侵略行径，保卫中国的领土和主权。这一运动得到了工人和各阶层人士的声援和支持，上海、南京等地的工人纷纷举行罢工或示威。在全国人民的压力下，北洋政府被迫释放被捕学生，罢免曹汝霖等人的职务，并指令巴黎参加会议的代表拒绝在和约上签字。

为了使青年继承和发扬五四运动的光荣传统，1939年，陕甘宁边区西北青年救国联合会规定5月4日为中国青年节。1949年12月23日，中国人民政府政务院正式规定：5月4日为中国青年节。

3. 儿童节

6月1日是国际儿童节（International Children's Day）。为了保障全世界儿童的权益，国际民主妇女联合会1949年11月在莫斯科召开执委会，决定将每年6月1日作为国际儿童节。1950年4月，国际民主妇女联合会又通过决议，号召下属妇女组织在保护儿童生命免受新战争危险、要求削减军事预算和增加儿童健康与教育费用的口号下，纪念国际儿童节。

此后，每年的6月1日，世界大多数国家都要举办各种形式的活动来纪念这一节日。中国曾于1931年将儿童节定在每年4月4日。1949年12月23日中央人民政府政务院规定"六一"国际儿童节为中国儿童的节日。1950年3月30日，教育部发出通告，规定6月1日为儿童节，废除旧的"四四"儿童节。

自国际儿童节设立以来，世界上大多数国家、国际组织采取了一系列措施，以促进儿童保护、福利和教育事业的发展。1989年11月，联合国大会一致通过了《儿童权利公约》（以下简称《公约》），《公约》涵盖了儿童应该享有的公民权利和自由、家庭环境、基本卫生福利、教育、休闲和文化活动以及特殊保护措施等各个方面。1990年在丹麦首都哥本哈根举行的第一次世界儿童问题首脑会议制定了2000年前改善儿童健康和教育状况的具体指标。2002年5月，联合国儿童问题特别会议一致通过了《适合儿童成长的世界》的行动计划，明确了在保健、教育、保护和艾滋病防治4个主要领域保护儿童权益、改善儿童生存条件的原则和目标。但是，目前世界儿童的生存环境依然严峻。

4. 建军节

每年的8月1日是中国人民解放军建军纪念日，因此也叫"八一"建军节。1927

年8月底,南昌起义是共产党独立领导武装革命的开始。起义保存下来的部队,成为中国工农红军(中国人民解放军前身)的骨干之一。1933年7月11日,中华苏维埃共和国临时中央政府决定将8月1日作为中国工农红军成立纪念日。从此,每年8月1日就成为中国工农红军和后来中国人民解放军的建军节。当年8月1日,在瑞金叶坪红军广场举行了历史上第一个"八一"纪念活动。从此,8月1日正式成为人民军队的建军节。因此,可以说南昌是军旗升起的地方,而瑞金是八一建军节诞生的地方。1949年6月15日,中国人民革命军事委员会发布命令,规定以"八一"两字作为中国人民解放军军旗和军徽的主要标志。中华人民共和国成立后,将此纪念日改称为中国人民解放军建军节。

(三)其他节假日

1. 元宵节

传说西汉时吕后弃世,众忠臣拥刘恒为帝,汉元帝(刘恒)把平息诸吕的正月十五日定为元宵节,用正月为元月,夜称宵,故钦定此日为元宵节。每年逢此日,元帝必微服出宫与民同乐。沿传至今虽已两千多年,仍然长盛不衰。元宵节要扎彩灯,挂在门外,供人欣赏,彩灯越扎越多,于是发展成为灯会,集各种彩灯在公园或公共场所。花灯种类繁多;制作题材,从日月山川之巨,到花鸟鱼虫之微。范围十分广泛。同时有猜灯谜、耍龙灯、踩高跷、扭秧歌、划旱船、吃元宵、放风筝、供应夜宵吃食的买卖等活动,后来元宵节又与集市贸易结合起来。随着人们生活的改善,各地元宵灯会兴盛,成了一个专题旅游节目。

青海煌中县有座著名的塔尔寺,每逢元宵节要举行为期7天的盛大灯节。一大早,来自西藏、甘肃、内蒙古的蒙古族、藏族、回族、汉族、土族同胞成群结队地涌来,最多时达20多万人。风采各异的彩灯,把20多处佛殿点缀得千姿百态。赶灯会的人,向佛教供奉灯香、净水、粮食以示诚意。灯节时,寺内要举行"跳神"活动,二三十人戴上假面具,身着盔甲或绣花袍子,以舞蹈形式击鼓跳跃,进行宗教活动仪式。

蒙古族在元宵节,各寺庙都举行隆重的宗教仪式,大喇嘛端戴法帽,做法念经,众喇嘛打扮怪异,扮牛头马面、天王、菩萨诸神,群僧起舞,号角齐鸣,热闹非凡。牧民们则排长队耐心等待大喇嘛摩顶,大喇嘛扔木棒是庆典高潮,木棒以红布缠绕。大喇嘛在台上闭目诵经,而后将木棒投向"芸芸众生",杖击中者视为大富,欢欣雀跃。

2. 重阳节

古代中国以六为阴,以九为阳,农历九月九日,因月和日都逢九,两个"阳数"重叠,所以叫"重九""重阳"。庆祝重阳节的活动多彩浪漫,一般包括出游赏景、登高远眺、观赏菊花、遍插茱萸、吃重阳糕、饮菊花酒等活动。

重阳节要登高这一习俗起源于东汉。唐代诗人王维有一首著名的诗:"身在异乡为异客,每逢佳节倍思亲,遥知兄弟登高处,遍插茱萸少一人。"诗人写的就是重阳登高。深秋的九月,云淡风轻,天高气爽,是结伴出游、登高望远的好时机。每逢重九,人们为避灾消祸,图吉利转好运,乃有登高之习。

第五章 中外风俗礼仪

在重阳节，还盛行插菊花、饮菊花酒和吃重阳花糕等，以祈祷消灾避难，益寿延年。

新中国成立后，重阳节又为敬老日。中华民族素有敬老传统美德，重阳节时，党和政府以各种形式开展敬老活动。作为大学生，每逢重阳节，我们可以组织和参加各种尊老敬老的活动，如上养老院或敬老院，慰问孤寡老人，帮助他们打扫卫生，给他们读报，演出文艺节目等。我们还可以到孤寡老人家里当一天"临时子女"，或在学校开展孝老主题活动。另外，也可以带自己的父母到学校或自己所在的工厂、公司共度重阳节。让老人们体会到社会大家庭的温暖。

问 题 讨 论

清明节时，小琴陪妈妈到野外的墓地去给去世的姥姥烧纸钱，看到附近祭祀烧纸的人非常多，而且还有烧各种纸人纸马的，墓地上空乌烟瘴气。由于当天风大，引起大火。

讨论怎样才能过一个有意义的清明节呢？

随　笔

我国香港、澳门、台湾地区风俗礼仪大多数都和大陆很接近。他们除了保持着中华民族的传统之外，还具有强烈的民族感和乡土观念，交往中注重礼节礼貌，他们喜欢购买祖国的土特产和吃一些具有家乡风味的菜肴；希望同家乡亲友团聚；交往中讲究实惠，注重节俭。

二、香港、澳门、台湾地区风俗礼仪

随着改革开放的深入进行,香港、澳门分别回归祖国,作为大陆人,和港、澳以及台湾同胞的来往日益频繁。我们每一个人无论在生活中还是工作中,都可能与这些地区来大陆投资、旅游的人员和企业进行来往。那么,在与这些地区的人员和公司接触时,我们应该了解他们的风俗礼仪,并在与其交往中的过程中,加以注意。

(一)香港、澳门、台湾地区的节假日

港、澳、台胞和华侨原来都是来自祖国大陆,和我们同根同族。因此,他们大多数的风俗习惯都和大陆很接近。他们除了保持着中华民族的传统之外,还具有强烈的民族感和乡土观念,交往中注重礼节礼貌,他们喜欢购买祖国的土特产和吃一些具有家乡风味的菜肴;希望同家乡亲友团聚;交往中讲究实惠,注重节俭。

回中国观光的华侨可分成五类:有国家邀请的,主要是学者、教授等著名人士和华侨中的上层人物;有侨社组织的旅行团;有商业贸易者;有自费探亲者;有自费治病者。他们的生活习惯既有家乡的特点,又有居住国的特点。如来自美、英、法、德的华侨,其生活要求、对房间设备、床铺位置都很注意,要求铺床罩做夜床。他们自身服装比较考究,饮食多数吃中菜,也爱吃西餐,中菜爱吃虾仁、鳜鱼、煎油鸡等高档菜肴。老华侨的生活习惯、饮食起居仍保持浓厚的乡土气息,因此对他们的服务要注意以中式为主,西式为辅。

港、澳、台地区的法定节假日很多都和大陆相同,比如清明节、端午节、春节、中秋节。在香港,庆祝端午节的风俗保留至今,尽管形式有了许多翻新,不过,吃粽子、游龙舟水以及赛龙舟的习俗一直延续,而且多了很多新内容。所谓游龙舟水,是一家老少端午节到海边游泳。至于龙舟比赛,则一年比一年火,香港岛的香港仔,九龙的油麻地,新界的屯门、沙田、大埔、荃湾等地是传统龙舟赛的举办地,几乎每年都办,气氛非常热烈。香港的网络公司还在端午节期间开设了"端午寄情网页",除了人们相互之间传达祝福,也可以在网页上怀古思今,问候远古哲人先辈,祝福今天的美好时光。

(二)香港、澳门、台湾地区的风俗礼仪与内地的不同之处

1. 对男士、女士的称谓不同

台湾一般称男士为"先生",称女士为"小姐""夫人",不能称为"爱人","爱人"一般指情人。

2. 注重尊重对方隐私

台湾、香港、澳门的西化程度较深,因此互相交流的时候,要注意尽量少涉及个

人隐私，如工资收入、年龄、婚育情况，一般都不要问。

3．道路通行方向不同

香港以前是英国殖民地，故一直跟随英国制，道路靠左行，汽车均为左舵。台湾和澳门都是右侧通行，汽车都是右舵。

4．日期的识别与换算不同

和内地一样，香港和澳门都采用公历。而台湾有些特殊，即年份加上1911，月日和公历的都一样，不用改动。近几年，台湾地区也在朝着与国际接轨的方向迈进，很多场合也都改成使用公历了。

5．节庆日不同

澳门居民的节日除中国内地传统的节日如元旦、劳动节等世界性节日以及西方的复活节、圣诞节等宗教节日外，还过葡萄牙的传统节日，包括葡国革命日、葡国日、葡国共和日、葡国复兴日等葡萄牙节日。葡国传统节日在澳门回归后，已经取消。

问 题 讨 论

小孙同学到某台资企业应聘，试用期三个月，公司每月发给他工资。每次发工资时，他都很想知道其他人的工资是多少，有一次，忍不住问了他的台湾领班经理，经理脸露不悦，并婉言拒绝。小孙觉得很没面子，甚至觉得人家是瞧不起他。

讨论：那位台湾经理为什么不告诉小孙同学其他人的工资？他是瞧不起小孙吗？小孙正确的做法是什么？

随　笔

国外节日礼仪往往都是由宗教活动演变而来的，很多节日都和基督教、天主教有关。

三、国外的重要节日与礼仪

国外的节日礼仪往往都是由宗教活动演变而来,很多节日都和基督教、天主教有关。

(一)圣诞节

12月25日,是基督教徒纪念耶稣诞生的日子,称为圣诞节。圣诞节是西方文化中最重要的节日,目前已成为全球性节日,如中国的港澳台已将其定为法定节日。虽然圣诞节本是纪念耶稣诞生,但现已超越宗教,成为家人团聚的节假日。中国大陆近些年来,每逢圣诞节也都张灯结彩,路边的松树上挂满了彩灯,商场、宾馆也都在大规模地做广告、搞活动。

一般在国外,从12月24日于翌年1月6日为圣诞节节期。节日期间,各国基督教徒都举行隆重的纪念仪式。是西方国家一年中最盛大的节日,可以和新年相提并论,类似我国过春节。

那么圣诞节是怎么来的呢?公元345年,罗马教会宣布12月25日为圣诞纪念日,意在纪念耶稣基督的诞生,亦称"耶稣圣诞瞻礼"或"主降生节"。当初,此节主要流行于欧洲,后来,美洲及亚洲的许多国家和地区亦过此节。届时,教会多组织教徒们唱圣诞歌以传"佳音"。25日零点,教会还要举行"子夜弥撒""味爽弥撒"(天晓时举行)"天明弥撒"(上午举行)等庆祝活动。东正教与其他东方教会,由于历法不同,此节的日期相当于公历的1月6日或7日。

目前,世界各国圣诞习俗各种各样,包括世俗、宗教、国家,都和圣诞相关,国与国之间差别很大。大部分人熟悉的圣诞符号及活动,如圣诞树、圣诞火腿、圣诞柴、冬青、槲寄生以及互赠礼物,都是基督教传教士从早期Asatru异教的冬至假日Yule里吸收来的。对冬至的庆祝早在基督教到达北欧之前就在那里广为进行了,今天圣诞节一词在斯堪的纳维亚语里依然是异教的。圣诞树被认为最早出现在德国,教皇格列高里一世没有试图去禁止流行的异教节日,而是允许基督教的教士对它们赋予基督教的意义重新解释,他允许大部分的习俗继续存在,只是稍加修正,甚至保持原样。宗教及政府当局与庆祝者之间的交易使圣诞节得以继续。在基督教神权统治繁荣的地区,如克伦威尔治下的英格兰和早期新英格兰殖民地,庆祝活动是被禁止的。在俄国革命后,圣诞庆祝被苏联苏维埃共产党政权禁止了75年。即使是在现在一些教派里,如被基督教正统教会视为异端的耶和华见证人、一些清教徒组织以及一些极端保守的基督教基要派,仍旧把圣诞节看作是没有经圣经认可的异教徒节日,并拒绝庆祝它。

（二）情人节

每年的 2 月 14 日，是欧洲、美洲和大洋洲许多国家的情人节。情人节是一个表白感情的甜蜜的节日，特别受到青年人的重视。

西方把情人节又叫做"瓦伦丁节"。根据传说，公元 3 世纪的时候，古罗马帝国有一位虔诚的基督徒名叫瓦伦丁。他由于带头反抗罗马统治者对基督教信徒的疯狂迫害而被捕入狱。幸运的是，瓦伦丁在监狱中受到了典狱长之女的精心照料，并且同她相爱。然而爱情未能拯救瓦伦丁的生命，他仍于公元 270 年被残暴的罗马统治者判处死刑，2 月 14 日执行。从此之后，基督徒们为了纪念瓦伦丁这位殉教者，便将他被处死的那一天定为"瓦伦丁节"。

虽然情人节的来历是一个令人伤感的故事，但是民间在欢度这一节日时所注重的却是创造出一种美丽、浪漫、甜蜜的气氛，借以表达对爱情的赞美和对情人的祝福，因此，青年人特别喜欢选择情人节这一天向自己所爱慕的人表明自己的心意。

16 世纪欧洲情人节的习俗是：青年人将把自己在 2 月 14 日这一天所见到的第一位年龄相仿的异性视为自己的情人，所以他们为了在这一天交上好运，便纷纷地祈求上帝保佑自己。

后来，人们过情人节的花样不断翻新。小伙子们通常把向自己的心上人求爱的情人卡制成鲜花、蝴蝶和爱神丘比特弯弓搭箭的形状，以此向姑娘显示自己的心诚志坚。而姑娘们往往在情人节的前一天傍晚，就把月桂树的叶子贴在自己的枕头上，据说这样就会梦见自己的意中人。

可以说，今天情人节基本上是一个青年人追求爱情的节日。在这一天，年轻人要向自己心中的情人寄送一枚情人卡。在卡上可以尽情抒发自己的爱慕之意，并且不需要署名，以便让对方去猜一猜此卡寄自何人。

在情人节，沉浸在爱情之中的人们要互赠礼物。最常见的礼物有巧克力、精巧的小饰物和郁金香花束，前两种东西以做成心的形状最受欢迎。这一天情侣们还喜欢参加舞会或进行郊游。

需要提到的是，情人节不仅仅只是属于情侣们的。任何年龄的人都可以在这一天向自己的父母、尊长和朋友们表达自己的情意，并互赠礼物。

近年来，我国内地的青年人也开始对情人节重视起来。他们想方设法，借情人节这一天向自己的心上人表达自己的爱慕之情。

（三）愚人节

美国南部一座小城的广播电台有一天突然插播了一条"新闻"：外星人已在美国登陆，他们对地球人大开杀戒，市政府紧急呼吁市民们立即从城市里撤离。顿时，这座一向以幽静著称的小城乱成了一锅粥，人人四处逃散。有人甚至惊吓得从楼上跳了下来，以至于摔断了腿。然而市民们只是虚惊了一场，这不过是播音员一时高兴，顺嘴给大家开了个玩笑，因为这一天乃是愚人节。

每年4月1日是西方国家的愚人节，这是一个已有800年历史的民间传统节日，欧美各国的人民都非常喜欢这一节日。在愚人节这一天，人们可以随心所欲地说谎和造谣。谁的谎言别出心裁，新奇而刺激；谁的谎言欺骗的人最多，谁就最受欢迎。这天差不多什么玩笑都可以开，搞什么样的恶作剧都不过分。谁都可以被愚弄或欺骗，而且被愚弄、被欺骗的人只许苦笑，不许发火。正因为如此，美国人才开了上面那样一个惊心动魄的玩笑。

根据历史的记载：愚人节的发源地是法国。法国人将愚人节的受骗者叫做"四月的鱼"。意思是他们像小鱼一样容易上钩。一直到17世纪末期，英国人才开始过愚人节。随后它流传到了世界各地。美国人天性豪爽幽默，他们对愚人节极其钟爱。距离愚人节好多天的时候，许多美国人便开始冥思苦想，非要制造出一个轰动全国的谎言不可。

西方人在愚人节以相互欺骗为一大乐事，各种各样的谎言五花八门，无奇不有。20世纪80年代中期，英国的一家报纸就曾刊登这样一张独家所有的"新闻照片"：当时的英国首相撒切尔夫人和苏联领导人戈尔巴乔夫坐在公园里的一条长条椅上接吻。

再大的玩笑也有人敢去开。比利时的一家电台在愚人节这一天广播说：国家所有的电台和电视台将被出售给私人。这一消息被工会信以为真。它立即发出了措词强硬的警告，并呼吁政府立即同工会商谈此事。

20世纪80年代以来，中国人特别是有知识的年轻人也开始过愚人节了。1985年4月1日，中国人民大学的每幢学生宿舍楼前，都贴出了落款为后勤处的通知："今日停水一天，请提前做好准备。"大多数学生都把水桶和脸盆盛满了水，然而自来水根本没有停。事后大家才知道，自己上了愚人节的当。

以愚人节活动来活跃气氛，并且为大家增添一些生活乐趣，这不是坏事。不过我们过愚人节总得有一个分寸，至少不能拿国家大事开玩笑。与外宾开玩笑，同样也应该有分寸。

有一年愚人节，美国纽约的一家报纸跟当时还健在的大作家马克·吐温开了一个玩笑，报道说：马克·吐温已经辞世了。马克·吐温本人因此亲自接待了不少前来吊唁他的朋友。显然，要是在国内开类似的玩笑，一般是不会被接受的。

（四）母亲节与父亲节

母亲节和父亲节是中国最近几年兴起的"洋节"。每逢节日，很多子女都要回到家里，陪伴看望父母，给母亲送上一束康乃馨，给父亲送上玫瑰花。

在西方，母亲节和父亲节都是美国法定的节日。这两个节日意在告诫人们勿忘双亲的养育之恩，并且要用行动表达对双亲的尊敬和感谢。美国的母亲节和父亲节不在同一天，它们的时间也是有先有后的。

1906年，美国的安娜·贾维丝小姐在她的母亲去世之后，首先提出了设立母亲节的设想。她为之四处奔走，终于在其家乡举行了世界上第一次母亲节庆祝活动。但她并不因此而满足，反而分别致信国会、政府和新闻界，呼吁在美国设立全国性的母亲节。在她的努力之下，美国国会终于在1914年通过决议，将每年5月的第二个星期天确定为母亲节，以表示对所有母亲的崇敬和感谢。

按照传统，母亲节这一天是全家人团聚并且让母亲从家务之中解放出来的日子。当日，父亲要负责做家务和照料孩子。以便使妻子好好休息一整天。孩子们则不准贪睡，一大早就要爬起来去为妈妈做上一顿早餐。正餐要全家一起出外去吃。

在母亲节，人们要向自己的母亲赠送表达自己心意的礼品，其中鲜花是最受欢迎的。当天不能赶回家当面向母亲祝贺节日的人，通常要打电话向母亲致意。

1909 年，美国的布鲁斯·多德夫人在庆祝母亲节时忽然想道：既然有一个母亲节，为什么不能有一个父亲节呢？幼年丧母、由慈父一手抚养成人的多德夫人在拉斯马斯博士的支持下，致信州政府，建议设立父亲节，并提议把父亲节定在 6 月 5 日。这一天是多德夫人父亲的生日。

州政府基本上采纳了她的建议，正式确定每年 6 月的第三个星期日为父亲节，并于次年开始庆祝这一节日。此后美国的其他一些州也陆续开始庆祝父亲节。

然而父亲节真正成为美国国会确认的全国性节日，要比母亲节晚近 60 年。直到 1972 年，在社会各方的强烈要求下，尼克松总统才正式签署了国会关于设立父亲节的决议，使这一节日得到法律的确认。

根据多德夫人的建议，人们在父亲节要佩戴鲜花以表达对父亲的敬意。如果父亲健在，应当佩戴红玫瑰。如果父亲已经去世，则应当佩戴白玫瑰。目前美国各州选定的向父亲表示敬意的鲜花是不尽相同的，温哥华选定的是白丁香，而宾夕法尼亚选定的是蒲公英。

受西方文化的影响，许多海外华人都讲究过母亲节和父亲节，我们必须对此有所了解。

（五）感恩节

感恩节是北美独有的节日。每年 11 月第 4 个星期四是美国人的感恩节，加拿大的感恩节则定在 10 月的第二个星期一。

感恩节起源于北美的普利茅斯。1620 年 9 月，英国清教徒男女老幼共 102 名为了摆脱宗教与政治上的迫害，乘坐"五月花"号木船，经过 65 天艰难的海上漂泊来到美国马萨诸塞州的普利茅斯。由于严寒、饥病和缺衣少食，第一个冬天便夺走了半数以上人的生命，当地纯朴的印第安人很同情他们，给他们送来食物、工具，并教给他们狩猎，种植玉米、荞麦以及捕鱼、盖房等技法。

移民们经过辛勤劳动，终于在第二年获得了可喜的丰收。闯过了生活的难关。为了感谢上帝赐予的收获和增进同印第安人的友谊，他们用火鸡、玉米、南瓜、红薯、果品等劳动成果制成佳肴，自制啤酒，大摆筵席。当时印第安人也带着鹿和火鸡应邀前来助兴，一连欢庆了 3 天。白天设宴，举行赛跑、摔跤、射箭等体育活动，夜晚便燃起篝火，载歌载舞。如此年复一年，便形成了感恩节。

1863 年林肯总统在白宫宣布 11 月最后一个星期四为全国的感恩节，并号召美国人民不分东西南北，共同为美国的繁荣做出贡献。自此，感恩节成为美国的传统节日之一。

每年的感恩节，总统和各州州长都要发表献词，有些大城市里还要举行花车游行。全国放假3天，家人团圆，朋友相聚。感恩节期间的晚餐异常丰富，其中传统食品是南瓜馅饼和烤火鸡，所以感恩节又名火鸡节。

问 题 讨 论

马上就要过圣诞节了，小裴同学准备今年好好过一下，让妈妈买了圣诞树，还告诉妈妈要给自己买圣诞礼物。妈妈说："这些洋节，咱过它干啥？想要买什么，直接和妈妈说就行！不要拐弯抹角的。"

讨论：小裴同学知道什么是圣诞节吗？为什么要过圣诞节？我们怎样过圣诞节才有意义？

随 笔

国外风俗礼仪就是国外各民族的风俗礼仪，作为21世纪的大学生，了解各国的民族风俗是很有必要的。

四、一些国家的风俗礼仪

作为 21 世纪的大学生，了解各国的民族风俗是很有必要的。

（一）韩国

韩国位居亚洲东北部，是由大陆的东北向南部伸展的半岛国家，半岛南北长约 1 000 公里，东西最短距离 216 公里，呈细长型，总面积 22 万平方公里。人口 4 802 万左右，60% 住居在城镇，1/4 的人口集中在首都汉城（首尔）。韩国人的姓氏以金（21%）、李（14%）、朴（8%）、崔、郑、张、韩、林为最，姓名多由姓氏及双音节名字构成。韩国妇女婚后并不随夫姓，但子女须随父姓。

婚姻对韩国人来说是人生中的一大重要事件。虽然有统计显示近代韩国的离婚率激增，但离婚对当事人及双方各自的家人来说还是一件不太光彩的事情。韩国现在的婚礼方式同以往有所不同。身着白色婚纱的新娘和身着燕尾服的新郎在婚礼厅或教堂按西方仪式举办典礼后，再转移到名为"币帛室"的房间，换上华丽的传统婚礼服饰进行传统的结婚典礼。（币帛，可理解为韩国的一种传统，指婚礼时新郎新娘向男方家长及亲戚长辈行礼的风俗，是新娘首次正式地拜见男方亲属的仪式）。

在韩国人的传统信仰里，人死后是有灵魂存在的。因此，除先祖的忌辰外，每逢春节、中秋等传统节庆日，子孙后代都会通过祭拜来召唤先祖的灵魂。韩国人相信凭借这种特殊的仪式能和逝去的亲人再次相聚，并借此祈愿得到先祖在天之灵的庇佑。

韩服是从古代演变到现代的韩民族的传统服装。韩服的线条兼具曲线与直线之美，尤其是女式韩服的短上衣和长裙上薄下厚，端庄闲雅。如今，大部分国民习惯穿着洋装西服，但是在春节秋夕（中秋节）等节庆日，或行婚礼时，仍有许多人喜爱穿传统的民族服装。女性的韩服是短上衣搭配优雅的长裙，男性则是短褂搭配长裤，并用细带缚住宽大的裤脚。上衣、长裙的颜色五彩缤纷，有的甚至加刺明艳华丽的锦绣。

韩国素以"礼仪之邦"著称，韩国人在交往中十分重视所应具备的礼仪修养，按照传统，韩国家庭成员之间的关系不仅仅是一种维护自身利益的关系，而且涉及的范围很广泛，他们之间的血缘关系应当建立在一种合作和互相支援的传统基础之上，因此家庭成员之间的感情、爱和责任感十分强烈，是无法割断的。家庭里的一家之长被视为权威所在，全家人都应该听从他的命令或遵照他的愿望行事。严格的命令必须服从，不得有违。儿辈或孙辈违抗长辈的愿望被韩国人视为不可想象的事情。

与人见面必互致问候，男子见面微鞠躬，互握右手或双手，分手也鞠躬。男子不得主动与女子握手。初次见面，交换名片。韩国人待客十分重视礼节，男性见面要相互鞠躬，热情握手，并道"您好"。异性之间一般不握手，通过鞠躬、点头、微笑、道安表示问候。分别时，握手说"再见"，若客人同自己一道离开，便对客人说"您好好走"，若客人不离开，则对客人说"您好好在这儿"。进门或出席某种场所，要请客人、长辈先行；用餐，请客人、长辈先入席；给客人或长辈递接东西，要先鞠躬，然后再伸双手。

此外，韩国拥有许多西餐馆和日本餐馆，汉堡包、炸鸡、热狗等快餐食品受到人们欢迎，使韩国人以鱼、蔬菜和米饭为主的传统膳食结构趋向方便化、快捷化和多样化。韩国人没有收取小费的习惯，客人进餐、购物、住宾馆等不必送小费。

韩国节庆较多。农历正月初一至正月十五的节日活动类似我国春节。农历正月十五为元宵节，传统饮食是种果（栗子、核桃、松子等）、药膳、五谷饭、陈茶饭等。农历4月8日为佛诞节及颂扬女性的春香节。农历5月5日为端午节，家家户户都以食青蒿糕、挂菖蒲来过节。农历8月15为中秋节，农历9月9日为重阳节。清明扫墓，冬至吃冬至粥（掺高粱面团子的小豆粥）。除上述传统节日外，韩国人还重视圣诞节、儿童节（5月5日）、恩山别神节（3月28日至4月1日）等。

群众喜闻乐见的体育活动有射箭、摔跤、拔河、秋千、跳板、风筝、围棋、象棋等。

韩国饮食风格介于中国和日本之间，多数人用餐使用筷子。以高蛋白食物为主食，辅以蔬菜。喜食汤和饭（牛肉汤、排骨汤等和在饭中）、火锅、汤面、冷面、生鱼片、生牛肉、什锦饭等，也喜欢热辣口味。在宴会上，韩国人习惯互相斟酒，喝交杯酒；受人劝酒时不可拒饮；不胜酒力时，杯中应留点酒；对于醉酒者，他们多持宽容的态度。受人敬菜时要礼貌地推让两次，第三次才欣然接受。饭后被人邀歌时不可拒唱。韩国人喜欢单数，忌讳双数。忌用"四"（韩语音同"死"）。忌用一个手指指人，站立交谈时不能背手。女子发笑时必须掩嘴。

（二）日本

日本是一个位于欧亚大陆东侧，太平洋西北部并列成的弓状岛国。日本主要的岛屿是北海道、本州、四国、九州四岛。

日本堪称世界上变化最迅速的国家，由于日本民族十分保守，使得现代的日本文化既表现了源远流长的历史和日本大相扑传统，又具有相当欧化的倾向。日本的文学作品、影视艺术，就连书法都显现出新旧结合、东西交璧的特色。游览日本的城市，就会看到古朴典雅的寺院神社与现代化的摩天大厦相邻。茶道和花道是日本人引以为自豪的艺术。

日本人喜爱体育运动。柔道和剑道已被列入日本小学的必修项目。棒球在日本非常普及，是日本的国球。"相扑"被称为日本的"国粹"，已有2 000多年的历史。日本围棋水平很高，中日围棋交流频繁。围棋、将棋（日本的棋）受到广大日本人民的喜爱。

说到饮食，在日本不仅能吃到以大米为主食，以蔬菜、鱼与肉为副食的日本式餐点，还可以品尝到丰富多样的其他餐食。日本是一个优质水资源非常丰富的国家，卫生设施也很完善，所以自来水在日本的任何地方都可以饮用。现代的日本文化更是多彩多姿。女孩子们在学习自古以来的日本传统文化，如茶道、花道的同时，也跳迪斯科。观览市区、古老寺院和高层建筑相邻而建的情景并不稀奇。故而现代的日本文化是结合了古老的、新兴的、西洋的和东洋的文化而形成的。

日本是个注重礼仪的国家，初次见面的问候礼，鞠躬30度，告别礼是45度，诚恳亲切。与日本人初次见面一般不握手。日本人在任何场合都彬彬有礼，即使事情没有办成，都报以微笑，绝不使对方感到尴尬。在公开场合一般不使用"不行""不同意"等拒绝性词语，而是委婉地谢绝。

日本人有极强的时间观念，因此，约会时要准时到场。与日本人打招呼，要称呼对方的姓。你的举止要显得有教养，尤其是女子要端庄。

在日本送礼极为普遍，他们似乎很喜欢这一形式。每年的"岁暮""中元"是送礼最多的时候。到日本人家里做客，可带去较好的进口苏格兰酒、白兰地酒，给孩子带电子玩具。日本人来中国，他们很喜欢中国的丝绸、土特产品、字画、茅台酒。日本人既讲究送礼，也讲究还礼，不过日本人送还礼都是通过运输公司的服务员上门的。送、收礼的人互不见面。日本人一般不当面打开礼品包装，当然你接到日本人送的礼物时，也不要主动打开看，除非对方要求你打开。如果日本人送你礼物，不要马上接过礼物，等主人让一两次后再收，并向他表示感谢，双手接过礼物。

日本的节日习俗包括：元旦1月1日，日本人最隆重的节日；成人礼1月15日，各地年满20周岁的年轻人举行的仪式，庆祝他们成人自立；建国纪念日2月11日，纪念公元前660年日本第一代天皇即位；春分3月21日，歌颂自然，爱护生物（自古以来是佛教节日）；宪法纪念日5月3日，纪念1947年5月3日本宪法的实施；儿童节（男孩节）5月5日，希望男孩子们像跳跃龙门的鲤鱼那样朝气蓬勃，勇往直前；敬老节9月15日，各地为老年人举行演出活动，祝贺他们长寿并馈赠纪念品；秋分9月23日前后，敬祖先，思亡灵（自古以来是佛教节日）；体育节10月10日，纪念1964年10月10日举行的东京国际奥林匹克运动会，这一天举行各种振兴体育的活动；文化节11月3日，1945年之前，这一天作为明治天皇的生日举行庆贺活动，战后作为爱自由、爱和平、发展文化的日子被确定下来；劳动感恩节11月23日，提倡勤劳，庆贺生产发展，国民之间相互感谢；天皇诞生日12月23日，天皇和皇后在皇宫接受国民进宫朝贺。

日本人注意衣着仪表的美观，平时穿着大方整洁，公共场合一般都要着礼服。节日或集会时最喜欢穿传统的和服。在天气炎热的时候，不随便脱衣服，如果需要脱衣服，要征得主人的同意。

日本的忌数是四和九，因为四与死谐音，九与苦谐音，并且日文中"梳子"的发音与"苦死"同音，因此日本人对赠"梳子"有忌讳；日本人睡觉的朝向是很有讲究的，最忌头朝北睡，因为死人停尸时都是头朝北的。所以，当你住在日本人家中，早晨整理床铺时，一定不要将枕头放在北面，"北枕"即意味死亡；日本人喜爱鲜艳、活泼和明快的色调，不喜欢紫色，最忌绿色，认为是不祥之色，日本人也忌荷花，认为荷花是丧花。探望病人忌送山茶花与白色、带黄色的花。日本人不愿接受菊花或菊花图案的东西或礼物，因为它们是皇家家族的标志。

（三）泰国

泰国习俗主要包括基本习俗和生活习俗两部分。

1．基本习俗

当泰国人互相打招呼时，不会采用国际流行的握手方式，而以双手合十，状似祷告；泰国人称"wai"。一般来说，年幼的先向年长的打招呼，而年长的随后回礼合十。泰国人互相称呼时，一般尊称"Kun"（即先生、太太、女士的意思）在名字前。

以足部的下肢指向他人是不礼貌的行为。所以，与人对坐，应该避免这种情况出现。或若向某人指示任何东西，请以手代脚。

泰国人认为"头部"是身体上的最高部分。因此，他们不容许抚拍任何人的头部，纵使是友善的表现。同样，观察泰国人的社交聚会，年轻人会在年长人士前刻意地把头部垂下，下至不高于年长人士的身高，以示尊敬。

公开过分宣示男女之间的爱意行为是难以接受的。接吻、手牵手、公共场合拥抱的情景在泰国十分少见。发脾气会被泰国人认为是缺乏教养的表现。

2．生活习俗

向王室表示敬意：泰国人都非常尊重他们的国王、王后以及王室家族，不可以批评王室。听到演奏泰国国歌，应马上停止活动并肃立。

衣着打扮：泰国寺院是泰国人公认的神圣地方。请在进入佛教寺庙时衣着得体端庄，身着任何短裙、短裤或袒胸露背装都不得入内。在进入佛堂、回教寺或私人住宅时，游客需要脱鞋，并注意不可脚踏门槛。注意个人清洁卫生，常洗澡（一般每天早晚各一次），衣服要熨烫勤换。因政治原因，尽量不穿纯红和纯黄色衣服。

尊重女性：通常泰国女性都是比较保守的，请不要在未经她们同意的情况下，触碰她们（身体）。

尊重僧人：一般情况下，女性应该主动与僧人保持距离，不可触碰他们，即便是佛事活动或布施也不可以。

左手不净：泰国人认为人的右手清洁而左手不洁，因此，给别人递东西时用右手，以示尊敬。如不得已要用左手时，先应说声"左手，请原谅"。

脚掌不净：与左手一样，脚掌也被认为是不净的。在入座时，绝不可以将脚放在桌子上，用脚尖撞人或指人或物。坐着时，尽量不要跷二郎腿，把脚底或脚尖对着别人。妇女落座，双腿必须并拢，否则会被认为是不文明的，缺乏教养。

公众场合的注意事项：在泰国的公众场合，大声喧哗、随地吐痰、丢垃圾、插队和贪小便宜等行为是会被泰国社会和大众谴责的。

其他禁忌：泰国人不用红笔签名，人们习惯用颜色表示不同日期，人们常按不同的日期，穿不同色彩的服装。在人经常走过的地方，如门口、房顶等禁止悬挂衣物，特别是裤衩和袜子之类。不能拣水灯。

避免谈论政治和王室问题。假如你冒犯了别人，要微笑双手合十说"对不起"以示歉意。进入泰国人的住宅之前要脱鞋，不能踩门槛。如果主人坐在地板上，客人要照做。脚不要交叉，把腿卷曲在身体下面，不要露出脚底。

泰国人喜欢有包装的小礼物，并以右手或双手递给受礼者。如果泰国人送你礼品，在接受礼品前，应先合十向他们表示感谢。

（四）英国

英国英格兰人占80%以上，其余是苏格兰人、威尔士人和爱尔兰人。居民绝大部分信奉基督教，只有少部分人信奉天主教。

英国是绅士之国，讲究文明礼貌，注重修养。同时也要求别人对自己有礼貌。注意衣着打扮，什么场合穿什么服饰，都有一定惯例。见面时对尊长、上级和不熟悉的人用尊称，并在对方姓名前面加上职称、衔称或先生、女士、夫人、小姐等称呼。亲友和熟人之间常用昵称。初次相识的人相互握手，微笑并说："您好！"在大庭广众之下，人们一般不行拥抱礼，男女之间除热恋情侣外，一般不手拉手走路。

英国人不轻易动感情或表态。他们认为夸夸其谈是缺乏教养的，认为自吹自擂是低级趣味的。人们交往时常用"请""对不起""谢谢"等礼貌用语，即使家庭成员间也一样。

英国的"烤牛肉加约克郡布丁"被称为是国菜。这是用牛腰部位的肉，再用鸡蛋加牛奶和面，与牛肉、土豆一起在烤箱中烤制的菜肴。上桌时，还要另配些单煮的青菜，即为"烤牛肉加约克郡布丁"。普通家庭一日三餐（即早餐、午餐、晚餐），他们是以午餐为正餐。阔绰人家则一日四餐（早餐、午餐、茶点和晚餐）。

英国人不愿意吃带粘汁的菜肴，忌用味精调味，也不吃狗肉。口味不喜欢太咸，爱甜、酸、微辣味，对烧、煮、蒸、烙、焗和烘烤等烹调方法制作的菜肴偏爱。喜欢中国的京菜、川菜、粤菜。

他们普遍喜爱喝茶，尤其妇女嗜茶成癖。下午茶几乎成为英国人的一种必不可少的生活习惯，即使遇上开会，有的也要暂时休会而饮下午茶。不喝清茶，要在杯里倒上冷牛奶或鲜柠檬，加点糖，再倒茶制成奶茶或柠檬茶。如果先倒茶后倒牛奶，会被认为缺乏教养。他们还喜欢喝威士忌、苏打水，喝葡萄酒和香槟酒，有时还喝啤酒和烈性酒，彼此间不劝酒。

对英国人称呼"英国人"他们是不愿意接受的。因为"英国人"原意是"英格兰人"，而你接待的宾客，可能是英格兰人、威尔士人或北爱尔兰人，而"不列颠"这个称呼则能让所有的英国人都感到满意。

英国人忌讳用人像、大象、孔雀作服饰图案和商品装潢。他们认为大象是愚笨的，孔雀是淫鸟、祸鸟，连孔雀开屏也被认为是自我吹嘘和炫耀。忌讳"13"这个数字，还忌讳"3"这个数字，忌讳用同一根火柴给第3个人点烟。和英国人坐着谈话，忌讳两腿张得过宽，更不能跷起二郎腿。如果站着谈话，不能把手插入衣袋。忌讳当着他们的面耳语和拍打肩背，忌讳有人用手捂着嘴看着他们笑，认为这是嘲笑人的举止。忌讳送人百合花，他们认为百合花意味着死亡。

（五）德国

德国位于欧洲中部，东邻波兰、捷克，南接奥地利、瑞士，西接荷兰、比利时、卢森堡、法国，北接丹麦，濒临北海和波罗的海，是欧洲邻国最多的国家。面积为35.7万平方公里。主要河流有莱茵河（流经境内865公里）、易北河、威悉河、奥得河、多瑙河。人口有8 170万，主要是德意志人，有少数丹麦人和索布族人。有725.6万外籍人，占人口总数的8.8%。通用德语。居民中30%的信奉新教，31%的信奉罗马天主教。德语为通用语言。

1. 一般礼节

德意志人比较注重礼节形式。在一般社交场合上，他们总乐于在打招呼时对方称呼他们的头衔。他们在与朋友相见或告别时，总习惯互相把手握了又握，似乎这样他们的心情会更高兴。他们待人诚恳坦直。如果你在街上向陌生的德意志人问路，他们会很热情地为你解答和指引迷津，有的甚至还会不辞辛苦地陪送你找到要去的地点。宴会用餐席位原则是"以右为上"，一般男人要坐在妇女和职位较高男人的左侧，当女士离开饭桌或回来时，男人一定要站起来，以表示礼貌。他们很讲究会客或宴请的地点，注重设备的豪华和现代化程度。他们还乐于在幽雅、卫生的厅堂里用餐。他们不注重时装的花哨时髦和衣冠楚楚，但都很注重衣冠的整洁，即使是观看文艺演出，男的也要穿礼服，女的也要穿长裙。

德意志人心目中有一种信念，认为谁在路上遇到烟囱清扫工，便预示着一天都会交好运。据说这一习俗是源于过去清扫工为民清扫烟囱，避免了一些灾祸，至今人民记忆犹新。这样，清扫工也就成了给人们带来幸福的人了。

他们最爱蓝色的矢车菊，并视之为国花，用以启示人们小心谨慎、虚心学习。他们还认为矢车菊象征日耳曼民族爱国、乐观、俭朴等特征。他们对白鹳倍加喜爱，并视其为国鸟。人们还把白鹳在屋顶筑巢看成吉祥之兆。他们喜用黑、灰色，南方人偏爱鲜明的色彩。

德意志人在社交场合与人见面时，一般惯行握手礼。他们在握手时惯于坦然注视对方，以示友好。他们与熟人、亲朋好友相见时，一般惯施拥抱礼；情侣和夫妻间见面惯施拥抱礼和亲吻礼。

2. 称谓与问候

见面和告别时习惯上要与周围的人一一握手。要尊重博士等头衔；若非对方主动提出，决不要贸然以名字相称。在与不熟悉的客人谈话时，通常称"Sie"（您），书写时"S"要大写。在双方同意的基础上，才能用较亲密的"du"（你），并以名字相称。

但在年轻人和革新派之间一般用"du",表示他们不拘礼节的作风。

　　3. 约会

　　约会必须事先安排,准时是十分必要的。如果不能赴约,应该用电话通知取消或改期。

　　4. 交谈

　　不要谈及棒球、篮球或美式足球。可以谈谈德国的乡村生活、业余爱好以及英式足球之类体育运动。

　　5. 饮食习惯

　　德意志人很讲究食物的含热量,所以肉食在一日三餐中占据了突出的地位。他们注重摄取维生素,也吃些蔬菜,但比起肉类的兴趣来,那可就差多了。大餐的主食大多为炖或煮的肉类。除北部沿海地区外,大多数人不习惯吃鱼。他们有个特有的饮食风俗,就是吃鱼不准说话,这恐怕是怕鱼刺扎嗓子或其他原因。他们对早、午餐较为重视,早餐不喜欢喝牛奶,爱喝咖啡或可可,晚餐较为简单,一般都是香肠或火腿吐司。他们用餐时喜欢关掉电灯,只点些小蜡烛,在幽淡的烛光下促膝谈心、进餐饮酒。

　　德意志人在饮食嗜好上有如下特点:① 注重讲究菜肴与酒的搭配,注重菜肴质量。② 口味。一般不喜太咸,爱酸、甜味道。③ 主食。以面食为主,很爱吃蛋糕和巧克力点心等。④ 副食。爱吃鸡、鸭、蛋类、牛肉、猪肉、香肠、火腿及火鸡、鹿肉等野味品;蔬菜喜欢土豆、洋葱、胡萝卜、青豆、豌豆、西红柿、豆苗等;调味品爱用咖啡、胡椒面、芥末、番茄酱、味精等。⑤ 制法。对红烧、煎、煮、清蒸等烹调方法制作的菜肴偏爱。⑥ 中餐。喜爱中国的京菜、鲁菜、苏菜。⑦ 菜谱。很欣赏什锦拼盘、叉烧肉、北京烤鸭、奶油黄瓜、香酥鸡、中式牛排、咕噜肉、烩果羹、汾酒牛肉、灌肠、拔丝苹果等风味菜肴。⑧ 水酒。喜欢酒,而最喜欢的要属啤酒;还爱喝咖啡、可可、牛奶等;红茶也爱喝。⑨ 果品。喜欢荔枝、苹果、巴梨、香蕉、瓜类等水果;干果爱吃花生米、腰果等。

　　6. 商务礼仪

　　德国商人的礼俗,宜穿着背心三件式西装。往访北部,戴帽子更佳。上午10时前,下午4时后,不宜订约约会。营业时间,每周5天工作日,通常早晨9时至下午5时,中间有1小时午餐时间,一些商店星期六开业,银行周末都休息。交谈时尽量说德语,或携同译员同往。商人多半会说一些英语,但使用德语会令对方高兴,尽量以握手为礼,握手要用右手,伸手动作要大方。称呼对方多用"先生""女士"等。如果对方身份高,须得他先伸手,再与之握手。对方多半为你穿、脱外套,不妨接受,再说声"谢谢"。有机会,也替他或其他人穿脱外套。

　　7. 送礼礼仪

　　如果你应邀到德国人家中做客,通常宜带鲜花去,鲜花是送女主人的最好礼物,但必须单数,5朵或7朵均可。在五彩缤纷的万花丛中,德国人尤其喜欢矢车菊,视它为国花。应邀到德国人家中做客，千万别带葡萄酒去。因为此举足以显示你认为主人对选酒品位不够好。威士忌酒可以作礼物。餐后，喝完咖啡如果桌上根本没有烟灰缸，那就忍着，别吸。德国人甚至从国家意识出发，视浪费为"罪恶"，讨厌凡事浪费的人，所以，一般人都没有奢侈的习惯，与德国人相处，务必遵守这个习惯，才能跟他们交流顺畅。

按照德国送礼的习俗，若送剑、餐具，则请对方回一个硬币给你。以免所送的礼物伤害你们之间的友谊。送高质量的物品，即使礼物很小，对方也会喜欢。烈性威士忌比低度威士忌受欢迎。德国人对礼品的包装纸很讲究，但忌用白色、黑色或咖啡色的包装纸包装礼品，更不要使用丝带作外包装。

8．婚庆礼仪

德国人往往给人一种埋头苦干、踏实、不尚浮夸的印象，但与德国人的理智与冷静不同，德国人的婚礼更多呈现出的是疯狂的一面。在德国人的婚礼当中，一般都会举行 Party（派对），在派对中，新郎新娘会被戏弄，这点有点类似于我们中国婚礼的"闹洞房"，其中派对的重头节目是掷碎碟子。举行婚礼之日，新郎新娘坐黑马拉的马车来到教堂。而在举行婚礼的地方，会用红色丝带和花环封着出口，新郎须以金钱或答应举行派对作交换条件，新人才可以通过出口，这在德国的传统婚礼中叫做"Roping the couple"。在派对上，受邀前来参加婚礼的客人们，每人都带着几样破碗、破盘、破碟、破瓶之类的物品。然后玩命地猛砸猛摔一通，他们认为这样可以帮助新婚夫妇除去昔日的烦恼，迎来甜蜜的开端，在漫长的生活道路上，夫妻俩能够始终保持火热的爱情、终身形影相伴、白头偕老。另外，在婚宴中，用碎扁桃仁制成的糖果、混有香料的酒和啤酒是待客的主要食品。

9．信仰忌讳

德意志人主要信奉基督教和罗马天主教，另有少数人信奉东正教和犹太教。他们忌讳"13"和"星期五"。认为"13"是厄运的数字，如"13"与"星期五"在同一日，就更为不吉利，恐怕就要大难临头了。他们认为核桃是不吉祥之物，他们忌讳四人交叉握手，认为这是不礼貌的作法。他们忌讳蔷薇、菊花，认为这些花是为悼念亡者所用的，因此，这些花是不能随意作为礼品送人的。他们不喜欢客人随便赠送玫瑰花，因玫瑰花在德国有浪漫的含义。忌讳他人过问自己的年龄、工资、信仰、婚姻状况等问题，认为这统统是个人的私事，无须他人过问干涉。

德意志人不喜欢听恭维话，更不爱听过分的恭维话。他们认为过分的恭维实际上是对人的看不起，甚至是对人的侮辱。他们忌讳在公共场合窃窃私语（夫妻和恋人间除外）。因为这容易引起他人的疑心。忌讳目光盯视他人，认为这有不轨之嫌。他们忌讳交叉式的谈话，认为这是不礼貌的。他们对红色以及掺有红色或红黑色相间的颜色都不感兴趣。他们不喜欢过于肥浓的菜肴，不爱吃辣，不太爱吃鱼虾。

所以，我们到国外去，记得一定要入乡随俗！

问 题 讨 论

每到假期,国人纷纷走出国门去境外旅游观光,讨论一下,每到一处,我们应该注意哪些风俗礼仪?

随 笔

宗教礼仪是指宗教信仰者为对其崇拜对象表示崇拜与恭敬所举行的各种例行的仪式、活动,以及与宗教密切相关的禁忌与讲究。随着我国经济的快速发展、国际交往的增多、全球化进程的加快、交通工具和通信工具的便利化,我们可能会越来越多地和来自不同文明和文化国度的人们相处和共事。了解他们的文化,尊重他们的宗教信仰,是增进互信、和谐共处的基本前提。

五、世界三大宗教礼仪

就世界范围看,按照美国学者亨廷顿的看法,世界可以划分为7个或8个大的文明,即西方文明、中华文明、印度文明、日本文明、伊斯兰文明、拉丁美洲文明、东正教文明和可能的非洲文明。而这些文明的界定和划分通常又以宗教为重要根据。随着我国经济的快速发展、国际交往的增多、全球化进程的加快、交通工具和通信工具的便利化,我们可能会越来越多地和来自不同文明和文化国度的人们相处和共事。了解他们的文化,尊重他们的宗教信仰,是增进互信、和谐共处的基本前提。

就中国的情况看,我国是一个多民族、多宗教信仰并存的国度。比如我国的藏族多信仰藏传佛教,维吾尔族多信仰伊斯兰教,而广大的汉族地区,则主要流行佛教和道教。在我国宗教信仰自由政策的保护下,各种宗教信仰独立发展,相互尊重,和谐共处。我们在日常生活中,可能会经常接触到持有不同宗教信仰的人,那么在和他们的交往中,也需要去了解他们的宗教信仰,尊重他们的宗教习俗,避免相互之间产生误解。

宗教礼仪是指宗教信仰者为对其崇拜对象表示崇拜与恭敬所举行的各种例行的仪式、活动,以及与宗教密切相关的禁忌与讲究。人们信奉的宗教种类繁多,当然,也就存在着形形色色的宗教礼仪。在社会生活里,宗教礼仪不仅是各种宗教之间相互区别的显著标志,而且也是各种宗教用以扩大宗教组织、培养信仰的常规性手段。

(一)宗教信仰的现状

在现代社会里,宗教是一种不容忽略的客观存在。它实际上是人类社会发展到一定阶段时所出现的一种社会的、历史的现象。因此,我们有必要对宗教在总体上有所认识。

1. 重视宗教问题

在实际学习与生活里,我们应当对宗教问题给予一定程度的重视。一般要注意以下三个方面:

(1)宗教信仰者众多。在当今世界上,一共生活着70多亿人口,而各种宗教的信仰者在其中就占了1/2以上。在我国的总人口里,各种宗教的信仰者也占了1/10左右。中国是个多宗教的国家。中国宗教徒信奉的主要有佛教、道教、伊斯兰教、天主教和基督教。据不完全统计,中国现有各种宗教信徒1亿多人,宗教活动场所8.5万余处,宗教教职人员约30万人,宗教团体3 000多个。宗教团体还办有培养宗教教职人员的宗教院校74所。

(2)宗教影响到习俗。在日常生活里,宗教与人们的风俗习惯相互影响。有学者认为:习俗本身就是退休的宗教,而宗教则又是固定化的习俗。在一定宗教具有巨大影响的国度里，这一点表现得尤为显著。

（3）宗教影响到生活。宗教对人们的思想、文化、道德多有渗透，甚至直接作用到整个社会生活。例如，有的国家、有的民族，全国或全民信仰某种宗教，甚至将其确定为本国国教，或实行政教合一的制度。这样一来，宗教在该国社会生活中的作用便无处不在，不容轻视。

2．掌握相关政策法规

我党历来重视宗教问题，中共中央在1992年发布的19号文件《关于我国社会主义时期宗教问题的基本观点和基本政策》，是我党处理宗教问题的纲领性文件。

在宪法上，宗教信仰自由是受到保护的。我国宪法规定："中华人民共和国公民有宗教信仰自由。"因此，在我国，任何国家机关、社会团体和个人不得强制公民信仰宗教或者不信仰宗教，不得歧视信仰宗教和不信仰宗教的公民。作为国家根本大法，宪法是公民宗教信仰自由实践的根本保障。我国宪法还规定："宗教团体和宗教事务不受外国势力的支配。"在涉外交往中，我国宗教界的方针是独立自主，自办教会，坚决抵制外来势力的干涉，尤其不允许任何国外的宗教组织及其所控制的机构以任何形式在我国传教或进行宗教宣传。

另外，我国还规定了宗教的活动范围。为不影响人们的工作、学习和生活，我国规定：在宗教场所及其教徒家中按宗教习惯所进行的一切正当的宗教活动，均由宗教组织或教徒个人自理，别人不得以任何形式予以干预。但是，不允许宗教组织或教徒在宗教场所或教徒家中以外进行传教、布道活动。

我国宪法还明确制止非法活动。宪法明确规定："国家保护正常的宗教活动。"但又同时强调："任何人不得利用宗教进行破坏社会秩序、损害公民身体健康、妨碍国家教育制度的活动。"对非法宗教活动必须制止，对邪教必须取缔。

我们还要知道在其他法律中，也涉及了宗教信仰问题。比如《选举法》中规定，选举权不受宗教信仰影响；《民法通则》中对宗教团体的合法财产的保护做了规定。此外，《教育法》《兵役法》《刑法》中也都有涉及宗教信仰的条文。

此外，我们在赴国外交流时，要注意所在国对于宗教的法律规定，避免不必要的麻烦。一般世界各国都以宗教信仰自由为宪法原则，实行政教分离，但也有国家设有国教，实行政教合一，因此我国公民在不熟悉国外的情况下，非经东道主安排、要求，一般不应主动要求参加当地的宗教活动。即便参加一些境外宗教活动时，也应以不触犯当地法律、不干涉所在国内政、不介入当地宗教纠纷，以不损害我国的国家利益为前提。

3．注意态度

凡涉及宗教问题或者与宗教界人士进行接触时，我们都有必要注意自身的态度，给对方以必要的尊重。

尊重我国宗教信仰者。我们在接触国内的宗教信仰者时，应对对方的个人信仰与宗教活动表现出应有的尊重。只要对方的所作所为没有违法犯禁，就不宜对其横加干扰，更不得擅自对其加以贬低、侮辱或歪曲，否则可能导致纠纷，激化矛盾，引起事端。

尊重外国宗教信仰者。我们对外国宗教信仰者，同样要给予尊重。对外国人正当的宗教信仰，我们不得制止、干涉或妄加非议。与外国人接触时，涉及宗教问题，不懂不要装懂。确有必要参加外方宗教活动时，一定要尊重对方有关讲究与禁忌，不要乱说、乱动、乱模仿或对其指手画脚。

（二）宗教常识

当前在世界上影响最大、分布最广、信仰者最多的世界三大宗教是基督教、伊斯兰教、佛教，它们的基本情况如下：

1．基督教

基督教，是目前全世界信仰人数最多的一种宗教。它的信徒约为10亿人，约占世界总人口的1/5，分布于150多个国家之中。在西方各国，它的影响举足轻重。

（1）基督教简况。基督教于公元1世纪出现于巴勒斯坦。相传，它的创始者为基督耶稣，并以上帝为崇拜对象。

基督教的主要经典是《圣经》，象征性标志是十字架，重要节日为圣诞节、复活节等。

在两千年的演化过程中，今日的基督教已分为天主教、东正教与新教三大流派。在具体教义、信条以及分布区域上，三者之间存在一定的区别。与基督教人士进行具体接触时，应充分注意到其不同流派的差异，具体情况具体对待，切切不可将其不同的流派混为一谈。

（2）基督教礼仪。与基督教信仰者打交道时，不宜对其尊敬的上帝、圣母、基督以及其他圣徒、圣事说长道短，不宜任意使用其圣像与其宗教标志。对神职人员，一般不应表现不敬之意。

"666"在基督徒眼里代表魔鬼撒旦，"13"与"星期五"也被其视为不祥的数目，所有的基督徒都会对其敬而远之，因此不应有意令对方接触它们。

有些教派的基督徒有守斋之习。守斋时，他们绝对不食肉、不饮酒。在一般情况下，基督徒不食用蛇、鳝、鳅、鲶等无鳞无鳍的水生动物。

就餐之前，基督徒多进行祈祷。非基督徒虽然不必照此办理，但也不宜在其前面抢先而食。

在基督教的专项仪式上，讲究着装典雅，神态庄严，举止检点。服装"前卫"、神态失敬、举止随便者，均不受欢迎。

教堂为基督教的圣殿。它允许非基督徒进入参观，但禁止在其中打闹、喧哗，或者举止有碍其宗教活动。

2．伊斯兰教

伊斯兰教，旧称回教，它也是世界上最重要的宗教之一。目前，它拥有7亿多信徒，主要分布于西亚、北非、中亚、南亚和东南亚等地区。在不少国家，伊斯兰教被定为国教。

(1) 伊斯兰教简况。伊斯兰教于公元 7 世纪创立于阿拉伯半岛。它的创立者为穆罕默德。伊斯兰教以安拉为真主,以穆罕默德为真主的使者。所有信仰伊斯兰教者均称为穆斯林,意即安拉旨意的"顺从者"。穆斯林之间,一般互称"兄弟"。

伊斯兰教的主要经典是《古兰经》。它的重要节日有宰牲节、开斋节等。圣城为麦加。

伊斯兰教的基本教义是:"万物非主,唯有真主。穆罕默德,真主使者。"此语亦称为"清真言",通常要求穆斯林经常吟诵。

伊斯兰教的不同流派很多,重要的如什叶派和逊尼派,他们在教义上有不少分歧。与穆斯林打交道时,千万不要将其所属教派弄错。

(2) 伊斯兰教礼仪。伊斯兰教禁止偶像崇拜,故此不应将雕塑、画像、照片以及玩具娃娃赠给穆斯林,并不宜邀请其观看电影、电视、录像,也不得邀对方参加拍摄。

伊斯兰教禁止妇女外出参加社交活动。在外人面前,不允许妇女的着装暴露躯体,不允许男女共处。与穆斯林打交道时,一般不宜问候女主人,不宜向其赠送礼物。女性前往伊斯兰教国家时,衣着一定要入乡随俗,禁止袒胸、露臂、光脚、赤足。

在饮食方面,穆斯林讲究甚多。他们一般都忌食猪肉,忌饮酒,忌食动物血液,忌食自死之物,并且忌食一切未按教规宰取之物。非清真的一切厨具、餐具、茶具,均不得盛放招待穆斯林的食物或饮料。

在伊斯兰教教历的每年 9 月,穆斯林均应斋戒一个月。斋月期间,从每日破晓直至日落,禁饮食,禁房事。在斋月期间,外人不宜打扰穆斯林。

穆斯林对个人卫生极其讲究。许多地方的穆斯林认为人的左手不洁,所以禁止以左手与人接触。

一名虔诚的穆斯林一般每天要作五次礼拜。在此期间,切勿干扰。清真寺为伊斯兰教的圣殿。进入清真寺后,衣着不宜暴露,不宜追逐、嬉戏或大喊大叫。

在穆斯林面前,绝对不允许对安拉、穆罕默德信口评论,不允许非议伊斯兰教及其教义,不允许对阿訇无礼。

3. 佛教

作为一种最古老的世界性宗教,佛教在今天仍有一定的影响。它的信徒约有 3 亿人,目前主要流行于东亚、南亚、东南亚一带。在我国历史上,佛教对中国哲学、文学、艺术等都产生过重要影响。

(1) 佛教简况。佛教相传在公元前 6 世纪由释迦牟尼创立于今日尼泊尔南部的迦毗罗卫国。释迦牟尼本名为悉达多·乔答摩,被尊重为"佛",意为"觉悟者"。

由于历史悠久,流派众多,今日佛教的经典已不可胜数。佛教的重要节日有佛诞节、成道节等。

佛教的基本教理有"四谛""五蕴"、十二因缘等,主张依经、律、论三藏,修持戒、定、慧三学,以断除烦恼而成佛为最终目的。

(2) 佛教礼仪。佛门弟子及其居所的具体称呼有别。凡出家者,男称为僧,女称为尼，合称为僧尼。凡不出家者，则一律称为居士。僧之居所称为"寺"，尼之居所称为"庵"，有时统称二者为寺庙。对所有出家者，一律禁止称呼其原有的姓名。故民间有"僧不言名，道不言寿"之说。

普通的佛教信徒为了"广种福田"，通常应向寺庙、僧尼或别人主动赠送财物，此举叫做"布施"。

佛教的基本礼节为合十礼，基本的礼颂用语是"佛祖保佑"。我国台湾地区习惯以"阿弥陀佛"作为佛教信徒间的问候语。佛教信徒拜佛时，则讲究行顶礼，即所谓"五体投地"。

对于佛祖、佛像、寺庙以及僧尼，佛教均要求其信徒毕恭毕敬。非信徒对其不得非议。不准攀登、侮辱佛像。不准触摸、辱骂僧尼，不得与僧尼"平起平坐"。进入寺庙时，宜慢步轻声，不乱动，不乱讲，不拍照。

当正当的佛教仪式进行时，不应对其任意阻挠或者蓄意加以扰乱。

我国的佛教各流派多属于"北传佛教"。它的关键性讲究有二：其一，信徒应守"五戒"。即规定其信徒不杀生，不盗窃，不邪淫，不饮酒，不妄语。其二，饮食上忌食"五荤"。即禁止其信徒食用葱、蒜、韭菜、薤、兴渠五种气味刺鼻的菜蔬。

问 题 讨 论

小芳同学到山西某著名旅游胜地的寺院旅游参观，看见里面有很多人烧香磕头，不屑一顾地大声说："迷信。"引起众人侧目。

讨论：香客们为什么会侧目？即使不信佛教，小芳在寺院这样的宗教场所，应该怎样行事？

参考文献

[1] 王琪. 现代礼仪大全 [M]. 北京：地震出版社，2005.
[2] 云牧心. 社交与礼仪知识大全 [M]. 北京：北京工业大学出版社，2006.
[3] 海卉. 100个礼仪细节 [M]. 哈尔滨：哈尔滨出版社，2004.
[4] 国英. 现代礼仪 [M]. 北京：机械工业出版社，2005.
[5] 黄琳. 商务礼仪 [M]. 北京：机械工业出版社，2006.
[6] 李莉. 实用礼仪教程 [M]. 北京：中国人民大学出版社，2002.
[7] 金正昆. 大学生礼仪 [M]. 北京：中国人民大学出版社，2007.
[8] 孙立湘. 实用交际礼仪 [M]. 北京：机械工业出版社，2006.
[9] 徐新华. 最新礼仪必备 [M]. 北京：海潮出版社，2005.
[10] 只海平. 现代礼仪基础 [M]. 北京：机械工业出版社，2005.
[11] 碧泠. 一生要学的100种礼仪 [M]. 北京：时事出版社，2005.
[12] 蔡践. 礼仪大全 [M]. 北京：当代世界出版社，2005.
[13] 田晓娜. 礼仪全书（7）[M]. 西宁：青海人民出版社，2003.
[14] 金正昆. 涉外礼仪教程 [M]. 北京：中国人民大学出版社，1999.
[15] 刘仁民. 现代涉外礼仪 [M]. 北京：中国环境科学出版社，1997.
[16] 金正昆. 涉外交际礼仪 [M]. 北京：科学普及出版社，1991.
[17] 金正昆. 公关礼仪 [M]. 西安：陕西师范大学出版社，2007.
[18] 杨亦. 商务礼仪 [M]. 北京：蓝天出版社，2003.
[19] 李荣建. 礼仪训练 [M]. 武汉：华中科技大学出版社，2005.
[20] 黄菊良. 大学生礼仪修养 [M]. 上海：华东师范大学出版社，2007.